全訂２版

わかりやすい一表式

誤字俗字・正字一覧

戸籍の氏又は名の記載・記録に用いる文字

戸籍実務研究会　編

日本加除出版株式会社

全訂２版はしがき

氏又は名の記載に用いる文字の取扱いに関する「誤字俗字・正字一覧表」（平成一六年法務省民一第二八四二号通達、平成二三年法務省民一第二九〇五号通達により改正）は、令和六年五月一〇日付け法務省民一第一〇八三号民事局長通達により改正され、▲印（漢和辞典に俗字として登載されている文字）及び◉印（別字（同字、古字又は本字を含む。））を付する文字が追加されました。

これは、戸籍法の一部を改正する法律（令和元年法律第一七号）が公布されたことに伴い、戸籍事務において社会保障・税番号制度に基づく情報連携が開始されることを契機として、当該情報連携を円滑に実施するため令和元年九月に「戸籍統一文字に関するワーキンググループ」を設置し、令和六年二月までの間、戸籍に記録されている文字について、有識者による漢和辞典等の確認作業が行われたことによるものです。

この「誤字俗字・正字一覧表」は、新戸籍編製の場合や紙戸籍からコンピュータ戸籍に改製する場合などに、従前戸籍等に誤字や俗字で記載されている氏や名の文字を、これに対応する字種及び字体による正字等で記載する際などに、その対応関係を明らかにし、正字等を特定するうえでの判断資料として用いられています。

本書は、「誤字俗字・正字一覧」を部首、画数順で一表にまとめたうえ、平成二年法務省民二第五二〇〇号通達別表（正字等）と同年法務省民二第五二〇二号依命通知で示された別表（俗字の例）を一表に加えた使いやすい一覧表にまとめております。また、調べたい文字をすぐに見つけられるよう、「部首・総画・音訓」の３つの索引も収録しており、初版刊行以来、「わかりやすく便利な一覧表」として、ご定評をいただいているところでございます。

全訂２版　はしがき

このたび刊行される全訂二版が、さらに皆様の実務資料として用いられ、戸籍記載を行うに当たって適正、円滑な事務処理の一助としてご活用いただけますれば、望外の幸せに存じます。

令和七年一月

編　者

全訂版はしがき

氏又は名の記載に用いる文字の取扱いに関する「誤字俗字・正字一覧表」（平成一六年法務省民一第二八四二号通達）は、本年一一月三〇日付け法務省民一第二九〇五号法務省民事局長通達により大幅に改正されました。

これは、現代の国語を書き表すための漢字使用の目安として親しまれてきた「常用漢字表」（昭和五六年内閣告示第一号）が二九年ぶりに改定され、一一月三〇日に改めて「常用漢字表」（平成二二年内閣告示第二号）として告示されたこと、これに伴い戸籍法施行規則第六〇条が改正されるとともに、その別表である別表第二〔漢字の表〕が、大きく改正されたことによるものです。

新常用漢字表では、新たに一九六字が追加され、反対に五字が削除されました。この新常用漢字表に追加された一九六字のうち一二九字は、改正前の戸籍法施行規則別表第二〔漢字の表〕の一の表の漢字です。また、平成二年法務省民二第五二〇〇号通達の別表に掲げる「正字等」の漢字や、同じく民二第五二〇二号依命通知の別表に掲げる「俗字等」の漢字も一部追加漢字に含まれています。

こうした改正を受けて、法務省では、改正前の「誤字俗字・正字一覧表」中、二の表（規則別表第二の一の漢字に関するもの）から一の表（常用漢字に関するもの）に移すべき漢字、また三の表（常用漢字・規則別表第二の一の漢字以外の漢字に関するもの）から一の表に移すべき漢字を確認し修正するとともに、〔戸籍に記載されている文字〕欄についても、自治体等からの資料の提供を踏まえ、一部の文字について◉印（申出により訂正を認める別字）や▲印（漢和辞典登載の俗字）を付するなどの見直しを行っています。

この「誤字俗字・正字一覧表」は、新戸籍編製の場合や紙戸籍からコンピュータ戸籍に改製する場合などに、従前戸籍等に誤字や俗字で記載されている氏や名の文字を、これに対応する字種及び字体による正字等で記載する際などに、その対応関係を明らかにし、正字等を特定するうえでの判断資料として用いられています。

全訂版　はしがき

さて、本書はその初版刊行以来、この「誤字俗字・正字一覧表」を部首、画数順で一表にまとめたうえ、五二〇二号依命通知の「俗字例別表」と五二〇〇号通達別表の「正字等」を一表に加えたユニークで使いやすい一覧表として、ご定評をいただいております。今般の改訂に当たっては、音訓索引を見直しさらに充実させました。特に今次の改正は、一覧表中の多くの文字が、上述のとおり新常用漢字表採用に伴って一の表に移されているだけに、索出性に優れた本書の刊行を期待する読者の皆様のお問い合わせをいただいているところです。このたび刊行される全訂版が、さらに皆様の実務資料として用いられ、適正・円滑な事務処理の一助としてご利用いただけますれば、望外の幸せに存じます。

平成二三年一二月

編　者

新版はしがき

氏又は名の記載に用いる文字の取扱いに関する「誤字俗字・正字一覧表」（平成六年法務省民二第七〇〇七号通達）は、本年一〇月一四日付け法務省民一第二八四二号法務省民事局長通達により全面的に改正されました。

これは、本年九月二七日付けで戸籍法施行規則が改正され子の名に使える漢字（以下「人名用漢字」という。）が四八八字追加されたこと、また同日付け法務省民一第二六六五号法務省民事局長通達により、「氏又は名の記載に用いる文字の取扱いに関する通達等の整理について」（平成二年法務省民二第五二〇〇号通達）の一部が改正されたこと、などによるものです。

この「誤字俗字・正字一覧表」は、新戸籍編製等の場合の氏又は名の記載に用いる文字の取扱いに関し、従前戸籍、現在戸籍等に誤字や俗字で記載されている氏や名の文字を、これに対応する字種及び字体による正字等で記載するときに、その対応関係を明らかにし、正字等を特定する上での判断資料として用いられています。

今回の改正では、新しく人名用漢字とされた文字が「一」の「常用漢字に関するもの」の表に加わる場合には、従前の許容字体と同様（　）括弧に括って本表の上段に掲載されています。

「二」の「規則別表第二の一の漢字に関するもの」の表は従来の人名用漢字に関するものに当たりますが、この表には、従前の一覧表中「三」の「常用漢字・人名用漢字以外の漢字に関するもの」の表に掲載されていた漢字から多くの文字が、新人名用漢字として「二」の表に移されています。

なお、従前誤字の取扱いは、正字のみへの訂正が認められていたところ、今回新たに人名用漢字とされた文字の中には元々俗字であった漢字が存在することから、追加されたこれらの元俗字への訂正も認めることとされています。

さらに、申出により異体字からこれら新たに人名用漢字とされた元俗字への更正を希望する者については、これを認めることとしていますが、同一字種について人名用漢字として二字体が採用されている場合には、これらの字体がいずれも並列的に採用されておりそのどちらについても優劣をつけることができないことから、両者間の更正はできないこととされています。

平成二年一〇月二〇日付け法務省民二第五二〇二号民事局第二課長依命通知第1の3（現行第1の2）の別表（以下「俗字例別表」という。）は、戸籍に記載されている文字がこの表に掲げる「俗字等」であるときは、漢和辞典を調べるまでもなくそのまま移記し、記載されていないときは、その文字に対応する字種及び字体による正字で記載することとされていますが、今回人名用漢字として追加された漢字がこの俗字等の欄に掲げられていた場合は、正字欄とあわせて削除されています。

前述平成二年民二第五二〇〇号通達については、改正によって、別表一の「俗字表」のうち括弧外の俗字が人名用漢字となったもの、括弧内の正字が人名用漢字となったもの、別表二の「整理字体表」のうち括弧外の整理字体が人名用漢字となったもの、括弧内の正字が人名用漢字となったもの、括弧内、括弧外のいずれの漢字も人名用漢字なったもの、があります。その結果、改正後の五二〇〇号通達では、改正前の別表中参考のために示された括弧内の康熙字典体がすべて削除されるとともに、俗字表から一字、整理字体から四字が削除されたうえ、従前の「俗字等」及び「整理字体」は一つの表に括られて、新たに、誤字から訂正することの出来る「正字等」とされました。

本書は、これら改正された「誤字俗字・正字一覧表」と「俗字例別表」に掲げられた漢字を部首・画数順で一表にまとめ、さらに五二〇〇号通達別表の「正字等」をこの一覧表に加えたものであります。初版刊行以来、新戸籍編製の場合や戸籍事務のコンピュータ化に伴い戸籍を改製する場合の判断資料として、多くの皆様にご愛用いただいており、〝わかりやすく便利な一覧表〟とのご定評をいただいているところでありますが、このたび刊行される新版が、さらに皆様の実務資料として用いられ、戸籍記載を行うに当たって適正、円滑な事務処理の一助としてご活用いただけますれば、望外の幸せであります。

平成一六年一一月

編　者

初版はしがき

新戸籍編製等の場合の氏又は名の記載に用いる文字の取扱いについて、平成二年一〇月二〇日付け法務省民二第五二〇〇号民事局長通達（以下「第五二〇〇号通達」という。）により、新戸籍の編製、他の戸籍への入籍又は再製等により従前の戸籍に記載されている氏又は名を移記したり、又は新たに戸籍へ記載する場合には、従前戸籍等において誤字又は俗字で記載されている氏又は名を、これに対応する字種及び字体による正字で記載するものとされました。また、氏又は名の申出による正字への訂正や通用字体等への更正も認められていましたが、同年一一月二二日付け法務省民二第五三〇〇号民事局長通達（以下「第五三〇〇号通達」という。）により、氏又は名の記載に用いる文字の取扱いに関する「誤字俗字・正字一覧表」が示され、誤字・俗字に対応する字種及び字体の文字を特定するにおいては、その対応関係は同表に基づき判断する取扱いとされました。

その後、平成六年一二月一日に、戸籍事務をコンピュータを用いて取り扱うことができることとした戸籍法等の一部を改正する法律（平成六年法律第六七号）が施行され、この法改正に伴い発出された同年一一月一六日付け法務省民二第七〇〇〇号民事局長通達（以下「第七〇〇〇号通達」という。）第7の2により、磁気ディスクをもって調製する戸籍に改製する場合において、従前戸籍に記載されている氏又は名が誤字で記載されているときは、これに対応する字種及び字体による正字で記録するものとするが、①漢和辞典に俗字等として登載されている文字、②第五二〇〇号通達別表第2に記載されている文字、又は③「示」、「辶」、「飠」、「靑」を構成部分にもつ正字の当該部分がそれぞれ「礻」、「辶」、「飠」、「青」と記載されている文字で記載されているときは、そのまま磁気ディスクをもって調製する戸籍に移記するものとされました。

戸籍事務のコンピュータ化に伴い戸籍を改製する場合の氏又は名の記録に用いる文字の取扱いと新戸籍編製等の場合の氏又は名の記載に用いる文字の取扱いとの整合性を図るため、平成六年一一月一六日付け法務省民二第七〇〇七号民事局長通達（以下「第七〇〇七号通達」という。）が発せられ、新たに示された「誤字俗字・正字一覧表」（以下「新一覧表」という。）が、前記戸籍の改製の場合と新戸籍編製等の場合のいずれにおいても、従前戸籍等に誤字・俗字で記載されている氏又は名の文字を対応する字種及び字体による正字で記載する場合の市区町村長の判断資料となりました。

また、戸籍事務のコンピュータ化に伴い発出された平成六年一一月一六日付け法務省民二第七〇〇六号民事局第二課長依命通知により改められた平成二年一〇月二〇日付け法務省民二第五二〇二号民事局第二課長依命通知第1の3の別表（以下「俗字例別表」という。）において、前記①及び③の文字が示され、戸籍に記載されている文字のうち、俗字等については、俗字例別表に記載されている文字か否かを調査し、記載されているときは、漢和辞典を調べるまでもなく、そのまま移記し、記載されていないときは、その文字に対応する字種及び字体による正字で記載して差し支えないこととされました。

新戸籍編製等の場合及び戸籍事務のコンピュータ化に伴い戸籍を改製する場合の氏又は名の記載・記録に用いる文字の取扱いについては、「新一覧表」及び「俗字例別表」が重要な資料となりますが、資料が二つにわたっている上、「新一覧表」は、①常用漢字に関するもの、②人名用漢字に関するもの、③常用漢字・人名用漢字以外の漢字に関するものと三区分されていることから、全国連合戸籍事務協議会や戸籍事務に携わる皆様から、これらの二表を一体化した使いやすい資料の作成を強く望まれていました。

本書は、このような戸籍事務に携わる皆様の要望に応えるべく、工夫し作成したものでありますので、戸籍事務窓口における執務資料として活用され、戸籍記載の際の誤字・俗字の取扱いが適正円滑に運用される一助になることを期待する次第です。

平成一〇年一〇月

編　者

凡　例

収録対象漢字

本表には、次の漢字を収録した。

一　平成二年一〇月二〇日付け法務省民二第五二〇〇号民事局長通達（以下「**第五二〇〇号通達**」という。本文掲載一八五頁参照）別表に掲げる漢字（最近改正・平成二二年法務省民一第二九〇三号通達）

二　平成二年一〇月二〇日付け法務省民二第五二〇二号民事局第二課長依命通知（以下「**第五二〇二号通知**」という。本文掲載一九六頁参照）別表に掲げる漢字（最近改正・平成二二年法務省民一第二九一三号依命通知）

三　平成一六年一〇月一四日付け法務省民一第二八四二号民事局長通達（以下「**第二八四二号通達**」という。本文掲載一八〇頁参照）別冊に掲げる漢字（最近改正・令和六年法務省民一第一〇八三号通達）

構　成

本表は、次の構成で編集した。

一　部首索引
二　はしがき
三　凡例
四　部首・画数順の本表
五　資料・主要関係通達等
六　総画索引
七　音訓索引

編　集

一　「正字等区分画数」欄について

1　「正字等」について

㈠　「正字等」の文字については、部首・画数順に配列した。

正字等とは、次に掲げる字体のことである。

①　常用漢字表（平成二二年内閣告示第二号）の通用

字体

② 戸籍法施行規則別表第二の一の表に掲げる字体

③ 康熙字典体又は漢和辞典において正字とされている字体

④ 当用漢字表（昭和二一年内閣告示第三二号）の字体のうち、常用漢字表においては括弧に入れて添えられなかった従前正字として取り扱われてきた「慨」、「概」、「免」、「隆」

⑤ 国字で、①から④までに準ずる字体

⑥ **第五二〇〇号通達**別表に掲げる字体

⑦ **第五二〇二号通知**別表の「正字」欄に掲げる字体

(二) 括弧が添えられていないものは通用字体である。なお、「俗字等」欄とのみ対応しているものを除く。

(三) （ ）内の字体は、規則別表第二の二の表に掲げる字体である。旧字等常用漢字の異体字であるが、子の名に用いることのできる字体である。

(四) 〔 〕内の字体は、常用漢字表において括弧が添えられている漢字のうち、子の名に用いることのできない字体である。

(五) 〘 〙内の字体は、従前は子の名に用いることができた字体であるが、昭和五六年一〇月一日以降は子の名に用いることができない字体である。

【編注】 第二八四二号通達別冊「誤字俗字・正字一覧表」の「二 規則別表第二の一の漢字に関するもの」の3に掲げる符号〔 〕については、本表では〘 〙に変更して表示した。

(六) ⸨ ⸩内の字体は、(二)から(五)までに含まれない漢字で康熙字典又は漢和辞典で正字とされている字体である。

(七) 〈 〉内の字体は、**第五二〇〇号通達**別表に掲げる字体のうち正字に前記(一)の①又は②の字体をもつ字体である。この字体は正字等として扱われ、誤字からこの字体への訂正が認められるが、同時にこの字体から常用漢字の通用字体、人名用漢字の字体に更正することができる。

(八) 《 》内の字体は、**第五二〇〇号通達**別表に掲げる字体のうち正字に前記(一)の③をもつ字体である。この字体は正字等として扱われ、誤字からこの字体への訂正が認められるが、前記(七)と異なり、康熙字典体等の字体に更正することができないものである。

【編注】第二八四二号通達別冊「誤字俗字・正字一覧表」の「三　常用漢字・規則別表第二の一の漢字以外の漢字に関するもの」の2に掲げる符号〈　〉については、本表では《　》に変更して表示した。

(九)　戸籍法施行規則別表第二の一に掲げる漢字のうち、一字種につき二字体が掲げられたものについては「二」で括った。これは相互の漢字が同一の字種であることを示したものである。

2　「区分」について

(一)　**第二八四二号通達**別冊「誤字俗字・正字一覧表」において、次の区分で編集されていたものは、「区分」に左のとおり表示した。

「区分」

①　常用漢字に関するもの……………「一」

②　規則別表第二の一の漢字に関するもの……………「二」

③　常用漢字・規則別表第二の一の漢字以外の漢字に関するもの……………「三」

(二)　**第五二〇二号通知**別表の「正字」欄に掲げる文字、**第五二〇〇号通達**別表に掲げる文字は、「区分」に「対」と表示した。ただし、(一)に示した表示と重複する場合は、(一)の表示による。

3　「画数」について

総画数を表示した。

4　「戸籍 住基」について

上段に法務省の進める戸籍事務のネットワーク化事業における戸籍統一文字番号を、下段に総務省の進める住基事務のネットワーク化事業における住基統一文字番号を表示した。

5　「面区点 SJIS」について

上段に面区点漢字コード番号を、下段にＳＪＩＳ漢字コード番号を表示した。なお、ＳＪＩＳ漢字コード番号については、日本工業規格（シフトＪＩＳＸ０２１３符号化表現）に準拠して掲載した。ウィンドウズのＩＭＥ等で表示されるＳＪＩＳは、一部本書と異なる場合がある。

二　「俗字等（5202通知）」欄について

1　次の字体を表示する。

第五二〇二号通知別表の「俗字等」欄に掲げる字体

2　利用の仕方

㈠　戸籍に記載されている文字が、本欄に記載されている字体であるときは、そのまま記載することができる（五二〇〇通達第1─1）。

㈡　**第五二〇二号通知**別表の「俗字等」欄に掲げる文字は、漢和辞典に俗字として登載されている文字、又は「示」、「辶」、「飠」、「青」を構成部分にもつ正字の当該部分がそれぞれ「ネ」、「辶」、「食」、「青」と記載されている文字であり、「戸籍に記載されている文字（2842通達）」欄に記載されている俗字（▲の付されているもの）は、すべて含まれている。

これらの文字は、そのまま記載することができるが、本文字は正字に準ずる取扱いをするものではないので、ある誤字が、本欄に記載されている文字の誤字と認められても、本欄に記載されている文字に訂正することはできないので、正字で記載する（五二〇〇通達第1─2(1)）。

㈢　本欄に例示されていない文字（漢和辞典に正字、同字、古字、本字として登載されている文字及び**第五二〇〇号通達**別表に記載されている文字を除く。）については、これに対応する字種及び字体による正字で記載することになる。なお、正字で記載する場合の告知手続については、**第五二〇〇号通達**第1の2(3)による（五二〇二通知第1─4）。

また、正字で記載した後、当該文字が俗字として漢和辞典に登載されている文字又は**第五二〇〇号通達**第1の1(2)の文字であることが本人の申出により明らかになったときは、**第五二〇〇号通達**第3の文字の記載の更正の申出があった場合の処理に準じて更正することができる（五二〇二通知第1─4）。

三　「戸籍に記載されている文字（2842通達）」欄について

1　**第二八四二号通達**別冊「誤字俗字・正字一覧表」の「戸籍に記載されている文字」欄に掲げる字体を表示する。

本字体は、文字の骨組みに誤りのあるもの及び正字の通俗の字体である。

2　◉の付されている字体は、別字（同字、古字又は本字を含む。）である。

3　▲の付されている字体は、漢和辞典に俗字として登載されている文字である。

4　利用の仕方

(一)　戸籍に記載されている文字が本欄の字体であり、**第五二〇〇号通達**第1の2又は**第七〇〇〇号通達**第7の2(2)アを適用し、正字で戸籍の記載をする場合は、対応する「正字等画数区分」欄の「正字等」の字体で記載する（六四三通達凡例4(1)）。

(二)　本欄の字体で▲印が付されているものは、漢和辞典に俗字として登載されている文字であり、また、◉印が付されているものは、「正字等画数区分」欄の「正字等」の字体とは別字（同字、古字又は本字を含む。）であるが、誤記される例が多いので、訂正を認めることとする文字であるから、戸籍に記載されている字体がこれらに該当する場合には、**第五二〇〇号通達**第2の申出がある場合又は「正字等画数区分」欄の字体の誤記であることが明らかである場合を除き、そのまま戸籍の記載をする（六四三通達凡例4(1)）。

(三)　戸籍に記載されている文字が本欄の字体であり、**第五二〇〇号通達**第2の申出により、正字に訂正する場合は、対応する「正字等画数区分」欄の「正字等」の字体で記載する（六四三通達凡例4(2)）。

(四)　戸籍に記載されている文字が、本欄の字体であり、それに対応する正字が通用字体以外の字体である場合は、申出により、その字体を通用字体に更正して差し支えない（昭和三四年六月一八日付け法務省民事甲第一一八九号民事局長回答参照）（六四三通達凡例4(3)）。

(五)　複数の字体を括弧でくくっているものについては、本欄の字体をそれと対応している「正字等画数区分」欄の「正字等」の字体のいずれかの字体へ訂正することができることを示すものである（六四三通達凡例4(4)）。

四　「音訓・備考（※）」欄について

1　「音訓」について

「正字等」の読みとして、主なものを掲げた。

2　「備考（※）」について

主に漢字の字体に関する情報（旧字体、古字、本字、同字、国字、人名用漢字等である旨）や漢字の意味を示した。

全訂２版

わかりやすい

一表式

誤字俗字・正字一覧

戸籍の氏又は名の記載・記録に用いる文字

部首	正字等	画数区分	戸籍住基	面区点 SJIS	俗字等（5202通知）	戸籍に記載されている文字（2842通達）	音訓・備考（※）
一部	丈	3一	000120 4E08	1-3070 8FE4	丈	丈▲	ジョウ たけ
	万	3一	00011C 4E07	1-4392 969C	万	万▲	マン、バン
	（萬）	12一	352260 842C	1-7263 E4DD		萬 萬 萬	マン、バン よろず
	丑	4対	000290 4E11	1-1715 894E	丑		チュウ うし ※人名用漢字。
	且	5一	000420 4E14	1-1978 8A8E		且	かつ
	世	5一	000440 4E16	1-3204 90A2	世 世	世 世 世	セイ、セ よ
	丞	6二	000590 4E1E	1-3071 8FE5		丞 丞◉ 丞▲ 丞	ジョウ すけ、たすく、つぐ
丶部	丸	3一	001090 4E38	1-2061 8ADB		丸 丸	ガン まる、まるい、まるめる
丿部	久	3一	001460 C0E1	1-2155 8B76	久	久▲	キュウ、ク ひさしい
	之	4二	001470 4E4B	1-3923 9456		之	シ の、これ、ゆく
	乗	9一	001820 4E57	1-3072 8FE6	来	乗 乗 乗▲ 乗 乗	ジョウ のる、のせる
	（乘）	10一	001850 4E58	1-4811 98A9		乘	ジョウ のる、のせる ※「乘」の旧字体。

◯内は従前子の名に用いることのできた字体。◯内は左に含まれない正字等。
▲印は漢和辞典登載の俗字。

人（亻）部					亠部					二部		亅部
伊	仞	今	介	人	亮	亭	京	亨	亥	亘	五	事
6二	5対	4一	4一	2一	9二	9対	8一	7二	6二	6二	4一	8対
005250 4F0A	004650 4EDE	004420 4ECA	004430 4ECB	004260 4EBA	003760 4EAE	003750 4EAD	003680 4EAC	003620 4EA8	003550 4EA5	003170 4E98	003110 4E94	002910 4E8B
1-1643 88C9	1-4832 98BE	1-2603 8DA1	1-1880 89EE	1-3145 906C	1-4628 97BA	1-3666 92E0	1-2194 8B9E	1-2192 8B9C	1-1671 88E5	1-4743 986A	1-2462 8CDC	1-2786 8E96
	仭	今			亮	亭					五	事
伊 伃		今▲ 今	个◉ 介◉	人	亮▲ 亮 亮◉ 亮		京◉	亨	亥 亥 亥 亥 亥	亘	五▲	
イ これ	ジン、ニン ひろ	コン、キン いま	カイ	ジン、ニン ひと	リョウ あきらか、たすく	テイ ※常用漢字。	キョウ、ケイ	キョウ、コウ とおる、たてまつる	ガイ い	コウ わたる	ゴ いつ、いつつ	ジ、ズ こと ※常用漢字。

﹇﹈内は戸籍法施行規則別表二の二に掲げる字体。﹇﹈内は子の名に用いることのできない参考字体。
◇及び◇内は平成２年民二第5200号通達別表の正字等。◉印は申出により訂正を認める別字。

部首	正字等	画数 区分	戸籍 住基	面区点 SJIS	俗字等（5202通知）	戸籍に記載されている文字（2842通達）	音訓・備考（※）
人部（亻）	仰	6 一	004960 4EF0	1-2236 8BC2		仰	ギョウ、コウ あおぐ、おおせ
	伏	6 一	005310 4F0F	1-4190 959A		伏◉	フク ふせる、ふす
	佐	7 一	006070 4F50	1-2620 8DB2		佐 佐 佐	サ
	作	7 一	006190 4F5C	1-2678 8DEC	做	作	サク、サ つくる
	伸	7 一	005820 4F38	1-3113 904C		伸 伸 伸◉	シン のびる、のばす、のべる
	但	7 一	005960 4F46	1-3502 9241		但◉	ただし
	佞	7 対	006220 4F5E	1-5304 9B43	侫		ネイ、ニョウ おもねる
	佳	8 一	006710 4F73	1-1834 89C0		佳◉ 徍◉	カ
	侃	8 二	006890 4F83	1-2006 8AA4			カン つよい
	((偘))	8 二	006900 AD58				カン つよい ※「侃」と同字。一説に本字。
	俠	9 対	008290 4FE0	1-1426 87B8			キョウ おとこだて ※人名用漢字。
	〈侠〉	8 対	007350 4FA0	1-2202 8BA0			キョウ おとこだて

◯内は従前子の名に用いることのできた字体。〈〉内は左に含まれない正字等。
▲印は漢和辞典登載の俗字。

俊		信	俣	《俁》	侶	倭	俱	《倶》	倦	〈倦〉	倅	修
9一		9一	9二	10二	9一	10二	10二	10二	10対	11対	10対	10一
008450 4FCA		008300 4FE1	008400 4FE3	009570 3468	007720 4FB6	009320 502D	009620 4FF1	008600 5036	009240 AD6F	010720 5026	008860 5005	008570 4FEE
1-2951 8F72		1-3114 904D	1-4383 9693	2-0162 F07D	1-4623 97B5	1-4733 9860	1-1401 879F	1-2270 8BE4	1-2381 8C91		1-4870 98E4	1-2904 8F43
											伜	
俊◉ 俊 俊 俊 俊 俊 俊▲ 俊 俊	俊◉ 俊	信	俣 俣 俣 俣 俣		侶	倭	倶 倶					修 修 修▲
シュン		シン	また ※元来国字。	また ※国字。「俣」と同字。	リョ	ワ、イ やまと	ク、グ みな、ともに	ク、グ みな、ともに	ケン うむ、つかれる ※人名用漢字。	ケン うむ、つかれる	サイ、ソツ せがれ	シュウ、シュ おさめる、おさまる

（ ）内は戸籍法施行規則別表二の二に掲げる字体。《 》内は子の名に用いることのできない参考字体。
〈 〉及び〈 〉内は平成２年民二第5200号通達別表の正字等。◉印は申出により訂正を認める別字。

部首：人部（亻）

正字等	画数区分	戸籍住基	面区点 SJIS	俗字等（5202通知）	戸籍に記載されている文字（2842通達）	音訓・備考（※）
倢	10三	009200 5022	2-0161 F07C		倢	ショウ さとい、はやい
倩	10対	009270 5029	1-4874 98E8	倩		セン、セイ、ショウ うるわしい
倉	10一	008920 5009	1-3350 9171	倉	倉 倉 倉▲	ソウ くら
俯	10三	008580 4FEF	1-4877 98EB		俯	フ うつむく、ふす
倫	10一	009290 502B	1-4649 97CF		倫	リン
〔假〕	11一	009820 5047	1-4881 98EF		假 假 假 假 假	カ、ケ かり ※「仮」の旧字体。
健	11一	010210 5065	1-2382 8C92		健 健 健 健 健 健 健▲ 健 建	ケン すこやか
偉	12一	011610 5049	1-1646 88CC		偉 偉 偉	イ えらい
傘	12一	011260 5098	1-2717 8E50		傘	サン かさ
僅	13対	012240 AD92	1-2247 8BCD			キン わずか ※常用漢字。
〈僅〉	12対	011630 50C5				キン わずか
傑	13一	012540 5091	1-2370 8C86	杰	傑	ケツ

〔〕内は従前子の名に用いることのできた字体。〈〉内は左に含まれない正字等。
▲印は漢和辞典登載の俗字。

僧	（傳）	傭	僖	像	儀	儘	〈〈侭〉〉	儔	優		（（優））	儲
13一	13一	13二	14三	14一	15一	16三	8 三	16三	17一		18一	18対
012550 50E7	011940 50B3	011820 50AD	012780 50D6	012670 50CF	013610 5100	014300 5118	007440 4FAD	014200 5114	014720 512A		116050 B143	014880 ADB2
1-3346 916D	1-4903 9942	1-4535 9762	1-4905 9944	1-3392 919C	1-2123 8B56	1-4854 98D4	1-4389 9699	1-4918 9951	1-4505 9744			1-4457 96D7
僧	傳 傳 傳◉	傭	僖 僖	像	儀	儘		儔	優 優 優 優 優 優 優 優 優◉	僾		
ソウ	デン つたわる、つたえる、つたう ※「伝」の旧字体。	ヨウ、ユ やとう	キ たのしむ	ゾウ	ギ	ジン ことごとく	ジン ことごとく	チュウ、ジュ ともがら	ユウ やさしい、すぐれる		ユウ やさしい、すぐれる ※「優」と同字。	チョ もうけ ※人名用漢字。

倢倩倉俯倫假健偉傘僅僅傑僧傳傭僖像儀儘侭儔優優儲

（）内は戸籍法施行規則別表二の二に掲げる字体。（（））内は子の名に用いることのできない参考字体。

〈〉及び〈〈〉〉内は平成２年民二第5200号通達別表の正字等。◉印は申出により訂正を認める別字。

部首	正字等	画数 区分	戸籍 住基	面区点 SJIS	俗字等（5202通知）	戸籍に記載されている文字（2842通達）	音訓・備考（※）
人部（亻）	〈儲〉	17対	014730 5132				チョ もうけ
儿部	允	4二	015470 5141	1-1684 88F2		允	イン まこと
	充	6一	015620 5145	1-2928 8F5B		充◉ 充 充▲	ジュウ あてる
	克	7一	015730 514B	1-2578 8D8E		克 克◉	コク
	児	7一	015820 5150	1-2789 8E99		児 児 児 児 児	ジ、ニ
	（兒）	8一	015890 5152	1-4927 995A	兒	兒▲ 兒▲ 兒	ジ、ニ こ ※「児」の旧字体。
	兌	7対	015740 514C	1-4928 995B	兑		ダ、エツ
	兜	11二	016210 515C	1-1985 8A95	兠	兜 兜 兠▲ 兠 兜	トウ、ト かぶと
八部	具	8一	017200 5177	1-2281 8BEF		具 具	グ
	典	8一	017210 5178	1-3721 9354		典▲ 典 典 典	テン
	兼	10一	017370 517C	1-2383 8C93		兼 兼 兼 兼 兼▲ 兼 兼 兼 兼 兼 兼 兼 兼 兼	ケン かねる

（ ）内は従前子の名に用いることのできた字体。〈 〉内は左に含まれない正字等。
▲印は漢和辞典登載の俗字。

部			冂部	冖部	冫部					几部			凵部
字	《兼》		冏	冤	冴	《冱》	冷	清	凌	凡	処	〈處〉	出
画数	10一		7三	10対	7二	6二	7一	10対	10二	3一	5一	11一	5一
コード	017330 ADD7		018100 518F	018930 ADEF	019470 51B4	019350 C107	019390 51B7	019840 51CA	019940 51CC	020600 51E1	020660 51E6	371960 8655	021370 51FA
JIS			1-4940 9967	1-4945 996C	1-2667 8DE1		1-4668 97E2	1-1454 87D4	1-4631 97BD	1-4362 967D	1-2972 8F88	1-4961 997C	1-2948 8F6F
別字体	蒹 蒹 兼	兼		寃				淸		凣			出 岀
別字体	兼 兼 兼 兼 兼 兼▲ 兼		囧		冱（冴・冱共通）		冷◉		凌▲ 凌	凡▲	処	處 處 處 處◉	出▲ 岀▲
読み	ケン かねる ※「兼」の旧字体。		ケイ、キョウ あきらか	エン うらみ	ゴ さえる	ゴ さえる ※「冴」の旧字体。	レイ つめたい、ひえる、ひや ひやす、さめる、さます	セイ、ショウ すずしい	リョウ しのぐ	ボン、ハン	ショ	ショ ※「処」の旧字体。	シュツ、スイ でる、だす

〔〕内は戸籍法施行規則別表二の二に掲げる字体。《》内は子の名に用いることのできない参考字体。

〈〉及び〈〉内は平成２年民二第5200号通達別表の正字等。◉印は申出により訂正を認める別字。

部首	正字等	画数区分	戸籍	住基	面区点	SJIS	俗字等（5202通知）	戸籍に記載されている文字（2842通達）	音訓・備考（※）
刀部（刂）	刃	3対	021780	AE10			刄		ジン は ※「刃」の旧字体。〔　〕。
	刈	4一	021900	5208	1-2002	8AA0		刈	かる
	切	4一	021890	5207	1-3258	90D8	切	切▲ 切▲	セツ、サイ きる、きれる
	初	7一	022500	521D	1-2973	8F89	初	初 初▲ 初 初 初▲ 初 初	ショ はじめ、はじめて、はつ うい、そめる
	利	7一	022650	5229	1-4588	9798		利	リ きく
	刺	8一	022970	523A	1-2741	8E68		刺◉	シ さす、ささる
	刱	8対	022900	5231			剏		ソウ、ショウ
	前	9一	023760	524D	1-3316	914F	前	前 前 前 前 前▲ 前 前 前 前	ゼン まえ
	〘前〙	9一	023620	AE1B				前	ゼン まえ ※「前」の旧字体。
	剣	10一	024280	5263	1-2385	8C95	剱 劔	剣	ケン つるぎ
	（劍）	15一	025930	528D	1-4988	9998	（剣と共通）		ケン つるぎ ※「剣」の旧字体。
	《劒》	16一	026110	5292	1-4990	999A		劒	ケン つるぎ ※「劍」の古字。→「剣」。

◯内は従前子の名に用いることのできた字体。〘〙内は左に含まれない正字等。
▲印は漢和辞典登載の俗字。

力部

字	画数	コード		JIS		戸籍統一文字	参考字体	読み
剛	10一	023980	525B	1-2568	8D84		剛 剛 剛	ゴウ
剝	10対	024050	525D	1-1594	889E			ハク はがす、はぐ、はがれる、はげる ※常用漢字
〈剥〉	10対	024300	5265	1-3977	948D			ハク はぐ、さく
功	5一	026670	529F	1-2489	8CF7	切 切	切▲ 切 切▲	コウ、ク
助	7一	026870	52A9	1-2985	8F95		助	ジョ たすける、たすかる、すけ
努	7一	026880	52AA	1-3756	9377		努 努	ド つとめる
勉	10一	027680	52C9	1-4257	95D7		勉 勉 勉	ベン
（勉）	9一	027400	FA33	1-1467	87E1		勉	ベン つとめる ※「勉」の旧字体。
勘	11一	027800	52D8	1-2010	8AA8		勘	カン
勖	11対	027880	AE3D			勗		キョク つとめる
務	11一	027810	52D9	1-4419	96B1		務 務	ム つとめる、つとまる
勒	11三	027890	AE3C				勒	ロク くつわ
勤	12一	028040	52E4	1-2248	8BCE		勤 勤 勤 勤	キン、ゴン つとめる、つとまる

⌒内は戸籍法施行規則別表二の二に掲げる字体。⌒内は子の名に用いることのできない参考字体。

〈〉及び◇内は平成2年民二第5200号通達別表の正字等。◉印は申出により訂正を認める別字。

部首	力部							勹部	匕部	匚部	十部	
正字等	（勤）	勝	《勝》	勧	勢	勲	（勳）	包	北	匡	廿	升
画数区分	13一	12一	12一	13一	13一	15一	16一	5一	5一	6二	4二	4一
戸籍	028180	028050	027970	028270	028160	028610	028640	029090	029830	030270	108420	031310
住基	FA34	52DD	AE44	52E7	52E2	52F2	52F3	5305	5317	5321	5EFF	5347
面区点	1-1472	1-3001		1-2011	1-3210	1-2314	1-5014	1-4281	1-4344	1-2209	1-3891	1-3003
SJIS	87E6	8F9F		8AA9	90A8	8C4D	99AC	95EF	966B	8BA7	93F9	8FA1
俗字等（5202通知）					勢 勢				业			外 外
戸籍に記載されている文字（2842通達）	勤 勤 勤 勤 勤 勤 勤	勝 勝 勝 勝 勝 勝 勝		勧▲	勢 勢▲ 勢 勢▲	勲 勲 勲 勲 勲 勲	勳 勳 勳 勳 勳	包	业▲ 业	囯 匡◉ 匡	卄	升 外▲ 外▲ 外 外◉
音訓・備考（※）	キン、ゴン つとめる、つとまる ※「勤」の旧字体。	ショウ かつ、まさる	ショウ かつ、まさる ※「勝」の旧字体。	カン すすめる	セイ いきおい	クン	クン いさお ※「勲」の旧字体。	ホウ つつむ	ホク きた	キョウ ただす	ジュウ にじゅう ※「十」を二つ合わせた形。	ショウ ます

〔 〕内は従前子の名に用いることのできた字体。（ ）内は左に含まれない正字等。
▲印は漢和辞典登載の俗字。

卩部

〈卿〉	卿	卯			《博》	博	南	卓	卒	協	卉	卅
10二	12二	5二			12一	12一	9一	8一	8対	8一	6対	4対
033320 537F	033410 AE7D	032960 536F			032060 AE73	032070 535A	031900 5357	031810 5353	031800 5352	031820 5354	031540 AE63	031290 5345
	1-2210 8BA8	1-1712 894B				1-3978 948E	1-3878 93EC	1-3478 91EC	1-3420 91B2	1-2208 8BA6		1-5033 99BF
									卆	協	卉	丗
ケイ、キョウ きみ	ケイ、キョウ きみ ※元来「卿」と同字。	ボウ う			ハク、バク ひろい ※「博」の旧字体。	ハク、バク	ナン、ナ みなみ	タク	ソツ ※常用漢字。	キョウ	キ くさ	ソウ

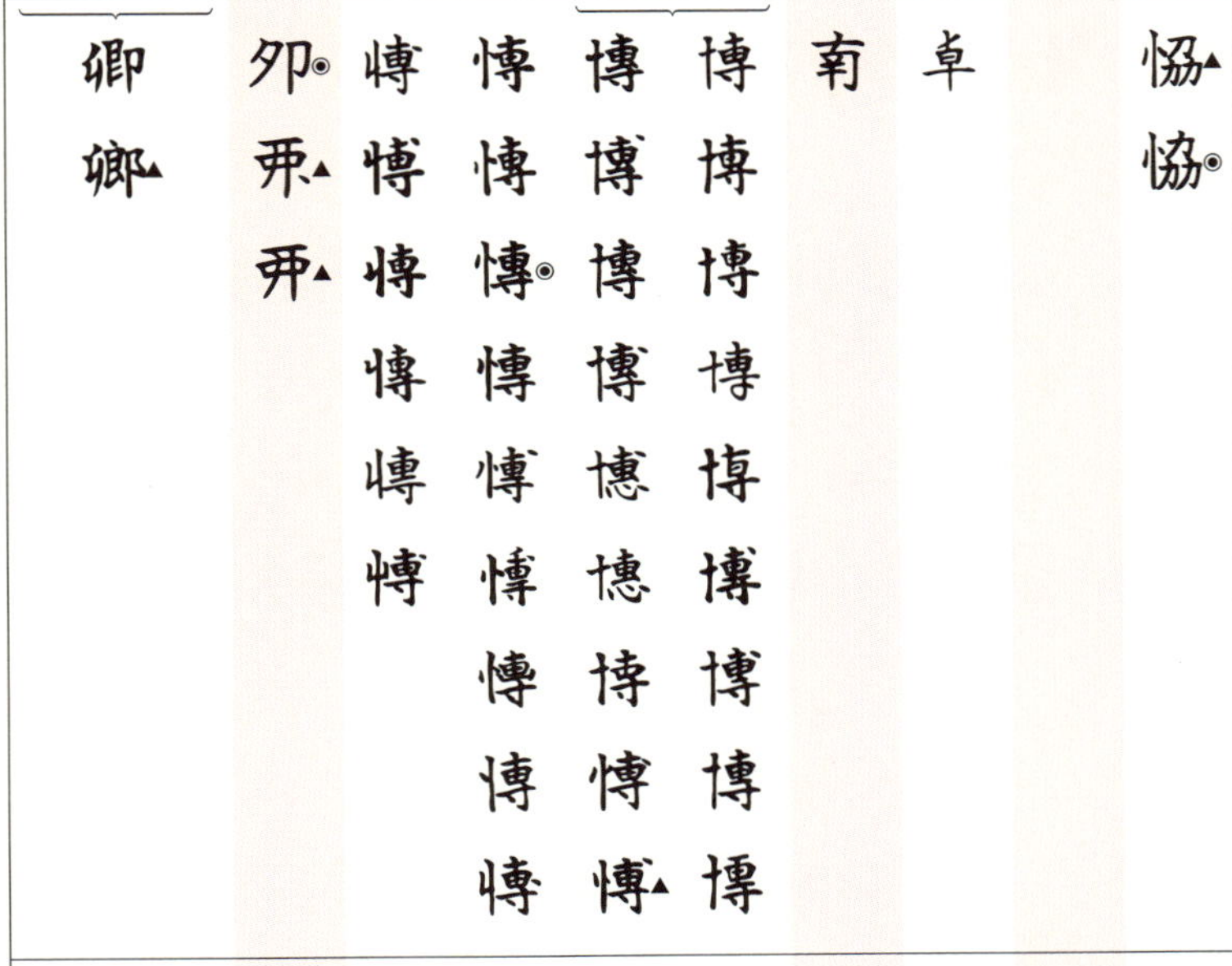

⌒内は戸籍法施行規則別表二の二に掲げる字体。⌒内は子の名に用いることのできない参考字体。

〈〉及び《》内は平成２年民二第5200号通達別表の正字等。◉印は申出により訂正を認める別字。

部首	正字等	画数 区分	戸籍 住基	面区点 SJIS	俗字等（5202通知）	戸籍に記載されている文字（2842通達）	音訓・備考（※）
厂部	厚	9 一	034110 539A	1-2492 8CFA	厚	厚▲	コウ あつい
	原	10一	034330 539F	1-2422 8CB4	原	原▲ 原 原 原 原	ゲン はら
又部	友	4 一	036140 53CB	1-4507 9746	友	友▲	ユウ とも
	収	5 一	036260 53CE	1-2893 8EFB		収▲	シュウ おさめる、おさまる
	（收）	6 一	146640 6536	1-5832 9DBE		收▲ 收	シュウ おさめる、おさまる ※「収」の旧字体。
	取	8 一	036600 53D6	1-2872 8EE6		取 取	シュ とる
	叔	8 一	036560 53D4	1-2939 8F66		叔	シュク
	叛	9 対	036710 AE9E	1-4032 94BE			ハン、ホン そむく
	《叛》	9 対	036770 53DB				ハン、ホン そむく
	叡	16二	037350 53E1	1-1735 8962		叡 叡 叡 叡 叡 叡 叡 叡 叡	エイ あきらか
口部	右	5 一	037730 53F3	1-1706 8945		右	ウ、ユウ みぎ
	史	5 一	037720 53F2	1-2743 8E6A		史	シ

（　）内は従前子の名に用いることのできた字体。《　》内は左に含まれない正字等。
▲印は漢和辞典登載の俗字。

	司	吉	向	君	呉	〔呉〕	呈	〔呈〕	呂	周	〔周〕	味	命
画数	5一	6対	6一	7一	7一	7一	7一	7一	7一	8一	8一	8一	8一
コード	037790 53F8	038130 5409	038250 5411	038510 541B	038930 5449	038920 5433	039310 5448	038900 AEAF	039160 5442	039780 5468	039770 AEBA	039920 5473	040090 547D
JIS	1-2742 8E69	1-2140 8B67	1-2494 8CFC	1-2315 8C4E	1-2466 8CE0		1-3672 92E6		1-4704 9843	1-2894 8EFC		1-4403 96A1	1-4431 96BD
		𠮷											命
	司		向	君	呉		呈		呂▲	周 周		味	命▲
読み	シ	キチ、キッ ※常用漢字。	コウ むく、むける、むかう むこう	クン きみ	ゴ	ゴ ※「呉」の旧字体。	テイ	テイ ※「呈」の旧字体。	ロ	シュウ まわり	シュウ まわり ※「周」の旧字体。	ミ あじ、あじわう	メイ、ミョウ いのち

厚原友収收取叔叛叛叡右史司吉向君呉呉呈呈呂周周味命

〔 〕内は戸籍法施行規則別表二の二に掲げる字体。〔 〕内は子の名に用いることのできない参考字体。
〈 〉及び《 》内は平成2年民二第5200号通達別表の正字等。◉印は申出により訂正を認める別字。

部首：口部

正字等	画数・区分	戸籍	住基	面区点	SJIS	俗字等（5202通知）	戸籍に記載されている文字（2842通達）	音訓・備考（※）
和	8一	040260	548C	1-4734	9861		和 咊	ワ、オ やわらぐ、やわらげる なごむ、なごやか
哉	9二	041370	54C9	1-2640	8DC6		哉 哉	サイ かな、や
咲	9一	041700	54B2	1-2673	8DE7		咲 咲	さく
《咲》	9一	040950	AEC5					※さく ※「咲」の旧字体。
品	9一	041220	54C1	1-4142	9569		品▲ ふ	ヒン しな
員	10一	041850	54E1	1-1687	88F5		貟◉	イン
哨	10対	041980	AEC6	1-3005	8FA3			ショウ みはり ※人名用漢字。
〈哨〉	10対	042990	54E8					ショウ みはり
哲	10一	042180	54F2	1-3715	934E		哲 哲 哲 哲 哲 哲	テツ
唐	10一	042590	5510	1-3766	9382		唐 唐	トウ から
《唐》	10一	042580	AEC7					トウ から ※「唐」の旧字体。
啞	11対	043890	555E	1-1508	8847			ア、アク おし、わらう

〔〕内は従前子の名に用いることのできた字体。〈〉内は左に含まれない正字等。
▲印は漢和辞典登載の俗字。

文字	画数	コード		JIS		戸籍統一文字	読み等
《唖》	10対	042920	5516	1-1602	88A0		ア、アク おし、わらう
啓	11一	044420	5553	1-2328	8C5B		ケイ
〔啓〕	11一	043750	AECE				ケイ ひらく、もうす ※「啓」の旧字体。
喚	12一	045280	559A	1-2013	8AAB		カン
喜	12一	045320	559C	1-2078	8AEC	喜	キ よろこぶ
喬	12二	045650	55AC	1-2212	8BAA		キョウ たかい
善	12一	044800	5584	1-3317	9150	善	ゼン よい
嗣	13一	047140	55E3	1-2744	8E6B		シ
嘉	14二	047920	5609	1-1837	89C3		カ よい
⿰口造	14対	047730	AEFE			⿰口造	ソウ
嗹	14対	047650	55F9	1-5156	9A77	嗹	レン

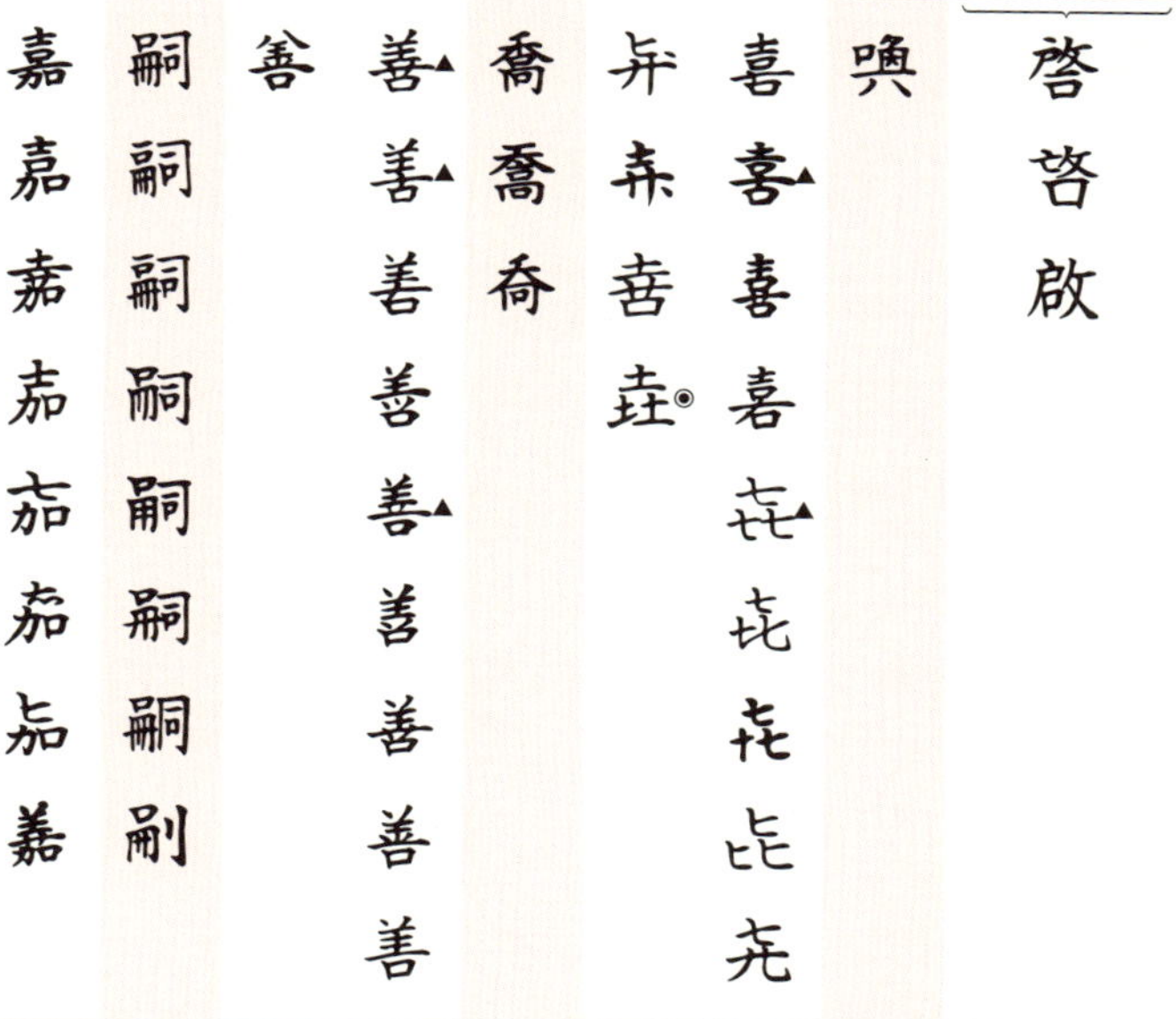

〔 〕内は戸籍法施行規則別表二の二に掲げる字体。〔 〕内は子の名に用いることのできない参考字体。
◇及び◇内は平成2年民二第5200号通達別表の正字等。◉印は申出により訂正を認める別字。

部首	正字等	画数区分	戸籍住基	面区点 SJIS	俗字等（5202通知）	戸籍に記載されている文字（2842通達）	音訓・備考（※）
口部	器	15対	049720 5668	1-2079 8AED	噐		キ うつわ ※常用漢字。
	噌	15対	049270 AF0A	1-3325 9158			ソウ かまびすしい ※人名用漢字。
	〈噌〉	14対	048510 564C				ソウ かまびすしい
	噂	15対	049110 AF0C	1-1729 895C			ソン うわさ ※人名用漢字。
	〈噂〉	15対	049750 5642				ソン うわさ
	㗻	16対	049960 35FB		㗻		カ
	噠	16対	049930 5660	2-0440 F1C6	噠		タツ、タチ、ダチ
	嚃	17対	051440 5683		嚃		トウ、タイ すする
	嚙	18対	051650 5699	1-1526 8859			ゴウ かむ
	《噛》	15対	049760 565B	1-1990 8A9A			ゴウ かむ
	（嚴）	20一	052450 56B4	1-5178 9A8E	嚴	嚴 嚴▲	ゲン、ゴン おごそか、きびしい ※「厳」の旧字体。
	囊	22対	052940 56CA	1-1532 885F			ノウ ふくろ

（　）内は従前子の名に用いることのできた字体。〈　〉内は左に含まれない正字等。
▲印は漢和辞典登載の俗字。

口部

《囊》	18対	051950 56A2	1-3925 9458			ノウ ふくろ
四	5一	053490 56DB	1-2745 8E6C	罒	伵◉	シ よ、よつ、よっつ、よん
因	6一	053630 56E0	1-1688 88F6		囙	イン よる
国	8一	054260 56FD	1-2581 8D91	国	国▲ 国	コク くに
〔國〕	11一	054750 570B	1-5202 9AA0		國 國 国	コク くに ※「国」の旧字体。
圀	9三	054340 5700	1-5191 9A9B		圀	コク くに ※「国」「國」の古字。
圊	11対	054740 570A	1-1533 8860	圊		セイ、ショウ かわや
〔圓〕	13一	055000 5713	1-5204 9AA2	圓	圓▲ 圓 圓	エン まるい、まる ※「円」の旧字体。
園	13一	054990 5712	1-1764 8980		園 園 園 園	エン その
〔薗〕	16一	363150 8597	1-1782 8992		薗 薗	エン
〈薗〉	17一	364190 BA66				エン
〔圖〕	14一	055140 5716	1-5206 9AA4	圖	圖 圖 圖 圖▲ 圖 圖	ズ、ト はかる ※「図」の旧字体。

土部

土	3一	055540 571F	1-3758 9379	圡 𡈽	圡▲	ド、ト つち

〔〕内は戸籍法施行規則別表二の二に掲げる字体。〈〉内は子の名に用いることのできない参考字体。
◇及び◇内は平成２年民二第5200号通達別表の正字等。◉印は申出により訂正を認める別字。

土部

正字等	画数 区分	戸籍 住基	面区点 SJIS	俗字等（5202通知）	戸籍に記載されている文字（2842通達）	音訓・備考（※）
均	7 一	056130 5747	1-2249 8BCF		均◉ 均◉ 均 均◉	キン
坐	7 二	056280 5750	1-2633 8DBF	坐		ザ すわる
《坐》	8 二	057300 3634			坐▲ 坐	ザ すわる ※「坐」と同字。
坂	7 一	056070 5742	1-2668 8DE2		坂	ハン さか
尭	8 二	016000 5C2D	1-2238 8BC4			ギョウ
堯	12 二	060150 582F	1-8401 EA9F	堯 尭	堯 堯 堯▲ 尭▲ 尭	ギョウ
垂	8 一	057140 5782	1-3166 9082	垂	垂 垂 垂 垂 垂 垂 垂▲ 垂 垂	スイ たれる、たらす
					重	
坦	8 二	056740 5766	1-3519 9252		坦◉	タン たいら
垣	9 一	057710 57A3	1-1932 8A5F		垣 垣 垣	かき
埓	10 三	058760 57D3	1-5232 9ABE		埓◉	ラツ、ラチ、レツ かこい ※一説に「埓」は「埒」の俗字。
埒	10 対	058470 57D2	1-5231 9ABD	埒		ラツ、ラチ

〔〕内は従前子の名に用いることのできた字体。〈〉内は左に含まれない正字等。
▲印は漢和辞典登載の俗字。

	域	埴	堀	堰	堺	堅	場	〈〈塲〉〉		塚	〔塚〕	堤	堵
画数	11一	11二	11一	12二	12二	12一	12一	14一		12一	13一	12一	12対
番号	058930 57DF	059230 57F4	059400 5800	060170 5830	060320 583A	059450 5805	060210 5834	061610 5872		060620 585A	061090 FA10	060030 5824	060220 AF67
JIS	1-1672 88E6	1-3093 8FFB	1-4357 9678	1-1765 8981	1-2670 8DE4	1-2388 8C98	1-3076 8FEA	1-5239 9AC5		1-3645 92CB	1-1555 8876	1-3673 92E7	1-3740 9367
							場			塚			
異体字	域	埴	堀 堀	堰 堰 堰	堺	堅 堅 坚▲	場◎ 塲 塲 塲	塲 塲 塲 塲▲ 塲 塲 塲 塲 塲	場 場	塚 塚 塚▲	塚	堤	
読み・備考	イキ	ショク はに	ほり	エン せき	カイ さかい	ケン かたい	ジョウ ば	ジョウ ば ※「場」と同字。		つか	※つか 「塚」の旧字体。	テイ つつみ	ト かき、ふさぐ ※人名用漢字。

均坐坐坂尭堯垂坦垣埒埓域埴堀堰堺堅場塲塚塚堤堵

〔〕内は戸籍法施行規則別表二の二に掲げる字体。〔〕内は子の名に用いることのできない参考字体。

〈〉及び〈〈〉〉内は平成２年民二第5200号通達別表の正字等。◎印は申出により訂正を認める別字。

部首	正字等	画数 区分	戸籍 住基	面区点 SJIS	俗字等（5202通知）	戸籍に記載されている文字（2842通達）	音訓・備考（※）
土部	〈堵〉	11対	059700 5835				ト かき、ふさぐ
	塔	12一	060610 5854	1-3767 9383		塔 塔	トウ
	塩	13一	061460 5869	1-1786 8996	塩	塩▲ 塩	エン しお
	〔鹽〕	24一	538500 9E7D	1-8337 EA64		鹽 鹽 鹽 鹽 鹽	エン しお ※「塩」の旧字体。
	《⿰土⿱鹵皿》	19一	538210 AFA0			⿰土⿱鹵皿▲ ⿰土⿱鹵皿 ⿰土⿱鹵皿 ⿰土⿱鹵皿 ⿰土⿱鹵皿 ⿰土⿱鹵皿	エン しお ※「鹽」と同字。→「塩」。
	塙	13二	061050 5859	1-4025 94B7		塙▲	カク はなわ
	塡	13対	061190 5861	1-1556 8877			テン ※常用漢字。
	〈填〉	13対	061520 586B	1-3722 9355			テン、チン
	塗	13一	061020 5857	1-3741 9368		塗	ト ぬる
	増	14一	062230 5897	1-3393 919D		増 増 増	ゾウ ます、ふえる、ふやす
	（增）	15一	062350 589E	1-1561 887C			ゾウ ます、ふえる、ふやす ※「増」の旧字体。
	⿰土遂	16対	063040 AF90		⿰土遂		スイ

（　）内は従前子の名に用いることのできた字体。《　》内は左に含まれない正字等。
▲印は漢和辞典登載の俗字。

					士部			夊(夂)部		夕部		大部
壇	壁	堝	壝	〔壤〕	壮	壷	〔壹〕	夏		多	夢	夫
16一	16一	16対	19対	20一	6一	11三	12一	10一		6一	13対	4一
063240 58C7	063130 58C1	063070 AF91	063990 58DD	064220 58E4	064600 58EE	064770 58F7	064810 58F9	065530 590F		065990 591A	066530 5922	066880 592B
1-3537 9264	1-4241 95C7			1-5265 9ADF	1-3352 9173	1-3659 92D9	1-5269 9AE3	1-1838 89C4		1-3431 91BD	1-4420 96B2	1-4155 9576
壇		堝	壝							多 多	梦	
壇▲	壁 壁			壤	壮	壷	壹	夏 夏 夏 夏 夏 夏◉ 夏 夏 夏	夏	多▲ 多 多▲ 多		夫 夫
ダン、タン	ヘキ かべ	ワ、カ	イ	ジョウ ※「壌」の旧字体。	ソウ	コ つぼ	イチ ひとつ ※「壱」の旧字体。	カ、ゲ なつ		タ おおい	ム ゆめ ※常用漢字。	フ、フウ おっと

〔〕内は戸籍法施行規則別表二の二に掲げる字体。〔〕内は子の名に用いることのできない参考字体。

〈〉及び〈〉内は平成２年民二第5200号通達別表の正字等。◉印は申出により訂正を認める別字。

部首	正字等	画数 区分	戸籍 住基	面区点 SJIS	俗字等（5202通知）	戸籍に記載されている文字（2842通達）	音訓・備考（※）
大部	央	5 一	066940 592E	1-1791 899B		央 央	オウ
	奇	8 対	067500 5947	1-2081 8AEF	竒		キ ※常用漢字。
	奈	8 一	067510 5948	1-3864 93DE	奈	奈 奈▲	ナ
	契	9 一	067870 5951	1-2332 8C5F		契	ケイ ちぎる
	〘契〙	9 一	067890 AFC4				ケイ ちぎる ※「契」の旧字体。
	奎	9 二	067730 594E	1-5287 9AF5		奎	ケイ また
	奏	9 一	067770 594F	1-3353 9174		奏	ソウ かなでる
	奥	12 一	068570 5965	1-1792 899C	奥	奥▲ 奥 奥▲ 奥 奥 奥 奥 奥 奥	オウ おく
	（奧）	13 一	068670 5967	1-5292 9AFA		奧 奧	オウ おく ※「奥」の旧字体。
女部	妃	6 一	069470 5983	1-4062 94DC		妃▲	ヒ
	〘妃〙	6 一	069600 AFDC				ヒ
	妙	7 一	069810 5999	1-4415 96AD		妙	ミョウ

〘〙内は従前子の名に用いることのできた字体。（）内は左に含まれない正字等。
▲印は漢和辞典登載の俗字。

部	漢字	画数	コード	UCS	JIS	SJIS	異体字	異体字	読み・注記
	姉	8一	070570	59C9	1-2748	8E6F			シ あね ※本来「姊」の俗字。
	《姊》	8一	070560	59CA				姊 姊	シ あね ※「姉」の本字。
	威	9一	071540	5A01	1-1650	88D0		威 威	イ
	姨	9三	071170	59E8	1-5309	9B48		姨	イ おば
	婧	11対	073410	5A67	1-1583	8893	婧		セイ、ショウ
	嬉	15二	076680	5B09	1-2082	8AF0		嬉	キ たのしむ
	嫡	18対	077970	B006			嫡		セキ、シャク
子部	孝	7一	079070	5B5D	1-2507	8D46		孝 考◉	コウ
	〔學〕	16一	079990	5B78	1-5360	9B7B	斈 學	學 學▲ 學 學 学 学 学 學	ガク まなぶ ※「学」の旧字体。
宀部	安	6一	080400	5B89	1-1634	88C0		安	アン やすい
	宇	6一	080350	5B87	1-1707	8946	宇	宇▲	ウ
	宏	7二	080560	5B8F	1-2508	8D47		広 広 広 宕 宖 宏 厷	コウ ひろい
	宍	7三	080540	5B8D	1-2821	8EB3		宍	ジク、ニク しし ※一説に「肉」の譌字。

〔〕内は戸籍法施行規則別表二の二に掲げる字体。〔〕内は子の名に用いることのできない参考字体。

《》及び《》内は平成2年民二第5200号通達別表の正字等。◉印は申出により訂正を認める別字。

部首	正字等	画数	区分	戸籍	住基	面区点	SJIS	俗字等（5202通知）	戸籍に記載されている文字（2842通達）	音訓・備考（※）
宀部	宜	8	一	080820	5B9C	1-2125	8B58	冝	冝▲ 宣 宜 亘	ギ
	実	8	一	080940	5B9F	1-2834	8EC0		実 実 実 実 実	ジツ み、みのる
	宕	8	二	080740	5B95	1-3770	9386		宕 宕	トウ
	宣	9	一	081060	5BA3	1-3275	90E9		宣 亘 亘	セン
	宥	9	二	081110	5BA5	1-4508	9747		宥	ユウ ゆるす
	宮	10	一	081330	5BAE	1-2160	8B7B		宮◉ 宮	キュウ、グウ、ク みや
	宰	10	一	081370	5BB0	1-2643	8DC9		宰 宰	サイ
	宵	10	一	081720	5BB5	1-3012	8FAA		宵	ショウ よい
	（宵）	10	一	081450	B01B				宵	ショウ よい ※「宵」の旧字体。
	容	10	一	081490	5BB9	1-4538	9765		容	ヨウ
	寄	11	一	081850	5BC4	1-2083	8AF1	寄	寄▲	キ よる、よせる
	寇	11	対	081900	5BC7	1-5368	9B84	冦		コウ あだ、あだする

〔〕内は従前子の名に用いることのできた字体。（）内は左に含まれない正字等。
▲印は漢和辞典登載の俗字。

寸部

字	画数	コード	Unicode	JIS	Shift-JIS		異体字	読み・備考
寈	11対	081920	B023			寈		セイ ※「青」の古字。
密	11一	081870	5BC6	1-4409	96A7		密◉ 密	ミツ ※密（ささやま）の氏が現存する。
富	12一	082190	5BCC	1-4157	9578		富 富	フ、フウ とみ、とむ
〔冨〕	11一	019050	51A8	1-4158	9579		冨 冨 冨	フ、フウ とみ、とむ
寛	13一	082670	5BDB	1-2018	8AB0		寛 寛	カン
〔寬〕	14一	083110	5BEC	1-4758	9879		寬	カン ひろい ※「寛」の旧字体。
〔寢〕	14一	082850	5BE2	1-5374	9B8A		寢	シン ねる、ねかす ※「寝」の旧字体。
寧	14一	082930	5BE7	1-3911	944A		寧▲ 寧▲	ネイ
寥	14三	082880	5BE5	1-5376	9B8C		寥	リョウ さびしい、むなしい
寮	15一	083240	5BEE	1-4632	97BE		寮	リョウ
〔寶〕	20一	083800	5BF6	1-5379	9B8F			ホウ たから ※「宝」の旧字体。
〈寳〉	19一	083690	5BF3	1-5380	9B90		寳 寳 寳	ホウ たから
寺	6一	084190	5BFA	1-2791	8E9B		寺 寺	ジ てら

〔〕内は戸籍法施行規則別表二の二に掲げる字体。〔〕内は子の名に用いることのできない参考字体。

〈〉及び〈〉内は平成２年民二第5200号通達別表の正字等。◉印は申出により訂正を認める別字。

部首	寸部							
正字等 区分画数	寿 7一	（壽） 14一	（將） 11一	尋 12一	〘尋〙 12一	尊 12一	〘尊〙 12一	〔對〕 14一
戸籍 住基	084250 5BFF	064950 58FD	084500 5C07	084700 5C0B	084640 B044	084690 5C0A	084620 B045	084780 5C0D
面区点 SJIS	1-2887 8EF5	1-5272 9AE6	1-5382 9B92	1-3150 9071		1-3426 91B8		1-5384 9B94
俗字等（5202通知）								
戸籍に記載されている文字（2842通達）								
音訓・備考（※）	ジュ ことぶき	ジュ ことぶき ※「寿」の旧字体。	ショウ ※「将」の旧字体。	ジン たずねる	ジン たずねる、ひろ ※「尋」の旧字体。	ソン たっとい、とうとい たっとぶ、とうとぶ	ソン たっとい、とうとい たっとぶ、とうとぶ ※「尊」の旧字体。	タイ、ツイ こたえる ※「対」の旧字体。

〔〕内は従前子の名に用いることのできた字体。（）内は左に含まれない正字等。
▲印は漢和辞典登載の俗字。

尸部								山部				
導	尻	尾	屑	〈屑〉	展	屠	《屠》	〔屬〕	岐	岳	岸	《岍》
17対	5一	7一	10対	10対	10一	12対	11対	21一	7一	8一	8一	8一
084960 B04B	086750 5C3B	086950 5C3E	087590 B058	087760 5C51	087650 5C55	088140 B05A	088010 5C60	088770 5C6C	090040 5C90	090690 5CB3	090760 5CB8	090950 37C1
	1-3112 904B	1-4088 94F6	1-2293 8BFB		1-3724 9357	1-3743 936A		1-5404 9BA2	1-2084 8AF2	1-1957 8A78	1-2063 8ADD	2-0830 F0BC
導	尻											
	尻▲ 尻▲ 尻	尾 尾			展			屬 屬	岐	岳	岸 岸 岸 岸 岸 岸 岸	岍
ドウ みちびく ※「導」の古字。	しり	ビ お	セツ いさぎよい、くず ※人名用漢字。	セツ いさぎよい、くず	テン	ト、チョ ほふる	ト、チョ ほふる	ゾク ※「属」の旧字体。	キ	ガク たけ	ガン きし	ガン きし ※「岸」と同字。

〔〕内は戸籍法施行規則別表二の二に掲げる字体。《》内は子の名に用いることのできない参考字体。

〈〉及び《》内は平成2年民二第5200号通達別表の正字等。◉印は申出により訂正を認める別字。

部首	山部									
正字等	岩	岡	峠	《垰》	島	(嶋)	《嶌》	《㠀》	峰	(峯)
画数 区分	8一	8一	9一	9一	10一	14一	14一	14一	10一	10一
戸籍 住基	090540 5CA9	090310 5CA1	091430 5CE0	058000 57B0	091890 5CF6	095380 5D8B	095390 5D8C	095370 3800	091750 5CF0	091740 5CEF
面区点 SJIS	1-2068 8AE2	1-1812 89AA	1-3829 93BB	1-5227 9AB9	1-3771 9387	1-3772 9388	1-5426 9BB8	2-0862 F0DC	1-4286 95F4	1-4287 95F5
俗字等(5202通知)		岡 崗 罡								
戸籍に記載されている文字(2842通達)	岩	岡 岡 岡▲ 岡 岡 崗▲ 罡 罡 罡▲ 罡▲ 罡			島 島 島 島 島 島 島 島 島 島 島 島 島	嶋 嶋 嶋 嶋 嶋▲ 嶋	嶌 嶌 嶌 嶌◉		峰 峰	峯 峯 峯
音訓・備考(※)	ガン いわ	おか	※とうげ ※国字。	※たお ※国字。たお→「峠」。	トウ しま	※トウ しま ※「島」と同字。→「島」。	トウ しま ※一説に「島」の俗字。→「島」。	トウ しま ※「島」の本字。	ホウ みね	ホウ みね ※「峰」の本字。

( )内は従前子の名に用いることのできた字体。《 》内は左に含まれない正字等。
▲印は漢和辞典登載の俗字。

字体	画数等	コード	Unicode	JIS	SJIS	参考	異体字	読み・備考
崎	11一	092550	5D0E	1-2674	8DE8		嵜 崎	さき
〈﨑〉	12一	094190	FA11	1-4782	9892		㟨	さき
〈嵜〉	12一	094140	5D5C	1-5431	9BBD			さき
《㟢》	11一	093300	37E2	1-4779	988F			さき ※「崎」と同字。
崇	11一	092400	5D07	1-3182	9092		崇 崈 岽	スウ
崝	11対	092820	5D1D	2-0847	F0CD	崝		ソウ、ジョウ
嵐	12一	093830	5D50	1-4582	9792		嵐 嵐	あらし
嵯	13二	094630	5D6F	1-2623	8DB5		嵯 𡸴	サ
嶷	17三	096620	5DB7	1-5456	9BD6		嶷	ギ、ギョク
嶸	17三	096640	5DB8	1-4792	989C		嶸	コウ、エイ けわしい
巌	20二	097490	5DCC	1-2064	8ADE		巌 巌	ガン いわお
-巖	23二	097750	5DD6	1-5462	9BDC		巖 巖 巖 巖 巖 巖	ガン いわお
《巗》	23二	097760	5DD7	2-0873	F0E7		巗	ガン いわお ※「巖」と同字。

《》内は戸籍法施行規則別表二の二に掲げる字体。《》内は子の名に用いることのできない参考字体。

〈〉及び〈〉内は平成2年民二第5200号通達別表の正字等。◉印は申出により訂正を認める別字。

部首	正字等	画数 区分	戸籍	住基	面区点	SJIS	俗字等（5202通知）	戸籍に記載されている文字（2842通達）	音訓・備考（※）
工部	工	3 一	098630	5DE5	1-2509	8D48		工	コウ、ク
	左	5 一	098710	5DE6	1-2624	8DB6	左 左	左▲ 左▲	サ ひだり
己部	己	3 一	099030	5DF1	1-2442	8CC8		己	コ、キ おのれ
	巻	9 一	099250	5DFB	1-2012	8AAA		巻	カン まく、まき
	（卷）	8 一	033120	5377	1-5043	99C9			カン まく、まき ※「巻」の旧字体。
	巷	9 対	099210	B097	1-2511	8D4A			コウ ちまた ※人名用漢字。
	〈巷〉	9 対	099260	5DF7					コウ ちまた
	巽	12 二	099370	5DFD	1-3507	9246		巽	ソン たつみ
	⦅巽⦆	12 二	099350	B09D					ソン たつみ ※「巽」の旧字体。
巾部	帆	6 一	099590	5E06	1-4033	94BF	帆	帆 帆 帆▲ 帆◉	ハン ほ
	帍	7 三	552610	4E55	1-7341	E568		帍 帍	コ ※一説に「虎」の俗字。

⦅ ⦆内は従前子の名に用いることのできた字体。（ ）内は左に含まれない正字等。
▲印は漢和辞典登載の俗字。

干部

干	〘幣〙	幣	幡	幟	幕	帽	（帶）	常	師	〔歸〕	〘帰〙	帰
3一	15一	15一	15二	15三	13一	12対	11一	11一	10一	18一	10一	10一
103670 5E72	102830 B0B8	102930 5E63	102810 5E61	102750 5E5F	102280 5E55	101610 5E3D	101370 5E36	101420 5E38	100960 5E2B	185600 6B78	B0A9	184910 5E30
1-2019 8AB1		1-4230 95BC	1-4008 94A6	1-5480 9BEE	1-4375 968B	1-4325 9658	1-5472 9BE6	1-3079 8FED	1-2753 8E74	1-6137 9F64		1-2102 8B41
		幣				帽	帯					
亍◉	幣		幡	幟	幕		帶▲	常	師	歸	帰	
カン ほす、ひる	ヘイ ぬさ、ぜに ※「幣」の旧字体。	ヘイ	ハン、ホン はた	シ のぼり	マク、バク	ボウ ※常用漢字。	タイ おびる、おび ※「帯」の旧字体。	ジョウ つね、とこ	シ	キ かえる、かえす ※「帰」の旧字体。	キ かえる、かえす ※昭二一内閣告示三二号による字体。	キ かえる、かえす

︹︺内は戸籍法施行規則別表二の二に掲げる字体。︵︶内は子の名に用いることのできない参考字体。

〈〉及び《》内は平成２年民二第5200号通達別表の正字等。◉印は申出により訂正を認める別字。

部首	正字等	画数 区分	戸籍 住基	面区点 SJIS	俗字等（5202通知）	戸籍に記載されている文字（2842通達）	音訓・備考（※）
干部	平	5 一	103700 5E73	1-4231 95BD		半 平	ヘイ、ビョウ たいら、ひら
	〘平〙	5 一	103690 B0BF				ヘイ、ビョウ たいら、ひら ※「平」の旧字体。
	年	6 一	103710 5E74	1-3915 944E	年 年	年 年 年	ネン とし
	幸	8 一	103830 5E78	1-2512 8D4B	幸	幸 幸 幸 幸 幸 幸 幸 幸	コウ さいわい、さち、しあわせ
						幸	
	幷	8 三	103820 5E77	1-9492 EFFA	并	幷 并	ヘイ、ヒョウ あわせる、ならぶ
	幹	13 一	103920 5E79	1-2020 8AB2		幹 幹 幹	カン みき
幺部	幼	5 一	104030 5E7C	1-4536 9763	㓜	㓜▲	ヨウ おさない
	幾	12 一	104240 5E7E	1-2086 8AF4		幾 幾▲	キ いく
广部	庄	6 二	104530 5E84	1-3017 8FAF		庄 庄	ショウ、ソウ ※一説に「庄」は「莊」の俗字（康熙字典ほか）。
	庚	8 二	104980 5E9A	1-2514 8D4D		庚 庚	コウ かのえ
	庖	8 対	104860 B0C9	1-4289 95F7			ホウ くりや

〘〙内は従前子の名に用いることのできた字体。〔〕内は左に含まれない正字等。
▲印は漢和辞典登載の俗字。

《庖》	8対	105160 5E96			ホウ くりや
座	10一	105420 5EA7	1-2634 8DC0	座	ザ すわる
庵	11二	105940 5EB5	1-1635 88C1	庵	アン いおり
《菴》	12二	353110 C0F6			アン いおり ※「庵」と同字。
《蓭》	15二	358720 BA2D			アン いおり ※「庵」と同字。
康	11一	106010 5EB7	1-2515 8D4E	康	コウ
庶	11一	105980 5EB6	1-2978 8F8E	庻	ショ
廉	13一	106850 5EC9	1-4687 97F5		レン
〔廉〕	13一	106720 B0D9			レン いさぎよい ※「廉」の旧字体。
廏	14対	106920 5ECF	1-5494 9BFC	廐	キュウ うまや
〈厩〉	12対	034760 AE8B			キュウ うまや ※「廐」への更正可。
（廣）	15一	107340 5EE3	1-5502 9C41	廣	コウ ひろい、ひろまる、ひろがる ※「広」の旧字体。
廠	15対	107310 B0E9			ショウ うまや、いえ

（ ）内は戸籍法施行規則別表二の二に掲げる字体。《 》内は子の名に用いることのできない参考字体。
〈 〉及び〔 〕内は平成２年民二第5200号通達別表の正字等。◉印は申出により訂正を認める別字。

部首	正字等	画数 区分	戸籍	住基	面区点	SJIS	俗字等（5202通知）	戸籍に記載されている文字（2842通達）	音訓・備考（※）
广部	《廠》	15対	107440	5EE0	1-3019	8FB1			ショウ うまや、いえ
	廛	15対	10724C	5EDB	1-5505	9C44	鄽 壥		テン みせ、やしき
	廳	25対	108090	5EF3	1-5512	9C4B	廰		チョウ ※「庁」の旧字体。（ ）。
廴部	延	8一	108240	5EF6	1-1768	8984	延	延▲ 延 延▲ 延 延	エン のびる、のべる、のばす
	〖延〗	7一		B0F6					エン のびる、のべる、のばす ※「延」の旧字体。
	廻	9二	108290	B0FB	1-1886	89F4	廻	廻	カイ、エ めぐる、まわる
	建	9一	108310	5EFA	1-2390	8C9A		建 建 建◉	ケン、コン たてる、たつ
廾部	弊	15対	109100	5F0A	1-4232	95BE	弊		ヘイ ※常用漢字。
弋部	弎	6一	415720	5F10	1-3885	93F3		弎	ニ
	〔貳〕	12一	416290	8CB3	1-7640	E6C6	貳	貳▲	ニ、ジ ふたつ、そう ※「弐」の旧字体。
	《弍》	5一	109280	5F0D	1-4817	98AF			ニ ※「二」の古字。
弓部	弔	4対	109660	5F14	1-3604	92A2	吊		チョウ とむらう ※常用漢字。

〔〕内は従前子の名に用いることのできた字体。《》内は左に含まれない正字等。
▲印は漢和辞典登載の俗字。

部	字	画数・区分	番号	UCS	JIS	SJIS	関連字	字形	読み等
	弘	5 二	109790	5F18	1-2516	8D4F		弘 弘	コウ、グ ひろい
	弥	8 一	110260	5F25	1-4479	96ED		弥▲ 弥 弥	や
	〔彌〕	17一	111630	5F4C	1-5529	9C5C		彌 彌 彌 彌 彌 彌 彌 彌 彌 / 彌 彌▲ 彌 彌 彌 彌 彌	ミ、ビ や
	強	11一	110910	5F37	1-2215	8BAD		強 強	キョウ、ゴウ つよい、つよまる、つよめる しいる
	《强》	12一	111030	5F3A					キョウ、ゴウ つよい、つよまる、つよめる しいる ※「強」と同字。
	弸	11三	110980	5F38	1-5526	9C59		弸	ホウ みちる、みたす
	彊	16三	111580	5F4A	1-2216	8BAE		彊	キョウ、ゴウ つよい、しいる
	彎	22対	111930	5F4E	1-5530	9C5D	弯		ワン ひく
彐(彑)部	彝	18対	112600	5F5D	1-5519	9C52	彞		イ
彡部	形	7 一	112780	5F62	1-2333	8C60		形 形 形	ケイ、ギョウ かた、かたち
	彦	9 二	112890	5F66	1-4107	9546	彥	彦▲ 彦 彦▲ 彦 彦	ゲン ひこ
	《彥》	9 二	112880	5F65					ゲン ひこ ※「彦」の旧字体。

廠廛廳廷延廻建弊弐貳弌弔弘弥彌強强弸彊彎彝形彦彥

〔〕内は戸籍法施行規則別表二の二に掲げる字体。《》内は子の名に用いることのできない参考字体。

〈〉及び《》内は平成2年民二第5200号通達別表の正字等。◉印は申出により訂正を認める別字。

部首	正字等	画数 区分	戸籍 住基	面区点 SJIS	俗字等（5202通知）	戸籍に記載されている文字（2842通達）	音訓・備考（※）
彡部	彩	11一	113110 5F69	1-2644 8DCA		彩	サイ いろどる
	彪	11二	113020 5F6A	1-4123 9556		彪 彪 彪 彪	ヒョウ、ヒュウ あや
	彬	11二	113060 5F6C	1-4143 956A		彬	ヒン そなわる
	彰	14一	113270 5F70	1-3020 8FB2		彰 彰 彰 彰	ショウ
彳部	往	8一	113870 5F80	1-1793 899D		徃◉ 往	オウ
	径	8一	113940 5F84	1-2334 8C61		徑	ケイ
	征	8一	113910 5F81	1-3212 90AA		征 征◉ 征	セイ
	後	9一	114200 5F8C	1-2469 8CE3		後 後 後 後	ゴ、コウ のち、うしろ、あと おくれる
	律	9一	114120 5F8B	1-4607 97A5		律◉	リツ、リチ
	（從）	11一	114710 5F9E	1-5547 9C6E		從	ジュウ、ショウ、ジュ したがう、したがえる ※「従」の旧字体。
	得	11一	114560 5F97	1-3832 93BE		得 得 得 淂◉	トク える、うる
	御	12一	115140 5FA1	1-2470 8CE4	御	御 御 御 御▲ 御 御 御 御	ギョ、ゴ おん

( )内は従前子の名に用いることのできた字体。( )内は左に含まれない正字等。
▲印は漢和辞典登載の俗字。

心（忄、⺗）部

復	徳	（德）	徹	快	志	忍	《忍》	怪	忠	念	恊	恒
12一	14一	15一	15一	7一	7一	7一	7一	8対	8一	8一	9三	9一
115150 5FA9	115600 5FB3	115690 B13F	115710 5FB9	116900 5FEB	116700 5FD7	116620 5FCD	116610 B149	118010 602A	117380 5FE0	117470 5FF5	118750 604A	118670 6052
1-4192 959C	1-3833 93BF	1-8437 EAC3	1-3716 934F	1-1887 89F5	1-2754 8E75	1-3906 9445		1-1888 89F6	1-3573 9289	1-3916 944F	1-5580 9C90	1-2517 8D50
								恠		念		
復	德 徳 徳	德 德 德 德	徹 徹 徹 徹 徹 徹	快	志	忍 忍◉ 忍			忠 忠	念◆	恊◆	恒 恒 恒 恒 恒 恒
フク	トク	トク ※「徳」の旧字体。	テツ	カイ こころよい	シ こころざす、こころざし	ニン しのぶ、しのばせる	ニン しのぶ、しのばせる ※「忍」の旧字体。	カイ あやしい、あやしむ ※常用漢字。	チュウ	ネン	キョウ おびやかす ※「愶」と同字。	コウ

（）内は戸籍法施行規則別表二の二に掲げる字体。《》内は子の名に用いることのできない参考字体。
◇及び◆内は平成２年民二第5200号通達別表の正字等。◉印は申出により訂正を認める別字。

部首	正字等	画数 区分	戸籍 住基	面区点 SJIS	俗字等（5202通知）	戸籍に記載されている文字（2842通達）	音訓・備考（※）
心部（忄、⺗）	（恆）	9 一	118680 6046	1-5581 9C91		恆 恒	コウ つね ※「恒」の旧字体。
	恂	9 三	118600 6042	1-5586 9C96		恂◉	ジュン、シュン まこと
	悦	10一	119840 60A6	1-1757 8978	悦	悦▲ 悦 悦 悦 悅◉	エツ
	⦅悅⦆	10一	119830 6085				エツ よろこぶ ※「悦」の旧字体。
	恩	10一	119620 6069	1-1824 89B6	恩	恩 恩▲	オン
	悍	10三	119940 608D	1-5591 9C9B		悍	カン あらい、つよい
	恭	10一	119640 606D	1-2219 8BB1	恭	恭 恭 恭▲ 恭 恭 恭▲ 恭 恭 恭	キョウ うやうやしい
	恵	10一	119750 6075	1-2335 8C62		恵 恵 恵	ケイ、エ めぐむ
	（惠）	12一	122040 60E0	1-5610 9CA8		惠 惠 惠	ケイ、エ めぐむ ※「恵」の旧字体。
	⦅惠⦆	12一	123170 B17F				ケイ、エ めぐむ ※「惠」の本字。→「恵」。
	息	10一	119660 606F	1-3409 91A7		息◉	ソク いき
	恥	10対	119590 6065	1-3549 9270	耻		チ はじる、はじ、はじらう はずかしい ※常用漢字。

⦅ ⦆内は従前子の名に用いることのできた字体。（ ）内は左に含まれない正字等。
▲印は漢和辞典登載の俗字。

字	画数	番号・コード	JIS・SJIS	別字	異体字	読み
悌	10二	119930 608C	1-3680 92EE		悌	テイ
悖	10三	120070 6096	1-5603 9CA1		悖	ハイ もとる
惇	11二	121120 60C7	1-3855 93D5		惇	ジュン、トン あつい
悴	11三	120890 60B4	1-5612 9CAA	悴	悴▲	スイ やつれる、うれえる
悠	11一	120660 60A0	1-4510 9749		悠 悠	ユウ
惣	12二	122080 60E3	1-3358 9179		惣	ソウ いそがしい
愉	12一	122620 6109	1-4491 96F9		愉	ユ
愛	13一	124350 611B	1-1606 88A4		愛	アイ
慎	13一	124000 614E	1-3121 9054		慎 慎	シン つつしむ
（愼）	13一	123990 613C	1-5638 9CC4		愼 愼 愼 愼 愼 愼 愼 熉	シン つつしむ ※「慎」の旧字体。
愈	13対	123410 B18F	1-4492 96FA			ユ まさる、いよいよ
《愈》	13対	124340 6108				ユ まさる、いよいよ
慥	14三	125030 6165	1-5652 9CD2	慥	慥	ゾウ たしかに

（ ）内は戸籍法施行規則別表二の二に掲げる字体。（ ）内は子の名に用いることのできない参考字体。
〈 〉及び《 》内は平成２年民二第5200号通達別表の正字等。◉印は申出により訂正を認める別字。

部首	正字等	画数 区分	戸籍 住基	面区点 SJIS	俗字等（5202通知）	戸籍に記載されている文字（2842通達）	音訓・備考（※）
心部（忄、⺗）	慕	14一	125520 6155	1-4273 95E7	慕	慕▲	ボ したう
	慶	15一	126770 6176	1-2336 8C63		慶 慶 慶 慶 慶 慶 慶 慶 慶 慶 慶 慶 慶 慶	ケイ
	慧	15二	126760 6167	1-2337 8C64		慧 慧 慧	ケイ、ヱ さとい
	《慧》	15二	125800 B1A8			（同上）	ケイ、ヱ さとい ※「慧」の旧字体。
	憩	16対	127120 61A9	1-2338 8C65	憇		ケイ いこい、いこう ※常用漢字。
	憲	16一	127190 61B2	1-2391 8C9B		憲 憲 憲 憲 憲 憲 憲 憲	ケン
	《憲》	16一	127750 B1AF			（同上）	ケン のり ※「憲」の旧字体。
	懋	17三	127920 61CB	1-5676 9CEA		懋 懋	ボウ つとめる
	𪫧	20対	129300 B1C2		𪫧		すすむ、すずろに、あからしく あじきなし、そぞろ ※国字。
	懿	22三	129640 61FF	1-5684 9CF2		懿◉	イ よい、うるわしい

〔〕内は従前子の名に用いることのできた字体。（）内は左に含まれない正字等。
▲印は漢和辞典登載の俗字。

部	戈部								戸部(戶)		手部(扌)		
字	成	〈成〉	我	戛	戚	戡	(戰)	戴	所	〈所〉	才	折	抜
画数	6一	7一	7一	11対	11一	13三	16一	17一	8一	8一	3一	7一	7一
コード	130090 6210	130120 B1CA	130130 6211	130680 621B	130640 621A	130930 6221	131490 6230	131660 6234	151850 6240	132020 B1D2	132630 624D	133770 6298	133860 629C
JIS	1-3214 90AC		1-1870 89E4	1-5694 9CFC	1-3244 90CA	1-5702 9D41	1-5705 9D44	1-3455 91D5	1-2974 8F8A		1-2645 8DCB	1-3262 90DC	1-4020 94B2
戸籍法施行規則別表二の二				戞					町 㪽				拔
参考字体	戍		𢦏 我		戚	戡	戰	戴	聀▲ 所 斫 斫 斫▲ 斫 所 可▲ 所▲	𠩄 斦	才	扸	袚 拔▲
読み	セイ、ショウ なる、なす	セイ、ショウ なる、なす ※「成」の旧字体。	ガ われ、わ	カツ ほこ	セキ	カン、チン さす、かつ	セン いくさ、たたかう ※「戦」の旧字体。	タイ	ショ ところ	ショ ところ ※「所」の旧字体。	サイ	セツ おる、おり、おれる	バツ ぬく、ぬける、ぬかす、ぬかる

⌒内は戸籍法施行規則別表二の二に掲げる字体。⌒内は子の名に用いることのできない参考字体。
◇及び◆内は平成2年民二第5200号通達別表の正字等。◉印は申出により訂正を認める別字。

部首	正字等	画数 区分	戸籍 住基	面区点 SJIS	俗字等（5202通知）	戸籍に記載されている文字（2842通達）	音訓・備考（※）
手部（扌）	（拔）	8 一	134490 62D4	1-5722 9D55		拔 拔	バツ ぬく、ぬける、ぬかす、ぬかる ※「抜」の旧字体。
	承	8 一	133920 627F	1-3021 8FB3	羕	承 羕▲ 承 承	ショウ うけたまわる
	指	9 一	135320 6307	1-2756 8E77		指	シ ゆび、さす
	捗	10対	136600 B1EE	1-3629 92BB			チョク ※常用漢字
	〈捗〉	11対	138120 6357				チョク、ホ はかどる
	掛	11 一	137740 639B	1-1961 8A7C		掛 掛 掛 掛 掛	かける、かかる、かかり
	掬	11 二	137950 63AC	1-2137 8B64		掬	キク すくう
	掘	11 一	137710 6398	1-2301 8C40		掘	クツ ほる
	捲	11対	137180 B1F7	1-2394 8C9E			ケン、カン まく ※人名用漢字。
	〈捲〉	12対	139580 6372				ケン、カン まく
	捷	11 二	137260 6377	1-3025 8FB7		捷 捷 捷 捷 捷 捷 捷 捷 捷 捷 捷 捷◉	ショウ かつ

（）内は従前子の名に用いることのできた字体。〈〉内は左に含まれない正字等。
▲印は漢和辞典登載の俗字。

搔	《掻》	搥	摑	〈掴〉	摺	〈摺〉	摓	摙	撰	〈撰〉	播
13対	11対	13対	14対	11対	14対	14対	14対	14対	15対	15対	15二
140160 6414	138180 63BB	140360 6425	141180 6451	138170 63B4	141790 B219	142070 647A	141220 6453	141300 6459	143070 B228	143250 64B0	143010 64AD
1-8486 EAF4	1-3363 917E	2-1338 F365	1-8489 EAF7	1-3647 92CD	1-3202 90A0				1-3281 90EF		1-3937 9464
		搥					摓	摙			
											播◉ 播
ソウ かく	ソウ かく	ツイ、タイ うつ	カク つかむ ※人名用漢字。	カク つかむ	シュウ、ロウ やぶる、する ※人名用漢字。	シュウ、ロウ やぶる、する	ホウ、フウ	レン になう	セン、サン えらぶ ※人名用漢字。	セン、サン えらぶ	ハ まく

⌒内は戸籍法施行規則別表二の二に掲げる字体。⌒内は子の名に用いることのできない参考字体。
◇及び◇内は平成2年民二第5200号通達別表の正字等。◉印は申出により訂正を認める別字。

部首	手部（扌）											
正字等	摩	〔摩〕	操	撾	撻	擢	〈擢〉	擿	（攝）	攢	攪	《撹》
画数 区分	15一	15一	16一	16対	16対	17対	17対	18対	21一	22対	23三	15三
戸籍 住基	142210 6469	142200 B21A	143730 64CD	143510 64BE	143480 64BB	144320 B236	144700 64E2	145090 64FF	146030 B241	146240 6522	146360 652A	143260 64B9
面区点 SJIS	1-4364 9680		1-3364 9180	1-8493 EAFB	1-5805 9DA3	1-3707 9346		2-1357 F378	1-5780 9D90	1-8506 EB45	1-5788 9D98	1-1941 8A68
俗字等（5202通知）				撾	撻			擿		攢		
戸籍に記載されている文字（2842通達）	摩		操 橾◉						欇◉		欖	
音訓・備考（※）	マ	マ する ※「摩」の旧字体。	ソウ みさお、あやつる	タ、カ うつ、たたく	タツ むちうつ	テキ、タク ぬきんでる ※人名用漢字。	テキ、タク ぬきんでる	テキ、チャク かく、なげうつ	セツ、ショウ とる ※「摂」の旧字体。	サン あつまる	カク、コウ みだす、みだれる	カク、コウ みだす、みだれる ※元来「攪」の俗字。

〔〕内は従前子の名に用いることのできた字体。《》内は左に含まれない正字等。
▲印は漢和辞典登載の俗字。

支（攵）部

字	画数	コード	コード	JIS	SJIS	異体	読み・注記
改	7一	146690	6539	1-1894	89FC	攺◉	カイ あらためる、あらたまる
孜	7二	079060	5B5C	1-2758	8E79	孜	シ つとめる
⿰衤攵	9対	147370	B247			⿰衤攵	シャ ※「赦」と同字。
政	9一	146960	653F	1-3215	90AD	政	セイ、ショウ まつりごと
敏	10一	147760	654F	1-4150	9571	敏 敏 敏 敏 敏	ビン
〔敏〕	11一	148030	FA41	1-8508	EB47		ビン さとい ※「敏」の旧字体。
救	11一	148070	6551	1-2163	8B7E	救	キュウ すくう
教	11一	147990	6559	1-2221	8BB3	教 教 教 教	キョウ おしえる、おそわる
《敎》	11一		654E				キョウ おしえる、おそわる ※「教」の旧字体。
〔敍〕	11一	147910	654D	1-5838	9DC4	敍	ジョ ついで、のべる ※「叙」の旧字体。
〔敕〕	11一	148100	6555	1-5837	9DC3	敕	チョク みことのり ※「勅」の旧字体。
敢	12一	148520	6562	1-2026	8AB8	敢	カン
敬	12一	148780	656C	1-2341	8C68	敬 敬 敬 敬	ケイ うやまう

〔 〕内は戸籍法施行規則別表二の二に掲げる字体。《 》内は子の名に用いることのできない参考字体。
〈 〉及び〈 〉内は平成２年民二第5200号通達別表の正字等。◉印は申出により訂正を認める別字。

部首	正字等	画数 区分	戸籍 住基	面区点 SJIS	俗字等（5202通知）	戸籍に記載されている文字（2842通達）	音訓・備考（※）
支部（攵）	敦	12 二	148680 6566	1-3856 93D6		敦 敦▲	トン あつい
	数	13 一	149210 6570	1-3184 9094		数 数 数	スウ、ス かず、かぞえる
	〔數〕	15 一	149770 B254		數 數	數 數▲ 數 數 數 數 数	スウ、ス かず、かぞえる ※「数」の旧字体。
	敷	15 一	149730 6577	1-4163 957E		敷▲ 勢	フ しく
	〘敷〙	15 一	149720 B252				フ しく ※「敷」の旧字体。
	整	16 一	150210 6574	1-3216 90AE		整	セイ ととのえる、ととのう
文部	文	4 一	150850 6587	1-4224 95B6	文	文▲	ブン、モン ふみ
	斑	12 一	151050 6591	1-4035 94C1		斑	ハン
	斐	12 二	151040 6590	1-4069 94E3		斐 斐	ヒ あや
斤部	斥	5 一	151730 65A5	1-3245 90CB		斥	セキ
	斧	8 二	151790 B565	1-4164 9580		斧 斧	フ おの、まさかり
	新	13 一	152120 65B0	1-3123 9056		新	シン あたらしい、あらた、にい

〔〕内は従前子の名に用いることのできた字体。〘〙内は左に含まれない正字等。
▲印は漢和辞典登載の俗字。

方部										日部		
於	施	旅	〔旅〕	旋	族	旗	（簱）	（籏）	旛	旞	旭	旨
8二	9一	10一	10一	11一	11一	14一	18一	20一	18対	19対	6二	6対
152970 65BC	153010 65BD	153260 65C5	153210 B272	153390 65CB	153440 65CF	153750 65D7	297130 7C31	298240 7C4F	153920 65DB	154050 B277	154480 65ED	154390 65E8
1-1787 8997	1-2760 8E7B	1-4625 97B7		1-3291 90F9	1-3418 91B0	1-2090 8AF8	1-8972 ED88	1-6857 E2D7	1-5857 9DD7		1-1616 88AE	1-2761 8E7C
扵					族				旛	旞		旨
扵▲	施	旅		旋	族▲	旗 旗					旭	
オ、ヨ ああ	シ、セ ほどこす	リョ たび	リョ たび ※「旅」の旧字体。	セン	ゾク	キ はた	はた	はた ※国字。	ハン、バン はた	スイ、ズイ はた	キョク あさひ	シ むね ※常用漢字。

〔〕内は戸籍法施行規則別表二の二に掲げる字体。〔〕内は子の名に用いることのできない参考字体。

〈〉及び〈〉内は平成２年民二第5200号通達別表の正字等。◉印は申出により訂正を認める別字。

部首	正字等	画数 区分	戸籍 住基	面区点 SJIS	俗字等（5202通知）	戸籍に記載されている文字（2842通達）	音訓・備考（※）
日部	昜	8 一	155280 6613	1-1655 88D5		昜 昜◉	エキ、イ やさしい
	昂	8 二	154970 6602	1-2523 8D56	昻	昻	コウ あがる
	昇	8 一	155080 6607	1-3026 8FB8		昇 昇 昇	ショウ のぼる
	〈𣇃〉	11 一	156790 B292	1-8523 EB56		𣇃 𣇃 𣇃 𣇃 𣇃 𣇃 𣇃 𣇃 𣇃	ショウ のぼる
	映	9 対	155620 6620	1-1739 8966	暎		エイ うつる、うつす、はえる ※常用漢字。
	昭	9 一	155780 662D	1-3028 8FBA	昭	昭◉ 昭 昭 昭▲ 昭 昭 昭 昭◉	ショウ
	是	9 一	155820 662F	1-3207 90A5		是 是 是	ゼ
	昼	9 一	156080 663C	1-3575 928B		昼	チュウ ひる
	晄-晃	10 二	156320 6643	1-2524 8D57		晃	コウ あきらか
	晄	10 二	156330 6644	1-5872 9DE6		晄	コウ あきらか、かがやく ※元来「晃」と同字。
	晒	10 二	156640 6652	1-2715 8E4E		晒	サイ さらす ※元来「曬」の略字。
	晋	10 二	156400 664B	1-3124 9057		晋	シン すすむ

◯内は従前子の名に用いることのできた字体。〈〉内は左に含まれない正字等。
▲印は漢和辞典登載の俗字。

⟪晉⟫	晟	晦	〈晦〉	晤	晨	晣	暁	(曉)		景	晶
10二	10二	11対	10対	11三	11二	11三	12一	16一		12一	12一
156390 6649	156710 665F	157110 B29A	156760 6666	157070 6664	157130 6668	157050 6663	157920 6681	159790 66C9		157420 666F	157600 6676
1-5873 9DE7	1-5880 9DEE	1-1902 8A41		1-5877 9DEB	1-5879 9DED	2-1402 F3A0	1-2239 8BC5	1-5892 9DFA		1-2342 8C69	1-3029 8FBB
晉											
晉▲	晟			晤	晨	晣	暁 暁 暁 暁 暁 暁 暁	曉 曉 曉 曉 曉 曉 曉 曉 曉◉	曉 曉 曉	景◉	晶◉
シン すすむ ※「晋」の旧字体。	セイ、ジョウ	カイ くらい、みそか ※人名用漢字。	カイ くらい、みそか	ゴ あきらか	シン あした	セツ、セイ、テツ あきらか ※「晢」と同字。	ギョウ あかつき	ギョウ あかつき ※「暁」の旧字体。		ケイ	ショウ

易昂昇昪映昭是昼晃晄晒晋晉晟晦晦晤晨晣暁曉景晶

⌒内は戸籍法施行規則別表二の二に掲げる字体。⌒内は子の名に用いることのできない参考字体。

〈〉及び⟪⟫内は平成２年民二第5200号通達別表の正字等。◉印は申出により訂正を認める別字。

部首	正字等	画数 区分	戸籍 住基	面区点 SJIS	俗字等 (5202通知)	戸籍に記載されている文字 (2842通達)	音訓・備考(※)
日部	晴	12一	157540 6674	1-3218 90B0		腈 腈(◉)	セイ はれる、はらす
	〔晴〕	12一	157530 FA12				セイ はれる、はらす ※「晴」の旧字体。
	智	12二	157700 667A	1-3550 9271		智 賀(◉)	チ ちえ
	暉	13二	158200 6689	1-5886 9DF4		暉 暉(◉) 暉(◉)	キ ひかり
	暢	14二	158820 66A2	1-3610 92A8		暢 暢 暢 暢 暢	チョウ のべる
	暹	16対	159530 66B9	1-5891 9DF9	暹		セン
	曃	16対	159710 66C3		曃		タイ
	曄	16三	159720 B2C5			曄	ヨウ かがやく
	暸	16三	159510 66B8	1-5902 9E41		暸	リョウ あきらか
	曙	17二	160240 66D9	1-2976 8F8C		曙	ショ あけぼの
	⦅曙⦆	18二	160330 B2CC				ショ あけぼの ※「曙」の旧字体。
	曠	19三	160610 66E0	1-5905 9E44		曠(◉)	コウ あきらか、むなしい

〔 〕内は従前子の名に用いることのできた字体。⦅ ⦆内は左に含まれない正字等。
▲印は漢和辞典登載の俗字。

木部					月部							曰部
材	本	〖望〗	望	朋	〖服〗	服	有	月	〔會〕	〔曾〕	曽	曳
7一	5一	11一	11一	8二	8一	8一	6一	4一	13一	12一	11一	6二
162850 6750	162360 672C	161540 B2E5	161550 671B	161180 670B	161230 B2DE	161240 670D	161090 6709	161070 6708	158580 6703	158000 66FE	157240 66FD	154540 66F3
1-2664 8DDE	1-4360 967B		1-4330 965D	1-4294 95FC		1-4194 959E	1-4513 974C	1-2378 8C8E	1-4882 98F0	1-3329 915C	1-3330 915D	1-1740 8967
									會	曾		曳 曳
材▲	夲◉	望 望 望 朢		朋◉ 朋	服		有 有	月	會 會 會▲ 會	曾 曽▲		曳▲
ザイ	ホン もと	ボウ、モウ のぞむ ※「望」の旧字体。	ボウ、モウ のぞむ	ホウ とも	フク ※「服」の旧字体。	フク	ユウ、ウ ある	ゲツ、ガツ つき	カイ、エ あう ※「会」の旧字体。	ソウ、ゾ かつて	ソウ、ゾ	エイ ひく

〔〕内は戸籍法施行規則別表二の二に掲げる字体。〖〗内は子の名に用いることのできない参考字体。
◇及び◆内は平成2年民二第5200号通達別表の正字等。◉印は申出により訂正を認める別字。

部首	正字等	画数	区分	戸籍	住基	面区点	SJIS	俗字等（5202通知）	戸籍に記載されている文字（2842通達）	音訓・備考（※）
木部	杉	7	一	162740	6749	1-3189	9099		杉	すぎ
木部	杣	7	三	163100	6763	1-5928	9E5B		杣	そま
木部	杖	7	対	162910	B2F3	1-3083	8FF1	杖		チョウ、ジョウ つえ
木部	杢	7	三	163090	6762	1-4461	96DB		杢	もく ※国字。「木」と「工」との合字。
木部	来	7	一	163120	6765	1-4572	9788	来	来▲	ライ くる、きたる、きたす
木部	（來）	8	一	006930	4F86	1-4852	98D2		來 来▲	ライ くる、きたる、きたす ※「来」の旧字体。
木部	枝	8	一	163900	679D	1-2762	8E7D		枝	シ えだ
木部	松	8	一	163500	677E	1-3030	8FBC		松 松 枩◉ 枩 枩	ショウ まつ
木部	⦅柗⦆	9	一	164740	67D7	1-8559	EB7A		柗 柗 柗 柗 柗 杏	ショウ まつ ※「松」と同字。
木部	枡	8	三	164090	67A1	1-5938	9E65		枡 枡 枡 枡 枡	ます ※国字。「木」と「升」との合字。
木部	桝	11	三	168100	685D	1-4381	9691		桝 桝 桝 桝	ます ※国字。「枡」に同じ。
木部	杯	8	一	163310	676F	1-3953	9474			ハイ さかずき

⦅⦆内は従前子の名に用いることのできた字体。（）内は左に含まれない正字等。
▲印は漢和辞典登載の俗字。

(盃)	栄	(榮)	枳	柴	柵	柿	《柹》	染	栃	《枥》	柏	《栢》
9一	9一	14一	9三	9二	9一	9一	9一	9対	9一	7一	9二	10二
256890 76C3	165350 6804	172580 69AE	164320 67B3	165120 67F4	165130 67F5	165290 67FF	164450 67F9	164700 67D3	165340 6803	163110 6764	164660 67CF	165800 6822
1-3954 9475	1-1741 8968	1-6038 9EC4	1-5944 9E6B	1-2838 8EC4	1-2684 8DF2	1-1933 8A60	1-8557 EB78	1-3287 90F5	1-3842 93C8	1-5929 9E5C	1-3980 9490	1-1992 8A9C
								染			栢	
	栄 栄	榮 榮	枳◉	柴 柴 柴 柴 柴	柵		柹 柹 柹 柹 柹 柹 柹 柹 柹		栃		柏	
ハイ さかずき	エイ さかえる、はえ、はえる	エイ さかえる、はえ、はえる	キ、シ からたち	サイ しば	サク	かき	シ かき ※「柿」と同字。	セン そめる、そまる、しみる、しみ ※常用漢字。	とち	とち ※国字。「栃」と同字。	ハク かしわ	ハク かしわ ※「柏」と同字。一説に俗字。

（）内は戸籍法施行規則別表二の二に掲げる字体。《》内は子の名に用いることのできない参考字体。

〈〉及び《》内は平成２年民二第5200号通達別表の正字等。◉印は申出により訂正を認める別字。

部首	正字等 区分 画数	戸籍 住基	面区点 SJIS	俗字等（5202通知）	戸籍に記載されている文字（2842通達）	音訓・備考（※）
木部	柄 9一	164520 67C4	1-4233 95BF		柄◉ 柄	ヘイ がら、え
	〘柄〙 9一	165420 C0E8				ヘイ がら、え、つか ※「柄」の旧字体。
	柳 9一	165100 67F3	1-4488 96F6		栁	リュウ やなぎ
	《桺》 11一	167100 687A	2-1472 F3E6		桺▲ 桺▲ 桺 菴	リュウ やなぎ ※「柳」の本字。
	〈栁〉 9一	165320 6801	1-8561 EB7C		栁 栁▲ 桅 柹	リュウ やなぎ ※元来「柳」と同字。
	桜 10一	166600 685C	1-2689 8DF7		桜	オウ さくら
	(櫻) 21一	180430 6AFB	1-6115 9F4E		櫻 櫻 櫻	オウ さくら ※「桜」の旧字体。
	桧 10二	166670 6867	1-4116 954F			カイ ひのき
	檜 17二	177720 6A9C	1-5956 9E77		檜▲ 檜	カイ ひのき
	桑 10一	166370 6851	1-2312 8C4B	来	桑 桑	ソウ くわ
	〈桒〉 10一	166690 B311			桒▲ 桒▲ 桒 桒▲ 桒 桒 桒 桒 桒	ソウ くわ
					来	

〘〙内は従前子の名に用いることのできた字体。〈〉内は左に含まれない正字等。
▲印は漢和辞典登載の俗字。

椎	棚	棗	精	森	植	梁	梶	(條)	梓	(梅)	梅	桃
12一	12一	12三	12対	12一	12一	11二	11二	11一	11二	11一	10一	10一
169440 690E	169900 68DA	168590 68D7	168410 68C8	168950 68EE	169430 690D	167190 6881	167830 68B6	167530 689D	167390 6893	167240 FA44	166580 6885	166220 6843
1-3639 92C5	1-3510 9249	1-6007 9EA5	1-8573 EB89	1-3125 9058	1-3102 9041	1-4634 97C0	1-1965 8A81	1-5974 9E8A	1-1620 88B2	1-8569 EB85	1-3963 947E	1-3777 938D
			精									
椎	棚 棚 棚	棗▲ 棗 棗		森 森	植 植 植 植	梁 梁▲	梶 梶	條	梓	梅 梅 梅		桃
ツイ	たな	ソウ なつめ	セン、セイ、ショウ	シン もり	ショク うえる、うわる	リョウ はし、はり、うつばり、やな	ビ、ミ かじ、こずえ	ジョウ えだ ※「条」の旧字体。	シ あずさ	バイ うめ ※「梅」の旧字体。	バイ うめ	トウ もも

柄柄柳桺枊桜櫻桧檜桑桒桃梅梅梓條梶梁植森精棗棚椎

（　）内は戸籍法施行規則別表二の二に掲げる字体。（　）内は子の名に用いることのできない参考字体。
〈　〉及び〈　〉内は平成２年民二第5200号通達別表の正字等。◉印は申出により訂正を認める別字。

部首：木部

正字等	画数区分	戸籍	住基	面区点	SJIS	俗字等（5202通知）	戸籍に記載されている文字（2842通達）	音訓・備考（※）
椋	12二	169400	690B	1-4426	96B8		椋 椋	リョウ むく
極	13一	171350	6975	1-2243	8BC9		極	キョク、ゴク きわめる、きわまる、きわみ
楯	13二	171270	696F				楯 楯	ジュン たて
楢	13二	171090	B34A	1-3874	93E8		楢	ショウ、ユウ なら
〈楢〉	13二	170230	6962					ショウ、ユウ なら
楮	13対	171260	696E	1-6026	9EB8	楮		チョ、ト こうぞ
椹	13三	170370	6939	1-6027	9EB9		椹	チン、ジン あてぎ
榎	14二	173430	698E	1-1761	897C		榎 榎 榎 榎 榎 榎 榎 榎 榎◎	カ ひさぎ、えのき
							榎 榎 榎 榎 榎	
樺	14二	173510	6A3A	1-1982	8A92		樺▲ 樺 樺 樺 樺	カ かば
構	14一	173440	69CB	1-2529	8D5C		構	コウ かまえる、かまう
《構》	14一	173020	B35D					コウ かまえる、かまう ※「構」の旧字体。

《》内は従前子の名に用いることのできた字体。〈〉内は左に含まれない正字等。
▲印は漢和辞典登載の俗字。

（横）	横	《榔》	榔	榧	〈槌〉	槌	樅	槇 -	槙	榛	〈榊〉	榊
16一	15一	13対	14対	14三	13対	14対	14対	14二	14二	14二	13対	14対
176560 6A6B	175060 6A2A	171780 6994	172150 B361	172430 C0EA	171770 69CC	173030 B360	173120	172950 69C7	173450 69D9	172270 699B	171760 698A	173370 B35E
1-8616 EBAE	1-1803 89A1		1-4717 9850			1-3640 92C6		1-8402 EAA0	1-4374 968A	1-3126 9059		1-2671 8DE5
							樅					
横	横 横 横			榧				槇 槇▲		榛 榛 榛 榛 榛		
オウ よこ ※「横」の旧字体。	オウ よこ	ロウ	ロウ	ヒ かや	ツイ つち	ツイ つち ※人名用漢字。	ソウ くさび	シン、テン こずえ、まき	シン、テン こずえ、まき	シン はしばみ	さかき	さかき ※人名用漢字。

（ ）内は戸籍法施行規則別表二の二に掲げる字体。《 》内は子の名に用いることのできない参考字体。
〈 〉及び《 》内は平成２年民二第5200号通達別表の正字等。◉印は申出により訂正を認める別字。

部首	正字等	画数 区分	戸籍 住基	面区点 SJIS	俗字等（5202通知）	戸籍に記載されている文字（2842通達）	音訓・備考（※）
木部	（樂）	15一	174230 6A02	1-6059 9ED9		樂	ガク、ラク たのしい、たのしむ ※「楽」の旧字体。
	樫	15二	175070 6A2B	1-1963 8A7E		樫▲ 樫	かし ※国字。
	槻	15二	174140 69FB	1-3648 92CE		槻	キ つき
	権	15一	175050 6A29	1-2402 8CA0	権	権▲	ケン、ゴン
	（權）	21一	180670 6B0A	1-6062 9EDC		權 權 權	ケン、ゴン ※「権」の旧字体。
	樋	15対	174390 B37C	1-4085 94F3			トウ ひ ※人名用漢字。
	〈樋〉	14対	173480 6A0B				トウ ひ
	槤	15対	173800 69E4		槤		レン
	（樓）	15一	174540 6A13	1-6076 9EEA		樓▲	ロウ ※「楼」の旧字体。
	橘	16二	176160 6A58	1-2144 8B6B		橘 橘 橘 橘	キツ、キチ たちばな
	橋	16一	175920 6A4B	1-2222 8BB4	槗 槗	橋 橋▲ 橋 橋▲ 橋 橋 橋▲ 橋 橋▲	キョウ はし
	〈槗〉	15一	175310 AB08	2-1535 F462		槗 橋 橋 橋◉	キョウ はし

⌒内は従前子の名に用いることのできた字体。〈〉内は左に含まれない正字等。
▲印は漢和辞典登載の俗字。

槽	〈櫛〉	櫛	《梼》	檮	櫏	櫃	檀	檛	檖	〈樽〉	樽	樹
19対	17二	19二	11対	18対	18対	18三	17二	17対	17対	16対	16対	16一
179230 3BFE	178090 6ADB	179740 B3BF	168160 68BC	178340 6AAE	178450 B3B3	178750 6AC3	177300 6A80	177710 6A9B	177630 6A96	176870 6A3D	175660 B393	175620 B39E
		1-2291 8BF9	1-3778 938E	1-5977 9E8D		1-6104 9F43	1-3541 9268				1-3514 924D	1-2889 8EF7
槽					櫏			檛	檖			樹
	櫛 櫛 櫛 櫛					櫃 櫃	檀 檀 檀 檀					樹 樹▲ 樹 樹 樹 樹 樹 樹
ソウ	シツ くし	シツ くし	トウ きりかぶ	トウ きりかぶ	トウ、ドウ	キ ひつ	タン、ダン まゆみ	タ、サ むち	スイ やまなし	ソン たる	ソン たる ※人名用漢字。	ジュ

⌒内は戸籍法施行規則別表二の二に掲げる字体。⌒内は子の名に用いることのできない参考字体。
◇及び◇内は平成２年民二第5200号通達別表の正字等。◉印は申出により訂正を認める別字。

部首	正字等	画数 区分	戸籍 住基	面区点 SJIS	俗字等（5202通知）	戸籍に記載されている文字（2842通達）	音訓・備考（※）
木部	樀	19対	179560 3C05		樀		テキ、タク
	櫨	20三	179910 6AE8	1-4007 94A5			ロ はぜ
	枦	8三	164210 B2FA				ロ はぜ
	欅	21三	180380 6B05	1-6116 9F4F			キョ けやき
	櫏	21対	180410 B3D0		櫏		セン、ゼン、エン
欠部	欣	8二	181820 6B23	1-2253 8BD3			キン、コン、ゴン よろこぶ
	歌	14一	183510 6B4C	1-1846 89CC			カ うた、うたう
	歎	15対	183700 B3DB	1-3523 9256			タン なげく ※人名用漢字。
	〈歎〉	14対	183620 6B4E				タン なげく
止部	正	5一	184500 6B63	1-3221 90B3			セイ、ショウ ただしい、ただす、まさ
	武	8一	184710 6B66	1-4180 9590			ブ、ム

〈〉内は従前子の名に用いることのできた字体。（）内は左に含まれない正字等。
▲印は漢和辞典登載の俗字。

		歹部	殳部			比部	毛部	氏部		水部(氵、氺)		
歳	〔歳〕	殲	段	毅		比	毬	氏	民	永	汜	江
13一	13一	21対	9一	15二		4一	11二	4一	5一	5一	5一	6一
185300 6B73	185290 6B72	188300 6BB2	188440 6BB5	189080 6BC5		189760 6BD4	190660 6BEC	192530 6C0F	192550 6C11	193260 6C38	193340 6C3E	193750 6C5F
1-2648 8DCE		1-6151 9F72	1-3542 9269	1-2103 8B42		1-4070 94E4	1-6160 9F7B	1-2765 8E81	1-4417 96AF	1-1742 8969	1-4037 94C3	1-2530 8D5D
歳 歲		殲						氏	民			
歳▲ 歳 歳 歳 歳 歳 歳 歳	歳▲ 歳		段 段 段 段	毅 毅 毅 毅 毅 毅 毅 毅 毅	毅	比 比 业	毬◉	氏▲	民▲ 民	永	汜	江 江
サイ、セイ	サイ、セイ とし ※「歳」の旧字体。	セン つきる、つくす、ほろぼす	ダン	キ、ギ つよい		ヒ くらべる	キュウ まり	シ うじ	ミン たみ	エイ ながい	ハン	コウ え

⌒内は戸籍法施行規則別表二の二に掲げる字体。⌒内は子の名に用いることのできない参考字体。
◇及び◇内は平成２年民二第5200号通達別表の正字等。◉印は申出により訂正を認める別字。

部首	正字等	画数 区分	戸籍 住基	面区点 SJIS	俗字等（5202通知）	戸籍に記載されている文字（2842通達）	音訓・備考（※）
水部（氵、氺）	氾	6 一	193570 6C4E	1-4038 94C4		氾 氾◉ 氾	ハン
	求	7 一	193910 6C42	1-2165 8B81		求	キュウ もとめる
	決	7 対	194160 6C7A	1-2372 8C88	决		ケツ きめる、きまる ※常用漢字。
	沖	7 一	194470 6C96	1-1813 89AB		冲◉	チュウ おき
	況	8 対	195020 6CC1	1-2223 8BB5	况		キョウ ※常用漢字。
	治	8 一	194940 6CBB	1-2803 8EA1		治 治	ジ、チ おさめる、おさまる なおる、なおす
	沼	8 一	194950 6CBC	1-3034 8FC0		沼 沼 沼	ショウ ぬま
	波	8 一	195440 6CE2	1-3940 9467		波 波	ハ なみ
	海	9 一	196940 6D77	1-1904 8A43		海 海	カイ うみ
	洪	9 一	196500 6D2A	1-2531 8D5E		洪	コウ
	津	9 一	196440 6D25	1-3637 92C3		津 津 津◉	シン つ
	浅	9 一	196960 6D45	1-3285 90F3		浅 浅	セン あさい

〔〕内は従前子の名に用いることのできた字体。〈〉内は左に含まれない正字等。
▲印は漢和辞典登載の俗字。

字	画数	コード		参考	字形	読み・備考
〔淺〕	11一	199630 6DFA	1-6241 9FC7		淺 淺	セン あさい ※「浅」の旧字体。
派	9一	196750 6D3E	1-3941 9468	沠	沠▲	ハ
《派》	9一	196740 B424				ハ わかれる ※「派」の旧字体。
浩	10二	197360 6D69	1-2532 8D5F		浩 浩 浩◉ 浩	コウ おおきい、ひろい
《浩》	10二	197350 B42D				コウ おおきい、ひろい ※「浩」の旧字体。
泰	10一	197100 6CF0	1-3457 91D7	泰	泰▲ 泰 泰 泰 泰 泰 泰▲ 泰 泰	タイ
					泰 泰	
浦	10一	197310 6D66	1-1726 8959		浦	うら
済	11一	200060 6E08	1-2649 8DCF		済 済	サイ すむ、すます
〔濟〕	17一	208610 6FDF	1-6327 E05A		濟 濟 濟 濟	サイ すむ、すます ※「済」の旧字体。
渋	11一	200090 6E0B	1-2934 8F61		渋 渋 渋 渋 渋	ジュウ しぶ、しぶい、しぶる
（澁）	15一	206380 6F81	1-6307 E046		澁 澁 澁	ジュウ しぶ、しぶい、しぶる ※「渋」の旧字体。
淑	11一	199020 6DD1	1-2942 8F69		淑 淑 淑 淑 淑 淑◉ 淑	シュク

〔〕内は戸籍法施行規則別表二の二に掲げる字体。（）内は子の名に用いることのできない参考字体。

〈〉及び《》内は平成2年民二第5200号通達別表の正字等。◉印は申出により訂正を認める別字。

部首	正字等	画数 区分	戸籍 住基	面区点 SJIS	俗字等（5202通知）	戸籍に記載されている文字（2842通達）	音訓・備考（※）
水部（氵、氺）	淳	11二	199550 6DF3	1-2963 8F7E		淳 淳 淳 淳 淳	ジュン すなお
	渉	11一	200070 6E09	1-3036 8FC2		渉 渉	ショウ
	清	11一	199610 6E05	1-3222 90B4		清 清	セイ、ショウ きよい、きよまる、きよめる
	《淸》	11一	199600 6DF8				セイ、ショウ きよい、きよまる、きよめる ※「清」の旧字体。
	淡	11一	199270 6DE1	1-3524 9257		淡 淡	タン あわい
	添	11一	199640 6DFB	1-3726 9359	添	添 添▲	テン そえる、そう
	涼	11一	198740 6DBC	1-4635 97C1			リョウ すずしい、すずむ
	（凉）	10一	019830 51C9	1-4958 9979			リョウ すずしい、すずむ
	淵	12二	199570 6DF5	1-4205 95A3	渊	淵 淵 淵 淵 渢 淵 渊▲ 渕 渕	エン ふち
	〈渕〉	11二	200180 6E15	1-6228 9FBA		渕 渕 渕 渕	エン ふち
	渙	12三	200480 6E19	1-6250 9FD0		渙	カン あきらか
	減	12一	200500 6E1B	1-2426 8CB8	减	減▲	ゲン へる、へらす

〈 〉内は従前子の名に用いることのできた字体。（ ）内は左に含まれない正字等。
▲印は漢和辞典登載の俗字。

港	〚港〛	滋	⦅滋⦆	⦅滋⦆	⦅滋⦆	湊	渡	湯	満	
12一	12一	12一	13一	13一	9一	12二	12一	12一	12一	
200750 6E2F	200740 B44F	202030 6ECB	203270 B46B	203780 B46C	196800 B425	201130 6E4A	200560 6E21	201630 6E6F	202070 6E80	
1-2533 8D60		1-2802 8EA0				1-4411 96A9	1-3747 936E	1-3782 9392	1-4394 969E	
港◉ (港・〚港〛共通)						湊◉ 湊 湊 湊	渡	湯	満 満 満 満 満 満 満 満 満	満 満 滿◉ 満 満
コウ みなと	コウ みなと ※「港」の旧字体。	ジ ※本来「滋」の省略形。	ジ ※「滋」と同字。→「滋」。	ジ しげる ※「滋」の旧字体。	ジ ※「滋」の古字。→「滋」。	ソウ みなと、あつまる	ト わたす、わたる	トウ ゆ	マン みちる、みたす	

〔〕内は戸籍法施行規則別表二の二に掲げる字体。⦅⦆内は子の名に用いることのできない参考字体。

〈〉及び《》内は平成2年民二第5200号通達別表の正字等。◉印は申出により訂正を認める別字。

部首：水部（氵、氺）

正字等	画数・区分	戸籍・住基	面区点・SJIS	俗字等（5202通知）	戸籍に記載されている文字（2842通達）	音訓・備考（※）
〔滿〕	14一	204210 6EFF	1-6264 9FDE		滿 滿 滿 滿 滿 滿 滿 滿 滿 滿 滿 滿 滿 滿 滿▲ 滿 滿 滿 滿 滿▲ 滿	マン みちる、みたす ※「満」の旧字体。
溢	13対	202610 B46D	1-1678 88EC			イツ あふれる ※人名用漢字。
〈溢〉	13対	203720 6EA2				イツ あふれる
〔溫〕	13一	202780 6EAB	1-8692 EBFA		溫	オン あたたか、あたたかい、あたたまる ※「温」の旧字体。
源	13一	202360 6E90	1-2427 8CB9		源 源	ゲン みなもと
溝	13一	203710 6E9D	1-2534 8D61		溝	コウ みぞ
準	13一	202440 6E96	1-2964 8F80	凖	準▲	ジュン
溺	13対	202990 B46F	1-3714 934D			デキ おぼれる ※常用漢字
〈溺〉	13対	203740 6EBA				デキ、ニョウ おぼれる
溜	13二	202530 6E9C	1-4615 97AD		溜 溜	リュウ、ル したたる、たまる

〔〕内は従前子の名に用いることのできた字体。〈〉内は左に含まれない正字等。
▲印は漢和辞典登載の俗字。

漁	漆	漨	漣	〈漣〉	潟		澗	《澗》	潔	〔潔〕	潤	潛
14一	14一	14対	14対	13対	15一		15対	15対	15一	15一	15一	15対
204220 6F01	204290 6F06	204790 6F28	204730 B487	203770 6F23	205770 6F5F		205830 3D4E	206980 6F97	206950 6F54	207130 B4A9	205840 6F64	205700 6F5B
1-2189 8B99	1-2831 8EBD		1-4690 97F8		1-1967 8A83			1-2034 8AC0	1-2373 8C89		1-2965 8F81	1-6310 E049
漁	漆	漨										潛
漁▲	漆 漆▲ 漆 漆 漆				潟 潟◉ 潟 潟 潟 潟 潟 潟 潟	浮▲ 泻 湾 泻 潟			潔 絜 潔		潤 潤 潤 润	
ギョ、リョウ	シツ うるし	ホウ、ボ	レン さざなみ ※人名用漢字。	レン さざなみ	かた		カン、ケン たに、たにみず	カン、ケン たに、たにみず	ケツ いさぎよい	ケツ いさぎよい ※「潔」の旧字体。	ジュン うるおう、うるおす、うるむ	セン ひそむ、もぐる ※「潜」の旧字体。〔　〕。

〔　〕内は戸籍法施行規則別表二の二に掲げる字体。〔　〕内は子の名に用いることのできない参考字体。
〈　〉及び《　》内は平成２年民二第5200号通達別表の正字等。◉印は申出により訂正を認める別字。

部首	正字等	画数・区分	戸籍	住基	面区点	SJIS	俗字等（5202通知）	戸籍に記載されている文字（2842通達）	音訓・備考（※）
水部（氵、氺）	澄	15一	206400	6F84	1-3201	909F		澄 澄	チョウ すむ、すます
	潑	15対	205560	6F51	1-8709	EC48			ハツ もる、とびちる
	《溌》	12対	202100	6E8C	1-4014	94AC			ハツ もる、とびちる
	濄	16対	207900	6FC4			濄		カ、ワ うずくまる
	〔澤〕	16一	207340	6FA4	1-6323	E056		澤 澤 澤	タク さわ ※「沢」の旧字体。
	澾	16対	207810	6FBE	2-7928	F55B	澾		タツ、タチ なめらか、すべる
	濤	17対	208700	6FE4	1-6225	9FB7			トウ なみ
	《涛》	10対	198330	6D9B	1-3783	9393			トウ なみ
	〔濱〕	17一	208950	6FF1	1-6332	E05F		濱 濱 濱 濱 濱	ヒン はま ※「浜」の旧字体。
	〈濵〉	17一	208960	6FF5	1-8727	EC5A		濵	ヒン はま
	瀙	18対	209240	B4E6			瀙		セイ、ショウ ひややか、きよい
	瀢	19対	210380	7022			瀢		イ、タイ、デ

〔〕内は従前子の名に用いることのできた字体。〈〉内は左に含まれない正字等。
▲印は漢和辞典登載の俗字。

瀡	瀬	（瀨）	瀞	《瀞》	瀦	《瀦》	瀕	〈瀕〉	（瀧）	灌	《潅》
19対	19一	19一	19対	17対	19対	18対	19対	20対	19一	20対	14対
210370 7021	210450 702C	210440 7028	210310 B4F9	209130 701E	210420 B4FB	209950 7026	210090 B4FC	211120 7015	210430 7027	211130 704C	205260 6F45
	1-3205 90A3	1-8730 EC5D	1-3852 93D2		1-3585 9295		1-4146 956D		1-3477 91EB	1-6285 9FF3	1-2035 8AC1
瀡											
	懶	瀨							瀧 瀧 瀧 瀧 瀧 瀧 瀧 瀧 瀧		
スイ なめらか	せ	ライ せ ※「瀬」の旧字体。	セイ、ジョウ しずか、とる	セイ、ジョウ しずか、とる	チョ みずたまり	チョ みずたまり	ヒン ほとり ※人名用漢字。	ヒン ほとり	ロウ たき ※「滝」の旧字体。	カン そそぐ	カン そそぐ

◠内は戸籍法施行規則別表二の二に掲げる字体。◠内は子の名に用いることのできない参考字体。
◇及び◇内は平成２年民二第5200号通達別表の正字等。◉印は申出により訂正を認める別字。

部首	正字等	画数・区分	戸籍・住基	面区点・SJIS	俗字等（5202通知）	戸籍に記載されている文字（2842通達）	音訓・備考（※）
水部（氵、氺）	灘	22二	211700 B50B	1-3871 93E5		灘 灘	タン、ダン せ、なだ
	〈灘〉	21二	211550 7058				タン、ダン せ、なだ
火部（灬）	為	9一	213790 70BA	1-1657 88D7	為	為▲	イ
	（爲）	12一	221710 7232	1-6410 E0A8		爲 爲	※イ 「為」の旧字体。
	烏	10二	214040 70CF	1-1708 8947		烏	オ、ウ からす
	焰	12対	215560 7130	1-8749 EC70			エン ほのお ※人名用漢字。
	〈焔〉	11対	215080 7114	1-1775 898B			エン ほのお
	無	12一	215290 7121	1-4421 96B3		無 無	ム、ブ ない
	照	13一	216480 7167	1-3040 8FC6		照 照 照 照 照 照	ショウ てる、てらす、てれる
	煉	13対	216020 B524	1-4691 97F9			レン ねる、きたえる ※人名用漢字。
	〈煉〉	12対	215840 7149				レン ねる、きたえる
	熙	14二	217590 7199	1-8406 EAA4		熙 熙 熙▲ 熙	キ ひかる

〔〕内は従前子の名に用いることのできた字体。〈〉内は左に含まれない正字等。
▲印は漢和辞典登載の俗字。

煽	《煽》	㷟	煺	熊	熥	熱	㷭	熢	燕	（燒）	燁	燎
14対	14対	14対	14対	14一	15対	15一	15対	15対	16二	16一	16三	16二
217050 B532	217580 717D	216980 3DDF	216990 717A	217270 718A	217870 71A5	218040 71B1	217800 3DED	217810 71A2	218760 71D5	218690 71D2	218390 C0C0	218630 71CE
1-3290 90F8				1-2307 8C46		1-3914 944D		2-7992 F59C	1-1777 898D	1-6386 E096	1-8762 EC7D	1-6389 E099
		㷟	煺		熥		㷭	熢				
				熊 熊 熊 熊 熊 熊		熱 熱 熱 熱▲			燕	焼	燁	燎
セン あおる	セン あおる	タイ、テ	タイ	くま	トウ、ツ あたためる	ネツ あつい	ホウ のろし ※「烽」の本字。	ホウ のろし ※「烽」と同字。	エン つばめ、つばくろ	ショウ やく、やける ※「焼」の旧字体。	ヨウ かがやく	リョウ にわび

︵︶内は戸籍法施行規則別表二の二に掲げる字体。︵︶内は子の名に用いることのできない参考字体。

〈〉及び《》内は平成２年民二第5200号通達別表の正字等。◉印は申出により訂正を認める別字。

部首	正字等	画数・区分	戸籍・住基	面区点・SJIS	俗字等（5202通知）	戸籍に記載されている文字（2842通達）	音訓・備考（※）
火部（灬）	燧	17対	219270 71E7	1-6392 E09C	燧		スイ、ズイ のろし
	㸂	17対	219280 3E02		㸂		スイ のろし ※「燧」と同字。
	燵	17対	219610 71F5	1-6393 E09D	燵		タツ ※国字。
爻部	爾	14二	222420 723E	1-2804 8EA2	爾	爾 爾 爾 爾◉ 爾 爾▲ 爾	ジ、ニ なんじ、しかり
	《尔》	5二	085070 5C14				ジ、ニ なんじ、しかり ※「尒」と同字。一説に俗字。
	《尒》	5二	085050 B04D				ジ、ニ なんじ、しかり ※「爾」と同字。一説に俗字。
片部	片	4一	223100 7247	1-4250 95D0	片	片 片 片 片 片 片	ヘン かた
牛部（牜）	牟	6二	224330 725F	1-4422 96B4	牟	牟 牟▲ 牟 牟	ボウ、ム なく
	牧	8一	224530 7267	1-4350 9671		牧	ボク まき
犬部（犭）	狭	9一	229170 72ED	1-2225 8BB7		狭	キョウ せまい、せばめる、せばまる
	狐	9三	229180 72D0	1-2449 8CCF		狐 狐◉	コ きつね
	猜	11対	230060 731C	1-6442 E0C8	猜		サイ うたがう、そねむ

《》内は従前子の名に用いることのできた字体。〔〕内は左に含まれない正字等。
▲印は漢和辞典登載の俗字。

	玉（王）部	玄部										
珍	珂	玄	〔獻〕	㺚	《猷》	猷	猿	《猶》	猶	猛	猪 -	猪
9対	9二	5一	20一	16対	13三	13三	13一	12一	12一	11一	12二	11二
234620 73CD	234480 73C2	233540 7384	233260 737B	232530 3E9A	231430 7337	231450 B589	231090 733F	230850 B585	230830 7336	230050 731B	230500 FA16	230150 732A
1-3633 92BF	1-1849 89CF	1-2428 8CBA	1-6459 E0D9				1-1778 898E		1-4517 9750	1-4452 96D2	1-8779 EC8F	1-3586 9296
珎				㺚			猨					
	珂	玄	獻		猷		猿▲ 猿	猶 猶 猶		猛 猛 猛 猛	猪	
チン めずらしい ※常用漢字。	カ	ゲン	ケン、コン ※「献」の旧字体。	タツ、ダツ かわうそ ※「獺」と同字。	ユウ はかる	ユウ はかる	エン さる	ユウ ※「猶」の旧字体。	ユウ	モウ	チョ いのしし	チョ いのしし

〔〕内は戸籍法施行規則別表二の二に掲げる字体。〔〕内は子の名に用いることのできない参考字体。

〈〉及び《》内は平成2年民二第5200号通達別表の正字等。◉印は申出により訂正を認める別字。

部首	正字等	画数 区分	戸籍 住基	面区点 SJIS	俗字等（5202通知）	戸籍に記載されている文字（2842通達）	音訓・備考（※）
玉部（王）	琢	11二	235800 7422	1-3486 91F4		琢 琢	タク
	琢	12二	236050 FA4B	1-8805 ECA3		琢	タク
	琅	11対	235610 7405	1-6470 E0E4	瑯		ロウ
	瑛	12二	236380 745B	1-1745 896C		瑛	エイ、ヨウ
	琴	12一	236230 7434	1-2255 8BD5	琴	琴 琴	キン こと
	璃	15一	237590 7483	1-4594 979E		璃 璃	リ
	璉	15三	237680 7489	1-8824 ECB6	璉	璉	レン
	環	17一	238680 74B0	1-2036 8AC2		環 環 環 環 環	カン
	〔環〕	17一	238550 B5D5				カン たまき、わ ※「環」の旧字体。
	璲	17対	238580 74B2		璲		スイ、ズイ
	瓊	19三	239080 74CA	1-6491 E0F9		瓊	ケイ
	瓋	19対	239120 74CB		瓋		テキ

〔〕内は従前子の名に用いることのできた字体。〔〕内は左に含まれない正字等。
▲印は漢和辞典登載の俗字。

部	字	画数・区分	番号	コード	番号	コード	参考字体	別字体	読み
瓜部	瓜	6二	239600	74DC	1-1727	895A		瓜	カ うり
	瓢	17二	240170	74E2	1-4127	955A		瓢	ヒョウ ひさご、ふくべ
瓦部	瓶	11一	240930	74F6	1-4151	9572		甁 瓶 瓶	ビン
	甌	16三	242050	750C	1-6514	E14D		甌	オウ
	甑	17対	242310	C0C3	1-2589	8D99			ソウ、ショウ こしき
	〈甑〉	16対	242130	7511					ソウ、ショウ こしき
	甕	18三	242410	7515				甕	オウ、ヨウ かめ、みか
甘部	甘	5一	242690	7518	1-2037	8AC3	甘	甘▲	カン あまい、あまえる あまやかす
	甚	9一	242760	751A	1-3151	9072	甚	甚▲	ジン はなはだ、はなはだしい
用部	甫	7二	243410	752B	1-4267	95E1		甫	フ、ホ はじめ
田部	田	5一	243620	7530	1-3736	9363		田	デン た
	男	7一	243690	7537	1-3543	926A		男	ダン、ナン おとこ
	畑	9一	244380	7551	1-4010	94A8		畑 畑 畑 畑 畑	はた、はたけ

◯内は戸籍法施行規則別表二の二に掲げる字体。◯内は子の名に用いることのできない参考字体。
◇及び◇内は平成２年民二第5200号通達別表の正字等。◉印は申出により訂正を認める別字。

部首	正字等	画数区分	戸籍住基	面区点 SJIS	俗字等（5202通知）	戸籍に記載されている文字（2842通達）	音訓・備考（※）
田部	畝	10一	244620 755D	1-3206 90A4		畒 畆 畒 畂◉ 畂▲ 畞▲	うね
	留	10一	244560 7559	1-4617 97AF	畄	畄▲ 畱 畱 畱	リュウ、ル とめる、とまる
	《畱》	12一	245240 7571	2-8131 F65E		畱 畱	リュウ、ル とめる、とまる ※「留」の本字。
	〔當〕	13一	245550 7576	1-6536 E163		當	トウ あたる、あてる ※「当」の旧字体。
	疆	19三	246390 7586	1-6537 E164		疆	キョウ さかい
	疇	19三	246450 7587	1-6538 E165	畴	畴▲	チュウ うね、たぐい
癶部	登	12一	253850 767B	1-3748 936F		登	トウ、ト のぼる
白部	皆	9一	254220 7686	1-1907 8A46		皆	カイ みな
	皇	9一	254240 7687	1-2536 8D63		皇	コウ、オウ
	皐	11二	254530 7690	1-2709 8E48		皐	コウ
	皓	12二	254680 7693	1-6611 E1A9		皓 皓◉	コウ しろい
	《皓》	12二	254580 B629				コウ しろい ※「皓」の旧字体。

〔〕内は従前子の名に用いることのできた字体。《》内は左に含まれない正字等。
▲印は漢和辞典登載の俗字。

皿部						目部				
盈	益	〘益〙	盛	〘盛〙	盟	監	直	省	冒	真
9三	10一	10一	11一	12一	13一	15一	8一	9一	9対	10一
256950 76C8	257110 76CA	257100 FA17	257420 76DB	257460 B63A	257650 76DF	257770 76E3	258840 76F4	259270 7701	259610 5192	259890 771F
1-1746 896D	1-1755 8976		1-3225 90B7		1-4433 96BF	1-2038 8AC4	1-3630 92BC	1-3042 8FC8	1-4333 9660	1-3131 905E
					盟	監	直 直		冒	
盈▲ 盈▲	益 益		盛		盟▲	监	直 直 直 直 直▲ 直▲ 直◉ 直 直	省 省		真 真 真 真 真
エイ みちる、みたす	エキ、ヤク	エキ、ヤク ます ※「益」の旧字体。	セイ、ジョウ もる、さかる、さかん	セイ、ジョウ もる、さかる、さかん ※「盛」の旧字体。	メイ	カン	チョク、ジキ ただちに、なおす、なおる	セイ、ショウ かえりみる、はぶく	ボウ おかす ※常用漢字。	シン ま

︹︺内は戸籍法施行規則別表二の二に掲げる字体。︹︺内は子の名に用いることのできない参考字体。
◇及び◇内は平成2年民二第5200号通達別表の正字等。◉印は申出により訂正を認める別字。

部首	正字等	画数 区分	戸籍 住基	面区点 SJIS	俗字等（5202通知）	戸籍に記載されている文字（2842通達）	音訓・備考（※）
目部	（眞）	10一	259880 771E	1-6635 E1C1	眞	眞 眞 眞 眞▲ 眞 眞 眞 眞 眞 眞 / 㒹▲ 直 眞 貞 真 真 真 真 真 / 真 真 真	シン ま、まこと ※「真」の旧字体。
	眺	11一	260740 773A	1-3615 92AD		眺◉	チョウ ながめる
	眸	11二	260720 7738	1-6640 E1C6		眸 眸◉	ボウ、ム ひとみ
	睛	13対	262070 775B	1-6645 E1CB	睛		セイ、ショウ ひとみ
	督	13一	262260 7763	1-3836 93C2		督 督 督▲	トク
	睦	13一	262290 7766	1-4351 9672		睦 睦 睦◉ 睦◉ 睦 睦 睦 睦	ボク
	睿	14三	263080 777F	1-6647 E1CD		睿	エイ さとい
	瞥	17対	264670 B660	1-4245 95CB			ベツ、ヘツ ※人名用漢字。
	〈瞥〉	17対	265170 77A5				ベツ、ヘツ
矢部	知	8一	267490 77E5	1-3546 926D		知	チ しる

（　）内は従前子の名に用いることのできた字体。〈　〉内は左に含まれない正字等。
▲印は漢和辞典登載の俗字。

石部

矩	石	研	〔硏〕	砌	砥	碩	磋	磓	磐	磯	礪	《砺》
10二	5一	9一	11一	9三	10二	14二	15三	15対	15二	17二	19対	10対
267610 77E9	268380 77F3	268950 7814	270010 784F	268770 780C	269120 7825	271770 78A9	272410 78CB	272500 78D3	272470 78D0	273150 78EF	274130 792A	269660 783A
1-2275 8BE9	1-3248 90CE	1-2406 8CA4	1-8903 ED42	1-6670 E1E4	1-3754 9375	1-3257 90D7	1-6688 E1F6		1-4056 94D6	1-1675 88E9	1-6674 E1E8	1-3755 9376
	石							磓				
矩 矩 矩	石▲	研 研	研	砌	砥	碩 碩 碩	磋		磐	磯 磯		
ク さしがね、のり	セキ、シャク、コク いし	ケン とぐ	ケン、ゲン とぐ、みがく ※「研」の旧字体。	セイ、サイ みぎり	シ と	セキ おおきい	サ みがく	タイ、ツイ おとす	ハン いわ	キ いそ	レイ あらと	レイ あらと

〔〕内は戸籍法施行規則別表二の二に掲げる字体。〔〕内は子の名に用いることのできない参考字体。

《》及び《》内は平成２年民二第5200号通達別表の正字等。◉印は申出により訂正を認める別字。

部首	正字等	画数・区分	戸籍・住基	面区点・SJIS	俗字等（5202通知）	戸籍に記載されている文字（2842通達）	音訓・備考（※）
示部（ネ）	示	5 一	274930 793A	1-2808 8EA6		尓◉	ジ、シ しめす
	礼	5 一	274940 793C	1-4673 97E7		礼 礼 礼	レイ、ライ
	〘礼〙	6 一	274950 FA18				レイ、ライ いや ※「礼」の旧字体。
	（禮）	18 一	278280 79AE	1-6725 E258	⿰衤豊		レイ、ライ いや
	礽	7 対	275000 793D		⿰衤乃		ジョウ、ニョウ さいわい
	⿰礻匕	7 対	274990 B69B		⿰衤匕		ヒ
	祁	8 対	275090 B69F	1-2323 8C56			キ、ギ ※人名用漢字。
	〈祁〉	7 対	275030 7941				キ、ギ
	祀	8 三	275080 7940	1-6711 E24A	⿰衤巳	⿰礻己	シ、ジ まつる、とし
	礿	8 対	275070 793F		⿰衤勺		ヤク まつり ※祭の名。
	⿰礻支	9 対	275220 B6AA		衼		キ、シ さいわい ※山を祭る祭の名。
	祇	9 対	275260 B6AB	1-2132 8B5F			キ、ギ、シ くにつかみ、ただ ※人名用漢字。

〘〙内は従前子の名に用いることのできた字体。〈〉内は左に含まれない正字等。
▲印は漢和辞典登載の俗字。

〈祇〉	祆	祢	《祢》	禰	祅	祝	(祝)	祖	(祖)	祋	祌	䃾
8対	9対	9二	10二	19二	9対	9一	10一	9一	10一	9対	9対	9対
275120 7947	275250 7946	275460 7962	275930 B6C7	278400 B72D	275240 7945	275420 795D	275860 FA52	275410 7956	275780 FA51	275320 794B	275340 794C	275290 40FE
	1-8922 ED55	1-3910 9449		1-3909 9448	1-8921 ED54	1-2943 8F6A	1-8927 ED5A	1-3336 9163	1-8925 ED58			
	祆			禰	祅					祋	祌	䃾
		祢 祢		禰 禰		祝◉	祝◉	祖				
キ、ギ、シ くにつかみ、ただ	ケン、テン	ネ、デイ	ネ、デイ ※「禰」と同字。一説に俗字。	ネ、デイ	ヨウ わざわい	シュク、シュウ いわう	シュク、シュウ いわう ※「祝」の旧字体。	ソ	ソ はじめ ※「祖」の旧字体。	タイ、タツ、テ ほこ	チュウ、ジュ ※神の名。	ヒ、ビ

⌒内は戸籍法施行規則別表二の二に掲げる字体。⌒内は子の名に用いることのできない参考字体。
◇及び◇内は平成２年民二第5200号通達別表の正字等。◉印は申出により訂正を認める別字。

部首	正字等	画数 区分	戸籍 / 住基	面区点 / SJIS	俗字等（5202通知）	戸籍に記載されている文字（2842通達）	音訓・備考（※）
示部（ネ）	祊	9 対	275300 / 794A	2-8265 / F6DF	祊		ホウ ※祭の名。
	祐	9 二	275400 / 7950	1-4520 / 9753		祐 祐 祐 祐 祐 祐 祐（祐−祐 共通）	ユウ たすける
	祐	10二	275660 / FA50	1-8924 / ED57		〃	ユウ たすける
	䄃	10対	275830 / 4103		䄃		オウ
	祛	10対	275840 / 795B	2-8267 / F6E1	祛		キョ、コ はらう
	祜	10対	275850 / 795C	1-8926 / ED59	祜		コ、ゴ さいわい
	祘	10対	275800 / C0EE		祘		サン かぞえる
	祠	10対	275900 / 7960	1-6712 / E24B	祠		シ、ジ ほこら、まつる
	祗	10対	275790 / 7957	1-6713 / E24C	祗		シ つつしむ
	⿰示呂	10対	275920 / B6C4		⿰示呂		シ
	祥	10一	275980 / 7965	1-3045 / 8FCB		祥 祥 祥 祥 祥（祥・（祥） 共通）	ショウ
	（祥）	11一	276110 / FA1A	1-8929 / ED5C		〃	ショウ さいわい ※「祥」の旧字体。

◯内は従前子の名に用いることのできた字体。◯内は左に含まれない正字等。
▲印は漢和辞典登載の俗字。

祏	祚	祙	祔	祓	祓	祵	祫	祭	祬	祧	祷	禱
10対	10対	10対	10対	10三	10対	11対	11対	11一	11対	11対	11対	19対
275650 794F	275820 795A	275810 B6C5	275760 7954	275720 7953	275730 B6C6	276120 B6D6	276200 796B	276220	276210 B6D7	276150 7967	276280 7977	278410 79B1
	1-6715 E24E			1-6717 E250				1-2655 8DD5		2-8269 F6E3	1-3788 9398	1-8935 ED62
祏	祚	祙	祔	祓	祓	祵	祫	祭	祬	祧		禱
				祓◉				祭 祭 祭▲				
セキ、ジャク いしびつ、いしむろ	ソ さいわい	ビ、ミ おに、ばけもの	フ、ブ あわせまつる	フツ、ハイ はらう	フツ はらう ※「祓」と同字。	イン	コウ ※先祖を始祖の廟に合わせ祭ること。	サイ まつる、まつり	シ ※「祗」の古字。	チョウ おたまや	トウ いのる ※人名用漢字。	トウ いのる ※人名用漢字。

祊祐祐祑祛祜祢祠祗祀祥祥祏祚祙祔祓祓祵祫祭祬祧祷禱

⌒内は戸籍法施行規則別表二の二に掲げる字体。⌒内は子の名に用いることのできない参考字体。
◇及び◇内は平成2年民二第5200号通達別表の正字等。◉印は申出により訂正を認める別字。

部首	正字等	画数 区分	戸籍 住基	面区点 SJIS	俗字等（5202通知）	戸籍に記載されている文字（2842通達）	音訓・備考（※）
示部（ネ）	祣	11対	276080 7963		祣		リョ、ロ ※山川の祭の名。
	祴	12対	276490 7974		祴		カイ、カツ
	祲	12対	276450 7972	2-8270 F6E4	祲		シン
	𫛨	12対	276480 B6E8		𫛨		シン、ジン
	𫛩	12対	276470 B6E9		𫛩		セン
	禄	12二	276580 7984	1-4729 985C		祿	ロク さいわい、ふち
	祿	13二	276800 797F	1-6719 E252			ロク さいわい、ふち
	祼	13対	276770 797C		祼		カン ※祭の名。
	祺	13対	276720 797A	1-6718 E251	祺		キ さいわい
	祻	13対	276730 797B		祻		コ、ク まつり
	𫛵	13対	276710 B6F5		𫛵		サ、ジャ ※年の終りに行う祭の名。

〔〕内は従前子の名に用いることのできた字体。〔〕内は左に含まれない正字等。
▲印は漢和辞典登載の俗字。

禅	13一	276950 7985	1-3321 9154				ゼン
（禪）	17一	278130 79AA	1-6724 E257		禪		ゼン ゆずる ※「禅」の旧字体。
禎	13二	276930 798E	1-3687 92F5				テイ、チョウ さいわい
禎	14二	277190 FA54	1-8932 ED5F		禎 禎 禎 禎 禎 禎 禎 禎		テイ、チョウ さいわい
禂	13対	276830 7982		禂			トウ、チュ いのる
福	13一	276940 798F	1-4201 959F				フク
（福）	14一	277200 FA1B	1-8933 ED60		福◉ 福 福 福 福 福 福		フク さいわい ※「福」の旧字体。
⿰礻芺	13対	276750 B6F6		⿰礻芺			ヨウ わざわい ※「祅」の本字。
禋	14対	277130 798B		禋			イン、エン まつる
禊	14対	277390 798A	1-6720 E253	禊			ケイ、カツ はらう、みそぎ
禔	14対	277240 7994	2-8271 F6E5	禔			シ、テイ、ダイ さいわい、やすらか
禗	14対	277280 7997		禗			シ
禓	14対	277230 7993		禓			ショウ、ヨウ ※道の祭。道の神。

（　）内は戸籍法施行規則別表二の二に掲げる字体。（　）内は子の名に用いることのできない参考字体。
〈　〉及び〈　〉内は平成２年民二第5200号通達別表の正字等。◉印は申出により訂正を認める別字。

部首	正字等	画数 区分	戸籍 住基	面区点 SJIS	俗字等（5202通知）	戸籍に記載されている文字（2842通達）	音訓・備考（※）
示部（ネ）	禘	14対	277290 7998	1-8934 ED61	禘		テイ、ダイ ※大祭。
	禖	14対	277270 7996	2-8273 F6E7	禖		バイ、メ ※天子が嗣子を求めるために行う祭。
	禕	15対	277730 C0EF		禕		イ よい
	禠	15対	277580 79A0		禠		シ、キ、イ さいわい
	禚	15対	277490 799A		禚		シャク
	禝	15対	277690 C0F0		禝		ショク、シキ
	祲	15対	277570 B70D		祲		シン
	禡	15対	277590 79A1	2-8275 F6E9	禡		バ、メ ※祭の名。
	⿰礻虘	16対	277860 B712		⿰礻虘		ショ、ソ いのる
	禓	16対	277780 B713		禓		ショウ ※「禓」と同字。
	禧	17対	278060 79A7	1-6722 E255	禧		キ さいわい
	禨	17対	278100 C0F2		禨		キ きざはし

〔 〕内は従前子の名に用いることのできた字体。〔 〕内は左に含まれない正字等。
▲印は漢和辞典登載の俗字。

	禾部											
秋	秀	禴	⿰礻廛	禳	⿰礻獻	⿰礻豦	⿰礻亶	禭	禬	禫	⿰礻焦	⿰礻巽
9一	7一	22対	22対	22対	19対	18対	18対	18対	18対	17対	17対	17対
279390 79CB	279080 79C0	278610 79B4	278580 B733	278590 79B3	278470 B728	278320 B727	278260 B726	278270 79AD	278250 79AC	278140 79AB	278120 B71F	278110 C0F1
1-2909 8F48	1-2908 8F47	2-8277 F6EB		1-6726 E259								
		禴	⿰礻廛	禳	⿰礻獻	⿰礻豦	⿰礻亶	禭	禬	禫	⿰礻焦	⿰礻巽
秋 秋	秀											
シュウ あき	シュウ ひいでる	ヤク、ヨウ うすい	セン、デイ	ジョウ はらう ※祭の名。	エン はらう	ロク ※「祿」と同字。	セン	スイ、ズイ ※祭の名。	カイ はらい	タン しずか	ショウ	シ まつる

⌒内は戸籍法施行規則別表二の二に掲げる字体。⌒内は子の名に用いることのできない参考字体。
◇及び◇内は平成２年民二第5200号通達別表の正字等。◉印は申出により訂正を認める別字。

部首	正字等	画数区分	戸籍 住基	面区点 SJIS	俗字等（5202通知）	戸籍に記載されている文字（2842通達）	音訓・備考（※）
禾部	秦	10二	279920 79E6	1-3133 9060	〓	〓〓〓〓〓	シン、ジン
	程	12一	280830 7A0B	1-3688 92F6		〓	テイ ほど
	稔	13二	281100 7A14	1-4413 96AB		〓〓〓〓〓〓〓〓〓	ネン、ジン みのる
	稗	13三	281160 B742	1-4103 9542		〓	ハイ、ヒ ひえ
	稜	13二	281510 7A1C	1-4639 97C5		〓	リョウ、ロウ かど
	稟	13対	281300 7A1F	1-6740 E267	〓		リン、ヒン あたえる、うける ※人名用漢字。
	穀	14一	281930 7A40	1-2582 8D92		〓	コク
	〔穀〕	15一	282340 FA55	1-8945 ED6C			コク ※「穀」の旧字体。
	種	14一	281780 7A2E	1-2879 8EED		〓	シュ たね
	〔稱〕	14一	282000 B746			〓〓	ショウ となえる ※「称」の旧字体。
	稲	14一	281910 7A32	1-1680 88EE		〓〓〓	トウ いね、いな
	穂	15一	282480 7A42	1-4270 95E4		〓	スイ ほ

〔〕内は従前子の名に用いることのできた字体。（）内は左に含まれない正字等。
▲印は漢和辞典登載の俗字。

穴部												
〔穗〕	穎	積	穆	穟	䆃	龝	〈穐〉	穰	究	空	窈	窪
17一	16対	16一	16三	18対	18対	21対	16対	22二	7一	8一	10三	14二
283210 7A57	282860 7A4E	282850 7A4D	282700 7A46	283440 7A5F	283560 B75F	284170 B769	283010 7A50	284190 7A70	284470 7A76	284560 7A7A	285050 7A88	286240 7AAA
1-6747 E26E	1-1747 896E	1-3249 90CF	1-4352 9673	2-8307 F746			1-1612 88AA	1-6753 E274	1-2170 8B86	1-2285 8BF3	1-6756 E277	1-2306 8C45
	穎			穟	䆃				究	空		
穗 穗 穗 穗 穗		積	穆 穆 穆 穆 穆 穆					穰 穰	究 究▲	空▲	窈	窪 窪
スイ ほ ※「穂」の旧字体。	エイ ほ	セキ つむ、つもる	ボク、モク やわらぐ	スイ ほ ※「穂」と同字。	トウ、ドウ えらぶ	シュウ あき ※「秋」と同字。	シュウ あき ※「秋」への更正可。	ジョウ ゆたか	キュウ きわめる	クウ そら、あく、あける、から	ヨウ ふかい、うるわしい	ア、ワ くぼむ

〔〕内は戸籍法施行規則別表二の二に掲げる字体。〔〕内は子の名に用いることのできない参考字体。

〈〉及び〈〉内は平成2年民二第5200号通達別表の正字等。◉印は申出により訂正を認める別字。

部首	正字等	画数 区分	戸籍 住基	面区点 SJIS	俗字等（5202通知）	戸籍に記載されている文字（2842通達）	音訓・備考（※）
穴部	邃	16対	287040 B77F		邃		スイ
	竈	21三	287580 7AC8			竃▲ 竈	ソウ かまど
	《竃》	17三	287320 7AC3	1-1986 8A96			ソウ かまど ※元来「竈」の俗字。
立部	章	11一	288220 7AE0	1-3047 8FCD		章 章	ショウ
	端	14一	288710 7AEF	1-3528 925B		端	タン はし、は、はた
	競	20一	289020 7AF6	1-2205 8BA3		競◉	キョウ、ケイ きそう、せる
竹部	竹	6一	289110 7AF9	1-3561 927C		竹 竹 竹 竹 竹	チク たけ
	竺	8二	289120 7AFA	1-2819 8EB1			チク、ジク、トク たけ、あつい
	《笁》	9二	289310 7B01				チク、ジク、トク たけ、あつい ※「竺」と同字。
	笑	10一	289580 7B11	1-3048 8FCE		笑 笑 笑	ショウ わらう、えむ
	《笑》	10一	289760 B79F				ショウ わらう、えむ ※「笑」の本字。
	笹	11二	290440 7B39	1-2691 8DF9		笹 笹 笹 笹 笹 笹 笹 笹 笹	ささ ※国字。

◯内は従前子の名に用いることのできた字体。◯内は左に含まれない正字等。
▲印は漢和辞典登載の俗字。

箐	箝	管	《節》	(節)	節	筏	答	筑	策	筋	筐	符
14対	14対	14一	15一	15一	13一	12三	12一	12二	12一	12一	12対	11一
292230 7B90	292400 7B9D	292490 7BA1	293400 B7B6	293980 FA57	291860 7BC0	290790 7B4F	290850 7B54	291110 7B51	290880 7B56	290730 7B4B	290800 7B50	290110 7B26
2-8352 F773	1-6815 E2AD	1-2041 8AC7		1-8968 ED84	1-3265 90DF	1-4021 94B3	1-3790 939A	1-3562 927D	1-2686 8DF4	1-2258 8BD8	1-6794 E29E	1-4168 9584
箐	箝										筐	
		管	節 節	節 節	節 節 節 節 節 節	筏◉	答	筑▲	策 策	筋		符
セイ、セン、ショウ	カン、ケン はさむ	カン くだ	セツ、セチ ふし ※「節」と同字。→「節」。	セツ、セチ ふし ※「節」の旧字体。	セツ、セチ ふし	ハツ、バツ いかだ	トウ こたえる、こたえ	チク	サク	キン すじ	キョウ かご、はこ	フ

⌒内は戸籍法施行規則別表二の二に掲げる字体。⌒内は子の名に用いることのできない参考字体。
◇及び◇内は平成２年民二第5200号通達別表の正字等。◉印は申出により訂正を認める別字。

部首	正字等	画数 区分	戸籍 住基	面区点 SJIS	俗字等（5202通知）	戸籍に記載されている文字（2842通達）	音訓・備考（※）
竹部	箭	15三	293970 7BAD			箭	セン や
	箸	15対	293210 B7B7	1-4004 94A2			はし ※常用漢字。
	〈箸〉	14対	292780 7BB8				チョ はし
	範	15一	293500 7BC4	1-4047 94CD	範	範▲ 範 範 範 範	ハン
	簑	16三	294880 7C11	1-6834 E2C0		簑 簑 簑 簑 簑 簑	サ みの
	築	16一	176900 7BC9	1-3559 927A		築▲ 築	チク きずく
	篠	17二	295040 7BE0	1-2836 8EC2		篠	ショウ しの
	簉	17対	295580 7C09		簉		ショウ そえ
	篴	17対	295110 7BF4		篴		テキ、チク ふえ ※「笛」と同字。
	篷	17対	295190 7BF7	1-6843 E2C9	篷		ホウ とま
	簗	17三	296110 7C17	1-6844 E2CA		簗 簗 簗▲ 簗	やな ※国字。
	簞	18対	296290 7C1E	1-8973 ED89			タン はこ ※人名用漢字。

〔〕内は従前子の名に用いることのできた字体。〈〉内は左に含まれない正字等。
▲印は漢和辞典登載の俗字。

〈簞〉	簻	簾	簶	籔	籠	〈篭〉	籧	籤	籩	粂	籾	粤
										米部		
15対	19対	19二	19対	21三	22対	16対	23対	23対	25対	9三	9二	12三
293950 7BAA	297390 7C3B	297430 B7DC	297270 7C36	298460 7C54	299010 7C60	294740 7BED	299320 7C67	299240 7C64	299760 7C69	300270 7C82	300240 B7F1	301090 7CA4
1-3529 925C		1-4692 97FA	1-8976 ED8C	1-6856 E2D6	1-6838 E2C4	1-4722 9855		1-6862 E2DC	2-8379 F78F		1-4466 96E0	1-6869 E2E3
	簻		簶				籧	籤	籩			
		簾 簾 簾		籔 籔 籔 籔 籔						粂◉ 粂▲	[illegible]	粤▲
タン はこ	タ、カ むち、むちうつ	レン すだれ	ロク	ソウ、ス、シュ ざる	ロウ かご、こもる ※常用漢字	ロウ かご、こもる	キョ	セン くじ	ヘン たかつき	くめ ※国字。	もみ	エツ、オチ ここに

⌒内は戸籍法施行規則別表二の二に掲げる字体。⌒内は子の名に用いることのできない参考字体。
◇及び◇内は平成2年民二第5200号通達別表の正字等。◉印は申出により訂正を認める別字。

部首	正字等	画数・区分	戸籍・住基	面区点・SJIS	俗字等（5202通知）	戸籍に記載されている文字（2842通達）	音訓・備考（※）
米部	精	14一	301780 7CBE	1-3226 90B8		精	セイ、ショウ
	《精》	14一	301770 FA1D				セイ、ショウ くわしい ※「精」の旧字体。
	糙	17対	302830 7CD9	1-8987 ED97	糙		ソウ、ゾウ くろごめ
糸部	紀	9一	304410 7D00	1-2110 8B49		紀▲ 紀 紀◉ 紀 紀	キ
	紘	10二	304970 7D18	1-2541 8D68		紘▲ 紘 紘 紘 紘 紘 紘▲	コウ ひも
	紗	10二	304950 7D17	1-2851 8ED1		紗◉	サ、シャ うすぎぬ
	純	10一	304880 7D14	1-2967 8F83		純 純 純 純 純 純	ジュン
	経	11一	306010 7D4C	1-2348 8C6F		経 経	ケイ、キョウ へる
	〔經〕	13一	307290 7D93	1-6920 E353		經 經	ケイ、キョウ へる ※「経」の旧字体。
	紺	11一	305730 7D3A	1-2616 8DAE		紺	コン
	細	11一	305550 7D30	1-2657 8DD7		細 細	サイ ほそい、ほそる こまか、こまかい
	結	12一	306130 7D50	1-2375 8C8B		結	ケツ むすぶ、ゆう、ゆわえる

〔〕内は従前子の名に用いることのできた字体。《》内は左に含まれない正字等。
▲印は漢和辞典登載の俗字。

絢	紫	綛	《綛》	継	〈繼〉	絹	《𥿠》	綏	綱	緒	⁀緒⁀	精
12二	12一	13対	13対	13一	20一	13一	12一	13三	14一	14一	15一	14対
306410 7D62	306080 7D2B	307550 B822	307570 7D9B	307520 7D99	312900 7E7C	306920 7D79	306790 AB52	307230 7D8F	308070 7DB1	308620 7DD2	308810 7DD6	307930 7DAA
1-1628 88BA	1-2771 8E87		1-6925 E358	1-2349 8C70	1-6975 E38B	1-2408 8CA6	2-8421 F7B3	1-6923 E356	1-2543 8D6A	1-2979 8F8F	1-9012 EDAA	2-8437 F7C3
												精
絇 絢	紫			継	繼 繼	絹 絹 絹 絹 絹 絹	結	綏◉	綱 綱	緒		
ケン あや	シ むらさき	かすり、かせ	かすり、かせ	ケイ つぐ	ケイ つぐ ※「継」の旧字体。	ケン きぬ	きぬ ※国字。	スイ やすい	コウ つな	ショ、チョ お	ショ、チョ お、いとぐち ※「緒」の旧字体。	セイ、セン、ソウ、ショウ

⁀内は戸籍法施行規則別表二の二に掲げる字体。⁀内は子の名に用いることのできない参考字体。

〈〉及び《》内は平成２年民二第5200号通達別表の正字等。◉印は申出により訂正を認める別字。

部首	正字等	画数区分	戸籍	住基	面区点	SJIS	俗字等（5202通知）	戸籍に記載されている文字（2842通達）	音訓・備考（※）
糸部	総	14一	308510	7DCF	1-3377	918D		総	ソウ
	〔總〕	17一	311180	7E3D	1-6933	E360		總 總▲	ソウ ふさ ※「総」の旧字体。
	綿	14一	308230	7DBF	1-4442	96C8		綿	メン わた
	網	14一	308670	7DB2	1-4454	96D4		網 網 網	モウ あみ
	（（䋄））	10一	305210	42C4				䋄 䋄	モウ あみ ※「網」と同字。
	綾	14二	308680	7DBE	1-1629	88BB		綾 綾 綾 綾	リョウ あや
	緑	14一	307730	7DD1	1-4648	97CE		緑 緑	リョク、ロク みどり
	（綠）	14一	307720	7DA0	1-9008	EDA6		綠 綠 綠 綠 綠 綠 綠 綠	リョク、ロク みどり ※「緑」の旧字体。
	縁	15一	309040	7E01	1-1779	898F		緣（縁・緣共通）	エン ふち
	（緣）	15一	309030	7DE3	1-9013	EDAB			エン ふち ※「縁」の旧字体。
	縌	16対	310050	7E0C			縌		ゲキ、ギャク
	（縣）	16一	310470	7E23	1-6949	E370		縣 縣 縣	ケン かける、あがた ※「県」の旧字体。

（）内は従前子の名に用いることのできた字体。〔〕内は左に含まれない正字等。
▲印は漢和辞典登載の俗字。

字	画数	コード	JIS	別字	参考字体	読み・備考
縋	16対	310040 7E0B	1-6955 E376	縋		ツイ すがる
繁	16一	310630 7E41	1-4043 94C9	繁		ハン
〔繁〕	17一	311230 FA5A	1-9019 EDB1		繁▲ 繁 繁 繁 繁 繁	ハン しげる ※「繁」の旧字体。
縫	16一	310660 7E2B	1-4305 9644		縫	ホウ ぬう
《縫》	17一	310830 B853				ホウ ぬう ※「縫」の旧字体。
徽	17対	115950 B142	1-2111 8B4A			キ しるし ※人名用漢字。
〈徽〉	16対	115930 5FBD				キ しるし
繈	17対	311310 7E48		繦		キョウ、コウ ふしいと
縺	17対	311120 7E3A	1-6965 E381	縺		レン もつれる
繭	18一	312200 7E6D	1-4390 969A		繭 繭	ケン まゆ
繚	18三	311870 7E5A	1-6971 E387		繚	リョウ まとう
〔繪〕	19一	312290 7E6A	1-6973 E389		繪	カイ、エ ※「絵」の旧字体。
繫	19対	312300 7E6B	1-9494 EFFC			ケイ つなぐ ※人名用漢字。

〔〕内は戸籍法施行規則別表二の二に掲げる字体。《》内は子の名に用いることのできない参考字体。

〈〉及び《》内は平成２年民二第5200号通達別表の正字等。◉印は申出により訂正を認める別字。

部首	正字等	画数区分	戸籍住基	面区点 / SJIS	俗字等（5202通知）	戸籍に記載されている文字（2842通達）	音訓・備考（※）
糸部	〈繫〉	17対	311510 7E4B	1-2350 8C71			ケイ つなぐ
	繡	19対	311960 7E61	1-9022 EDB4			シュウ ぬいとり ※人名用漢字。
	〈繍〉	17対	311530 7E4D	1-2911 8F4A			シュウ ぬいとり
	繸	19対	312630 7E78		繸		スイ、ズイ
	繨	19対	312780 7E68		繨		タツ
	繾	20対	312990 7E7E	2-8458 F7D8	繾		ケン、キン
	纏	21対	313390 7E8F	1-3727 935A	纏		テン、デン まとう、まつわる、まとい ※人名用漢字。
	繏	22対	313580 B86B		繏		セン、シュ なわ
	纘	25対	313940 7E98	2-8463 F7DD	纘		サン つぐ、うけつぐ
网（罒）部	置	13一	316200 7F6E	1-3554 9275		置	チ おく
羊部	美	9一	317600 7F8E	1-4094 94FC	羙 美		ビ うつくしい

〈〉内は従前子の名に用いることのできた字体。（）内は左に含まれない正字等。
▲印は漢和辞典登載の俗字。

羽部(羽)

字		義	羹	翁	〖翁〗	翔	(翔)	翠	〖翠〗	翫	《翫》	翰	《翰》
画数		13一	19対	10一	10一	12二	12二	14二	14二	15対	15対	16対	16対
コード		318400 7FA9	319260 7FB9	319860 7FC1	319850 B888	320610 7FD4	320460 B893	321010 7FE0	320900 B895	321280 B89B	321330 7FEB	321450 B89E	321590 7FF0
JIS		1-2133 8B60	1-7029 E3BB	1-1807 89A5		1-7038 E3C4		1-3173 9089				1-2045 8ACB	
			羹										
別字	美 美 美 美 美	義 義 義 義 義 義 義		翁◉		翔		翠					
読み		ギ	コウ、ロウ、カン あつもの	オウ	オウ おきな ※「翁」の旧字体。	ショウ かける	ショウ かける ※「翔」の旧字体。	スイ みどり	スイ みどり ※「翠」の旧字体。	ガン もてあそぶ	ガン もてあそぶ	カン ふで、ふみ	カン ふで、ふみ

⌒内は戸籍法施行規則別表二の二に掲げる字体。〖〗内は子の名に用いることのできない参考字体。
◇及び◇内は平成2年民二第5200号通達別表の正字等。◉印は申出により訂正を認める別字。

部首	正字等	区分画数	戸籍／住基	面区点／SJIS	俗字等（5202通知）	戸籍に記載されている文字（2842通達）	音訓・備考（※）
羽部（羽）	耀	20二	322050 8000	1-4552 9773		耀	ヨウ かがやく
耒部（耒）	耕	10一	322810 8015	1-2544 8D6B		耕 耕 耕 耕 耕 耕	コウ たがやす
	〖耕〗	10一	322800 B8AA				コウ たがやす ※「耕」の旧字体。
	⦅畊⦆	9一	244160 754A	1-6525 E158			コウ たがやす ※「耕」の古字。→「耕」。
耳部	聖	13一	324500 8056	1-3227 90B9		聖 聖 聖	セイ
	〖聖〗	13一	324490 C0CB				セイ、ショウ ひじり ※「聖」の旧字体。
	聚	14三	324700 805A	1-7060 E3DA		聚	シュウ、ジュ あつまる
	聡	14二	324850 8061	1-3379 918F		聡 聡	ソウ
	〖聰〗	17二	325330 8070	1-7066 E3E0		聰 聰 聰	ソウ ※「聡」の旧字体。
	〔聲〕	17一	325450 8072	1-7065 E3DF		聲	セイ、ショウ こえ、こわ ※「声」の旧字体。
	聯	17対	325320 806F	1-4694 97FC	聫		レン つらなる、つらねる
聿部	肆	13三	326190 8086	1-7072 E3E6		𨽾	シ ほしいまま

〖〗内は従前子の名に用いることのできた字体。⦅⦆内は左に含まれない正字等。
▲印は漢和辞典登載の俗字。

肉（月）部

〔肅〕	肇	股	肥	胤	胖	胸	脇	能	脩	腸	腿	《腿》
13一	14二	8一	8一	9二	9三	10一	10一	10一	11二	13一	14対	13対
326180 8085	326250 8087	326850 80A1	326910 80A5	328030 80E4	327800 80D6	328510 80F8	328740 8107	328620 80FD	329440 8129	331540 8178	331920 B8E6	161890 817F
1-7073 E3E7	1-4005 94A3	1-2452 8CD2	1-4078 94EC	1-1693 88FB	1-7086 E3F4	1-2227 8BB9	1-4738 9865	1-3929 945C	1-7091 E3F9	1-3618 92B0		
肅							脇			腸		
肅▲	肇 肇 肇 肇 肇	股 股▲ 股 股	肥	胤 胤 胤 胤 胤	胖◉	胸 胸	脇▲ 脇▲ 脇 脇 脇 脇	能 能 能 能 能 能	脩 脩 脩	腸 腸▲		
シュク つつしむ ※「粛」の旧字体。	チョウ はじめる	コ また	ヒ こえる、こえ、こやす、こやし	イン たね	ハン	キョウ むね、むな	わき	ノウ	シュウ、ユウ ほじし、ながい	チョウ	タイ もも	タイ もも

〔〕内は戸籍法施行規則別表二の二に掲げる字体。〔〕内は子の名に用いることのできない参考字体。

《》及び《》内は平成２年民二第5200号通達別表の正字等。◉印は申出により訂正を認める別字。

部首	正字等	画数区分	戸籍住基	面区点 SJIS	俗字等（5202通知）	戸籍に記載されている文字（2842通達）	音訓・備考（※）
肉部（月）	膇	14対	332100 8187		膇		ツイ
	膸	17対	333900 81B8	1-7127 E45A	膸		スイ、イ
	⿰月隨	20対	335070 B8F5		⿰月隨		スイ
至部	致	10一	336440 81F4	1-3555 9276		致	チ いたる
	〔臺〕	14一	336580 81FA	1-7142 E469	臺	臺 臺▲ 臺	※ダイ、タイ「台」の旧字体。
臼部	臼	6一	336710 81FC	1-1717 8950		臼 臼◉	キュウ うす
	（與）	14一	337280 8207	1-7148 E46F		與 與 與 與 與 與 與▲ 與 與	ヨ あたえる ※「与」の旧字体。
						興 興 興▲ 興▲ 興 興 興 興 興	
						興 興 興	
	興	16一	337520 8208	1-2229 8BBB		興 興 興 興 興 興	コウ、キョウ おこる、おこす
	〔舊〕	17一	337650 820A	1-7149 E470		舊▲	キュウ ふるい ※「旧」の旧字体。
舛部（舛）	舛	6三	338640 821B	1-3304 9143	舛 舛	舛▲ 舛◉ 舛 舛 舛▲ 舛 舛 舛	セン そむく

〔〕内は従前子の名に用いることのできた字体。（）内は左に含まれない正字等。
▲印は漢和辞典登載の俗字。

肉(月)至臼舛(舛)舟艮色艸(艹、艹)の部

膇髄髓致臺臼與興舊舛舞航般船船舩𫤛良色艶花芹芙

		艸(艹、艹)部		色部	艮部						舟部	
芙	芹	花	艶	色	良	𫤛	〈舩〉	〘𫤐〙	船	般	航	舞
7二	7二	7一	19一	6一	7一	19対	10一	11一	11一	10一	10一	15一
342700 8299	342870 82B9	342660 82B1	341880 8276	341570 8272	341520 826F	341150 B91B	339180 8229	339500 B910	339420 8239	339220 822C	339190 822A	338750 821E
1-4171 9587	1-2260 8BDA	1-1854 89D4	1-1780 8990	1-3107 9046	1-4641 97C7		1-7153 E474		1-3305 9144	1-4044 94CA	1-2550 8D71	1-4181 9591
						𫤛						
芙◉ 芙 芙◉	芹	花 花 花	艶	色	良 良		舩◉ 舩 舩 舩 舩	船		般	航	舞
フ はす	キン せり	カ はな	エン つや	ショク、シキ いろ	リョウ よい	トウ、ドウ	セン ふね、ふな	セン ふね、ふな ※「船」と同字。	セン ふね、ふな	ハン	コウ	ブ まう、まい

〔 〕内は戸籍法施行規則別表二の二に掲げる字体。〘 〙内は子の名に用いることのできない参考字体。
〈 〉及び《 》内は平成2年民二第5200号通達別表の正字等。◉印は申出により訂正を認める別字。

部首	艸部（艹、艹）											
正字等 画数 区分	芳 7一	芦 7二	《蘆》 20二	英 8一	苑 8二	苅 8三	茎 8一	若 8一	苗 8一	茂 8一		荒 9一
戸籍 住基	342670 82B3	342950 B92A	368470 BA9F	343870 82F1	343930 82D1	343820 B934	343900 830E	343850 82E5	343840 82D7	343880 8302		345430 8352
面区点 SJIS	1-4307 9646	1-1618 88B0		1-1749 8970	1-1781 8991		1-2352 8C73	1-2867 8EE1	1-4136 9563	1-4448 96CE		1-2551 8D72
俗字等（5202通知）					苑			若				荒
戸籍に記載されている文字（2842通達）	労 芳◉		蘆 蘆 蘆 蘆 蘆 蘆	英 英 英 英 英 英◉	苑▲ 苑	苅	茎	若▲ 若 若	苗◉	茂 茂 茂◉ 茂 茂 茂 茂 茂 茂	茂 茂 茂 茂 茂	荒▲ 荒 荒◉ 荒▲ 荒 荒▲ 荒 荒 荒
音訓・備考（※）	ホウ かんばしい	ロ、リョ あし	ロ、リョ あし	エイ	エン、オン その	カイ かる ※一説に「刈」の俗字。	ケイ くき	ジャク、ニャク わかい、もしくは	ビョウ なえ、なわ	モ しげる		コウ あらい、あれる、あらす

◯内は従前子の名に用いることのできた字体。《》内は左に含まれない正字等。
▲印は漢和辞典登載の俗字。

		荘	（荘）	草	《艸》	苧	華	荻	《荻》	菅	《菅》	萏
		9一	10一	9一	6一	9三	10一	10二	11二	11二	12二	11三
		345400 8358	349460 838A	345420 8349	342040 8278	344740 B954	347300 83EF	347360 837B	348230 B99C	349510 83C5	350450 B9C4	348820 B99B
		1-3381 9191	1-7223 E4B5	1-3380 9190	1-7171 E487		1-1858 89D8	1-1814 89AC		1-3191 909B		
												萏
荒 荒 荒 荒 荒 荒 荒 荒	荒 荒 荒	荘 荘 荘 荘 荘	莊	草 草 草	艸	苧▲ 苧◉	華 華 華 華	荻		菅 菅 菅		萏▲
		ソウ	ソウ、ショウ おごそか ※「荘」の旧字体。	ソウ くさ	ソウ くさ ※「草」の本字。草の総称。	チョ からむし	カ、ケ はな	テキ おぎ	テキ おぎ	カン、ケン かや、すげ	カン、ケン かや、すげ	ガン、カン つぼみ

（　）内は戸籍法施行規則別表二の二に掲げる字体。《　》内は子の名に用いることのできない参考字体。
〈　〉及び《　》内は平成２年民二第5200号通達別表の正字等。◉印は申出により訂正を認める別字。

部首	艸部（艹、艹）											
正字等	菊	菫	菜	萌	萠-	莱	〈莱〉	菱	（（菱））	葛	（（葛））	〈葛〉
画数 区分	11一	11二	11一	11二	11二	11対	10対	11二	12二	12一	13一	11一
戸籍 住基	349420 83CA	349660 83EB	349440 83DC	349840 840C	349940 8420	349820 840A	347700 83B1	349680 83F1	352910 B9C6	352760 B9D5	355990 C0F7	349920 845B
面区点 SJIS	1-2138 8B65	1-7233 E4BF	1-2658 8DD8	1-4308 9647	1-7246 E4CC	1-9106 EE45	1-4573 9789	1-4109 9548		1-1975 8A8B		
俗字等（5202通知）												
戸籍に記載されている文字（2842通達）	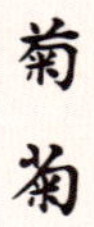			▲								
音訓・備考（※）	キク	キン、ギン すみれ	サイ な	ホウ、ボウ きざす、もえる	ホウ、ボウ きざす、もえる	ライ あかざ ※人名用漢字。	ライ あかざ	リョウ ひし	リョウ ひし	カツ くず	カツ くず	カツ くず

（（　））内は従前子の名に用いることのできた字体。〈　〉内は左に含まれない正字等。
▲印は漢和辞典登載の俗字。

字	画数・区分	コード	符号	別字体	字体	読み
葵	12二	352640 8475	1-1610 88A8		葵 葵 葵 葵	キ、ギ あおい
菁	12対	350390 B9A7		菁		セイ、ショウ かぶ、かぶらな
葉	12一	352210 8449	1-4553 9774		葉 葉 葉▲ 葉 葉	ヨウ は
落	12一	352200 843D	1-4578 978E		落	ラク おちる、おとす
葦	13二	355250 8466	1-1617 88AF		葦（両列共通）	イ あし
（葦）	13二	356060			葦（両列共通）	イ あし
葭	13三	354380 B9EB			葭 葭 葭 葭 葭 葭 葭 葭	カ あし
萼	13対	353540 B9EC		萼		ガク うてな
萱	12二	352280 8431	1-1994 8A9E		萱◉ 萱▲ 萱（両列共通）	ケン かや
（萱）	13二	353380 B9ED			萱◉ 萱▲ 萱（両列共通）	ケン かや
菰	13三	355800 B9C5			菰 菰	コ まこも

⌒内は戸籍法施行規則別表二の二に掲げる字体。⌒内は子の名に用いることのできない参考字体。
◇及び◇内は平成２年民二第5200号通達別表の正字等。◉印は申出により訂正を認める別字。

部首	正字等	画数 区分	戸籍 住基	面区点 SJIS	俗字等（5202通知）	戸籍に記載されている文字（2842通達）	音訓・備考（※）
艸部（艹、艹）	董	12二	352510 8463	1-3801 939F		董	トウ ただす
	《董》	13二	354220 B9EF				トウ ただす
	蒁	13対	356030 B9EE		蒁		シュツ、イツ、リツ
	蓑	13二	355660 84D1	1-4412 96AA		蓑 蓑 蓑 蓑 蓑 蓑 蓑 蓑 蓑	サ、サイ みの
	《蓑》	14二	357390 BA12			蓑 蓑	サ、サイ みの
	蒲	13二	355430 84B2	1-1987 8A97		蒲	ホ、ブ がま
	《蒲》	14二	356900 BA14				ホ、ブ がま
	蓮	13二	355700 84EE	1-4701 9840		蓮	レン はす
	蔭	14二	358260 852D	1-1694 88FC			イン、オン かげ
	《蔭》	15二	359870 BA2E			蔭▲ 蔭 蔭 蔭 蔭	イン、オン かげ
	《蔭》	16二	363350 BA47				イン、オン かげ ※一説に「蔭」の俗字。
	蒜	14対	356430 BA13		蒜		サン ひる、のびる

《》内は従前子の名に用いることのできた字体。（）内は左に含まれない正字等。
▲印は漢和辞典登載の俗字。

		（藏）	蔵	䔏	莝	⦅蕨⦆	蕨	〈蓬〉	蓬	蒨	〈蒋〉	蔣
		17一	15一	15対	15対	16二	15二	13対	14対	14対	13対	14対
		365090 85CF	357890 8535	358690 450F	360280 BA2F	362280 BA48	360690 8568	355790 84EC	358300 BA1D	356690 B9FD	355720 848B	552640 8523
		1-7322 E555	1-3402 91A0				1-4747 986E		1-4309 9648		1-3053 8FD3	1-9122 EE55
				䔏	莝					蒨		
臧 蔵	藏 藏 蔵 藏 臧 藏 藏 藏 蔵	藏▲ 藏 蔵 藏 藏 藏 藏 藏 藏	蔵 蔵			蕨						
		ゾウ くら ※「蔵」の旧字体。	ゾウ くら	シュウ、シュ	サ もろい	ケツ わらび	ケツ わらび	ホウ、ボウ よもぎ	ホウ、ボウ よもぎ ※人名用漢字。	セン あかね	ショウ	ショウ ※人名用漢字。

 ︵︶内は戸籍法施行規則別表二の二に掲げる字体。⦅⦆内は子の名に用いることのできない参考字体。

〈〉及び◇内は平成２年民二第5200号通達別表の正字等。◉印は申出により訂正を認める別字。

部首	正字等	画数区分	戸籍 住基	面区点 SJIS	俗字等(5202通知)	戸籍に記載されている文字(2842通達)	音訓・備考(※)
艸部(艹、艹)	蓫	15対	358700 84EB		蓫		チク、キク
	蔽	15対	552650 BA1E	1-4235 95C1			ヘイ ※常用漢字。
	〈蔽〉	15対	360410 853D				ヘイ おおう
	薫	16一	362910 85AB	1-2316 8C4F		薫 薫 薫 薫 薫 薫 薫 薫 薫	クン かおる
						薫 薫	
	(薰)	17一	365180 85B0	1-9132 EE5F		薰 薰	クン かおる ※「薫」の旧字体。
	薦	16一	362890 85A6	1-3306 9145		薦	セン すすめる
	薄	16一	362880 8584	1-3986 9496		薄 薄 薄	ハク うすい、うすめる、うすまる うすらぐ、うすれる
	《薄》	16一	363360 BA52				ハク うすい、うすめる、うすまる うすらぐ、うすれる ※「薄」の旧字体。
	蕸	17対	363580 BA67		蕸		カ、ケ ※はすの葉の意。
	薖	17対	364160 8596		薖		カ
	薊	17三	363960 BA68			薊▲	ケイ あざみ

《》内は従前子の名に用いることのできた字体。〈〉内は左に含まれない正字等。
▲印は漢和辞典登載の俗字。

藁	《藁》	薩	〈薩〉	薯	《薯》	蓫	蓬	薳	（藝）
17二	18二	17対	17対	17対	16対	17対	17対	18対	18一
365030 85C1	365660 BA7D	365110 BA70	364920 85A9	365120 BA72	363280 85AF	363690 BA69	364200 BA6A	365390 85B3	366520 85DD
1-4746 986D		1-2707 8E46		1-2982 8F92					1-7326 E559
						蓫	蓬	薳	
	藁 藁 藁								藝 藝
コウ わら	コウ わら	サツ、サチ ※人名用漢字。	サツ、サチ	ショ	ショ	スイ ほ	タツ、タチ おおばこ	イ、エン ひめはぎ	ゲイ ※「芸」の旧字体。

（　）内は戸籍法施行規則別表二の二に掲げる字体。《　》内は子の名に用いることのできない参考字体。
〈　〉及び《　》内は平成２年民二第5200号通達別表の正字等。◉印は申出により訂正を認める別字。

部首	艸部（艹、艹）											
正字等	藤	︵藤︶			︵藥︶	藍	蔗	蘇	︵蘇︶	︵蘓︶	藪	《薮》
画数 区分	18一	19一			18一	18一	19対	19二	20二	19二	19三	16三
戸籍	366460	367200			366550	366480	367250	367810	368490	367890	367280	363300
住基	85E4	BA8F			85E5	85CD	BA90	8607	BA9E	8613	BA91	85AE
面区点	1-3803				1-7327	1-4585		1-3341		1-7331		1-4489
SJIS	93A1				E55A	9795		9168		E55E		96F7
俗字等（5202通知）						藍	蔗					
戸籍に記載されている文字（2842通達）	藤 藤 藤 藤 藤 藤 藤 藤 藤	藤 藤 藤 藤 藤 藤 藤 藤 藤	藤 藤 藤 藤 藤 藤 藤 藤 藤	藤 藤 藤 藤 藤 藤 藤	藥	藍		蘇 蘇 蘇▲ 蘇			藪 藪 藪 藪 藪 藪 藪 藪	
音訓・備考（※）	トウ ふじ	トウ ふじ ※「藤」の旧字体。			ヤク くすり ※「薬」の旧字体。	ラン あい	シャ	ソ よみがえる	ソ よみがえる	ソ よみがえる	ソウ、ス さわ、やぶ	ソウ、ス さわ、やぶ

︵︶内は従前子の名に用いることのできた字体。《》内は左に含まれない正字等。
▲印は漢和辞典登載の俗字。

虍(⻁)部　虫部

字	画数	番号	コード	区点	コード	戸籍法施行規則別表	参考字体	読み・備考
藷	19対	367900	BA96	1-2983	8F93			ショ
《藷》	18対	366660	85F7					ショ
藹	19対	367160	BA92			藹		テキ ※「荻」と同字。
藹	20三	368210	BA9C				藹	アイ
蘂	20対	368330	BA9D			蕋		ズイ しべ ※一説に「蕊」の俗字。
蘆	21対	369970	BAA7			蘆		キョ、ク
虎	8一	371610	864E	1-2455	8CD5		虎 虎 虎 虎 虎 虎 虎	コ とら
虔	10三	371830	BAB3	1-7342	E569		虔	ケン つつしむ
虫	6一	373110	866B	1-3578	928E	虫	虫▲	チュウ むし
蚊	10一	373650	868A	1-1867	89E1		蚊	カ
蛸	13対	376150	BACA	1-3493	91FB			ソウ、ショウ たこ
《蛸》	13対	376790	86F8					ソウ、ショウ たこ
蜻	14対	377610	873B	1-7381	E591	蜻		セイ、ショウ とんぼ

︶内は戸籍法施行規則別表二の二に掲げる字体。︶内は子の名に用いることのできない参考字体。

〈〉及び〈〉内は平成2年民二第5200号通達別表の正字等。◉印は申出により訂正を認める別字。

部首	虫部											
正字等	蜜	蝦	蝕	《蝕》	蝶	融	䗦	蟬	〈蝉〉	蟹	蟻	蠅
画数 区分	14一	15二	15対	14対	15二	16一	17対	18二	15二	19二	19三	19対
戸籍 住基	377010 871C	378790 8766	378440 BAD6	378180 8755	379100 8776	379790 878D	381260 45E6	382370 87EC	379410 8749	383020 87F9	383060 87FB	383240 8805
面区点 SJIS	1-4410 96A8	1-1860 89DA	1-3110 9049		1-3619 92B1	1-4527 975A		1-9166 EE82	1-3270 90E4	1-1910 8A49	1-2134 8B61	
俗字等（5202通知）							蠭					
戸籍に記載されている文字（2842通達）	蜜	蝦 蝦 蝦 蝦 蝦 蝦 蝦			蝶◉	融 融 融 融 融 融		蟬		蟹 蟹 蟹	蟻	
音訓・備考（※）	ミツ	カ、ゲ がま	ショク むしばむ	ショク むしばむ	チョウ	ユウ	ホウ はち ※「蠭」と同字。→「蜂」。	セン、ゼン せみ	セン、ゼン せみ	カイ かに	ギ あり	ヨウ はえ

〈〉内は従前子の名に用いることのできた字体。《》内は左に含まれない正字等。
▲印は漢和辞典登載の俗字。

衣（衤）部		行部		血部								
補	袴	〔衞〕	衛	衆	衄	蠭	[illegible]	〈蝋〉	蠟	《蛎》	蠣	《蝿》
12一	11二	16一	16一	12一	10対	23対	22対	14対	21対	11三	21三	15対
390070 88DC	389290 88B4	387540 885E	387530 885B	386450 8846	386320 8844	385090 882D	384810 BAF5	378070 874B	384330 881F	375070 86CE	384460 BAF2	379420 877F
1-4268 95E2	1-2451 8CD1	1-7444 E5CA	1-1750 8971	1-2916 8F4F	1-7440 E5C6			1-4725 9858	1-9171 EE87	1-1934 8A61		1-3972 9488
		衞			衂	蠭	[illegible]					
補 補	袴 袴▲ 袴 袴 袴	衞▲ 衞 衞 衞▲ 衞 衞 衞 衞	衛 衛 衛 衛 衛▲	眾 衆						蛎		
ホ おぎなう	コ はかま ※「絝」と同字。	エイ まもる ※「衛」の旧字体。	エイ	シュウ、シュ	ジク はなぢ	ホウ はち ※「蜂」の古字。「蠭」と同字。	イ	ロウ みつろう	ロウ みつろう ※人名用漢字。	レイ かき ※元来「蠣」の俗字。	レイ かき	ヨウ はえ

〔〕内は戸籍法施行規則別表二の二に掲げる字体。〔〕内は子の名に用いることのできない参考字体。

〈〉及び《》内は平成2年民二第5200号通達別表の正字等。◉印は申出により訂正を認める別字。

部首	正字等	画数 区分	戸籍 住基	面区点 SJIS	俗字等（5202通知）	戸籍に記載されている文字（2842通達）	音訓・備考（※）
衣部（衤）	裕	12一	389980 88D5	1-4521 9754		裕（異体6種）	ユウ
	裾	13一	390740 88FE	1-3194 909E		裾（異体）	すそ
	裏	13一	390200 88CF	1-4602 97A0	裏（異体）	裏（異体） 裏（異体） 裏（異体）▲	リ うら
	褪	15対	392050 892A	1-7484 E5F2	褪（異体）		タイ、トン あせる、ぬぐ
	䙜	16対	392690 465C		䙜（異体）		ホウ ぬう ※「縫」と同字。
	褳	16対	392780 8933		褳（異体）		レン
	襄	17三	392930 8944	1-7487 E5F5		襄（異体）	ショウ、ジョウ のぼる
	襖（異体）	18対	393550 BB27	1-1808 89A6			オウ わたいれ、ふすま ※人名用漢字。
	〈襖〉	17対	393400 8956				オウ わたいれ、ふすま
	襚	18対	393630 895A		襚（異体）		スイ、ズイ
	⿰衤遺	21対	394450 BB2D		⿰衤遺（異体）		イ、ユイ ころも
	襲	22一	394540 8972	1-2917 8F50		襲（異体）	シュウ おそう

◯内は従前子の名に用いることのできた字体。◯内は左に含まれない正字等。
▲印は漢和辞典登載の俗字。

部	字	画数	番号	コード	区点・コード	別表字形	字形	読み
襾(覀)部	西	6一	395020	897F	1-3230 90BC	襾	覀 西	セイ、サイ にし
	覆	18一	395470	8986	1-4204 95A2		覆◉	フク おおう、くつがえす くつがえる
	《覆》	18一	395480	BB32				フク おおう、くつがえす、くつがえる ※「覆」の旧字体。
見部	規	11一	395710	898F	1-2112 8B4B	規	規 規▲	キ
	親	16一	396770	89AA	1-3138 9065		親	シン おや、したしい、したしむ
	〈覺〉	20一	397390	89BA	1-7520 E653		覺 覺 覺 覺 覺 覺 覺 覺 覺	カク おぼえる、さます、さめる さとる ※「覚」の旧字体。
							覚 覚	
角部	角	7一	397750	89D2	1-1949 8A70	角	角▲ 角	カク かど、つの
	解	13一	398430	89E3	1-1882 89F0	觧	解	カイ、ゲ とく、とかす、とける
	〈觸〉	20一	399620	89F8	1-7529 E65C		觸	ショク ふれる、さわる ※「触」の旧字体。
言部	記	10一	400260	8A18	1-2113 8B4C		記◉ 記	キ しるす
	詰	13一	402330	8A70	1-2145 8B6C		詰◉	キツ つめる、つまむ、つむ
	詢	13二	402050	8A62	1-7546 E66D		詢	ジュン、シュン はかる、まこと

〔〕内は戸籍法施行規則別表二の二に掲げる字体。《》内は子の名に用いることのできない参考字体。

〈〉及び〈〉内は平成２年民二第5200号通達別表の正字等。◉印は申出により訂正を認める別字。

部首	正字等	画数区分	戸籍	住基	面区点	SJIS	俗字等(5202通知)	戸籍に記載されている文字(2842通達)	音訓・備考(※)
言部	詳	13一	402390	8A73	1-3060	8FDA		詳	ショウ くわしい
	誠	13一	402890	8AA0	1-3231	90BD		誠	セイ まこと
	《誠》	14一	403400	BB64					セイ まこと ※「誠」の旧字体。
	誓	14一	403170	8A93	1-3232	90BE		誓	セイ ちかう
	誼	15二	404140	8ABC	1-2135	8B62		誼	ギ よしみ
	諏	15二	404590	8ACF	1-3159	907A		諏 諏	シュ、ス、ソウ はかる
	諄	15二	404320	8AC4	1-7557	E678	諄	諄▲	ジュン、シュン ねんごろ
	諸	15一	405010	8AF8	1-2984	8F94		諸	ショ
	(諸)	16一	405600	FA22	1-9214	EEAC			ショ もろもろ ※「諸」の旧字体。
	諫	16対	405400	8AEB	1-7561	E67C			カン、ケン いさめる
	《諌》	15対	404530	8ACC	1-2050	8AD0			カン、ケン いさめる
	諺	16対	405640	BB70	1-2433	8CBF			ゲン ことわざ ※人名用漢字。

()内は従前子の名に用いることのできた字体。《》内は左に含まれない正字等。
▲印は漢和辞典登載の俗字。

〈諺〉	諭	〖諭〗	謙	〖謙〗	謎	〈謎〉	（謠）	（謹）	謬	《謬》	謨	護
16対	16一	16一	17一	17一	17対	16対	17一	18一	18対	18対	18三	20一
406000 8AFA	405440 8AED	405430 BB71	406570 8B19	406560 BB7F	406370 BB80	406020 8B0E	406680 8B20	407500 FA63	407220 BB8B	407730 8B2C	407140 BB8C	409060 8B77
	1-4501 9740		1-2412 8CAA		1-3870 93E4		1-7579 E68F	1-9216 EEAE	1-4121 9554			1-2478 8CEC
	諭 諭 諭 諭 諭		謙 謙 謙 謙 謙 謙 謙 謙	謙 謙			謠	謹 謹 謹			謨	護 護 護▲
ゲン ことわざ	ユ さとす	ユ さとす ※「諭」の旧字体。	ケン	ケン へりくだる ※「謙」の旧字体。	なぞ ※常用漢字。	メイ、ベイ なぞ	ヨウ うたい、うたう ※「謡」の旧字体。	キン つつしむ ※「謹」の旧字体。	ビュウ あやまる	ビュウ あやまる	ボ、モ はかる	ゴ

〔 〕内は戸籍法施行規則別表二の二に掲げる字体。〖 〗内は子の名に用いることのできない参考字体。
〈 〉及び《 》内は平成２年民二第5200号通達別表の正字等。◉印は申出により訂正を認める別字。

部首	言部								谷部	豆部		豕部
正字等	譲	（讓）	譴	[illegible]	〔譽〕	讁	讉	[illegible]	谷	豊	〔豐〕	象
画数 区分	20一	24一	21対	21対	21一	22対	23対	24対	7一	13一	18一	12一
戸籍	409040	410290	409190	409280	409420	409730	410040	410300	410740	411650	412050	412790
住基	8B72	8B93	8B74	471A	8B7D	8B81	8B89	BBA7	8C37	8C4A	8C50	8C61
面区点	1-3089	1-7610	1-7604		1-7605	2-8880			1-3511	1-4313	1-7620	1-3061
SJIS	8FF7	E6A8	E6A2		E6A3	F9EE			924A	964C	E6B2	8FDB
俗字等（5202通知）		讓	譴	[illegible]		讁	讉	[illegible]				
戸籍に記載されている文字（2842通達）	譲 譲	讓▲ 讓 讓 讓 讓 讓 讓 讓			譽 譽 譽 譽 譽 譽 譽 譽				谷 谷		豐 豐 豐	象
音訓・備考（※）	ジョウ ゆずる	ジョウ ゆずる ※「譲」の旧字体。	ケン せめる	トウ	ヨ ほまれ、ほめる ※「誉」の旧字体。	タク せめる	イ、ユイ	バイ	コク たに	ホウ ゆたか	ホウ ゆたか ※「豊」の旧字体。	ショウ、ゾウ

〔〕内は従前子の名に用いることのできた字体。（）内は左に含まれない正字等。
▲印は漢和辞典登載の俗字。

貝部

漢字	画数	コード	JIS	戸籍法別表字体	参考字体	読み
豪	14一	413150 8C6A	1-2575 8D8B		豪 豪	ゴウ
貞	9一	415750 8C9E	1-3671 92E5		貞 貞	テイ
負	9対	415800 8CA0	1-4173 9589	負		フ まける、まかす、おう ※常用漢字。
貢	10一	415840 8CA2	1-2555 8D76		貢	コウ、ク みつぐ
財	10一	415830 8CA1	1-2666 8DE0	戝	戝▲	ザイ、サイ
賀	12一	416510 8CC0	1-1876 89EA		賀	ガ
貴	12一	416300 8CB4	1-2114 8B4D		貴 貴 貴	キ たっとい、とうとい たっとぶ、とうとぶ
賜	15一	417520 8CDC	1-2782 8E92		賜	シ たまわる
質	15一	417460 8CEA	1-2833 8EBF		貭	シツ、シチ、チ
睛	15対	417710 477C		睛		セイ、ショウ たまう
賤	15対	417680 8CE4	1-7645 E6CB			セン、ゼン いやしい
《賎》	13対	417070 8CCE	1-3308 9147			セン、ゼン いやしい
賢	16一	417640 8CE2	1-2413 8CAB	賢	賢 賢 賢▲ 賢 賢	ケン かしこい

［］内は戸籍法施行規則別表二の二に掲げる字体。［］内は子の名に用いることのできない参考字体。

〈〉及び《》内は平成２年民二第5200号通達別表の正字等。◉印は申出により訂正を認める別字。

部首	正字等	画数 区分	戸籍 住基	面区点 SJIS	俗字等（5202通知）	戸籍に記載されている文字（2842通達）	音訓・備考（※）
貝部	賭	16対	417940 BBCC	1-3750 9371			ト かける ※常用漢字
	〈賭〉	15対	417860 8CED				ト かける
	（賴）	16一	418080 8CF4	1-9226 EEB8		頼	ライ たのむ、たのもしい、たよる ※「頼」の旧字体。
	贄	18三	418580 8D04	1-7651 E6D1		贄	シ にえ
	贇	19三	418600 8D07	1-7654 E6D4		贇	イン
	⿰貝遂	20対	419060 BBD8		⿰貝遂		スイ おくりもの
	贓	21対	419170 8D13	1-7659 E6D9	賍		ゾウ、ソウ かくす
	⿰貝遺	23対	419370 BBDE		⿰貝遺		イ ※「遺」と同字。
走部	起	10一	420160 8D77	1-2115 8B4E		起 起 [illegible]	キ おきる、おこる、おこす
	赳	10二	420230 BBE5	1-7666 E6E0	赳	赳 赳▲	キュウ
	越	12一	420810 8D8A	1-1759 897A		越 越 越 越 趆 趆◉ 越 越 越 越 越 越 越	エツ こす、こえる

〔〕内は従前子の名に用いることのできた字体。〈〉内は左に含まれない正字等。
▲印は漢和辞典登載の俗字。

足（⻊）部		身部			車部							
路	踶	躬	軀	《躯》	軌	輒	輔	輝	輤	輪	輿	轙
13一	17対	10三	18対	11対	9一	14対	14二	15一	15対	15一	17二	20対
425040 8DEF	427340 8E46	430550 8EAC	431580 8EC0	430760 8EAF	432000 8ECC	433690 8F12	433740 8F14	434040 8F1D	434210 BC1B	434300 8F2A	435040 8F3F	435960 BC26
1-4709 9848		1-7727 E75A	1-9242 EEC8	1-2277 8BEB	1-2116 8B4F	1-7744 E76B	1-4269 95E3	1-2117 8B50		1-4656 97D6	1-4533 9760	
	踶				軌	輙			輤			轙
路		躬 躬			⿰車几▲		⿰犭甫 輔 誧◉	煇 煇 ⿰米軍 禈 煇 煇 ⿰軍光		輪 輪	輿	
ロ じ	タイ ※「腿」と同字。	キュウ、ク み	ク からだ	ク からだ	キ	チョウ すなわち	ホ、フ、ブ たすける	キ かがやく	セン	リン わ	ヨ こし	スイ、ズイ

⌒内は戸籍法施行規則別表二の二に掲げる字体。⌒内は子の名に用いることのできない参考字体。
◇及び◇内は平成２年民二第5200号通達別表の正字等。◉印は申出により訂正を認める別字。

部首	正字等	画数 区分	戸籍 住基	面区点 SJIS	俗字等（5202通知）	戸籍に記載されている文字（2842通達）	音訓・備考（※）
車部	轟	21 二	436210 8F5F	1-2576 8D8C	軣	軣▲	ゴウ とどろく
	轡	22 三	436330 8F61	1-2305 8C44		轡 轡 轡	ヒ たずな、くつわ
辛部	辞	13 一	436890 8F9E	1-2813 8EAB		辞	ジ やめる
辰部	辰	7 二	437360 8FB0	1-3504 9243	辰	辰 辰 辰▲ 辰▲ 辰 辰 辰 辰	シン、ジン たつ
	農	13 一	437440 8FB2	1-3932 945F		農 農	ノウ
辵部（辶、⻌）	込	5 一	437650 8FBC	1-2594 8D9E		込 込	こむ こめる
	《込》	6 一	437760 BC2E				こむ こめる ※「込」の旧字体。
	辷	5 対	437630 8FB7	1-7772 E788	辷		すべる ※国字。
	边	6 対	437680 BC2C		边		キ わだち ※「軌」の古字。
	辻	6 対	437750 BC2F	1-3652 92D2			つじ ※人名用漢字。
	〈辻〉	5 対	437660 8FBB				つじ
	迆	7 対	438020 8FC6	2-8977 FA8D	迆		イ

〈〉内は従前子の名に用いることのできた字体。《》内は左に含まれない正字等。
▲印は漢和辞典登載の俗字。

文字	画数	コード	JIS	字形	字形	読み・備考
迃	7対	437980 8FC3		迃		ウ ※「迂」の本字。
迂	7対	437970 BC38	1-1710 8949			ウ まわりどおい ※人名用漢字。
〈迂〉	6対	437790 8FC2				ウ まわりどおい
迄	7対	437990 BC36	1-4388 9698			キツ いたる、まで ※人名用漢字。
〈迄〉	6対	437800 8FC4				キツ いたる、まで
近	7一	438090 8FD1	1-2265 8BDF			キン ちかい
《近》	8一	438450 BC4B			近 迊	キン ちかい ※「近」の旧字体。
迎	7一	438080 8FCE	1-2362 8C7D			ゲイ むかえる
《迎》	8一	438410 BC4C			迎	ゲイ むかえる ※「迎」の旧字体。
达	7対	437920 8FBE		达		タツ、タチ、タイ とおる ※「達」と同字。→「達」。
辿	7対	437930 BC37	1-3509 9248			テン たどる ※人名用漢字。
〈辿〉	6対	437780 8FBF				テン たどる
辻	7対	437900 BC30		辻		ト かち ※「徒」の本字。

 〈〉内は戸籍法施行規則別表二の二に掲げる字体。《》内は子の名に用いることのできない参考字体。

〈〉及び《》内は平成2年民二第5200号通達別表の正字等。◉印は申出により訂正を認める別字。

部首	正字等	画数 区分	戸籍 住基	面区点 SJIS	俗字等（5202通知）	戸籍に記載されている文字（2842通達）	音訓・備考（※）
辵部（辶、辶）	返	7 一	438100 8FD4	1-4254 95D4		返	ヘン かえす、かえる
	《返》	8 一	438500 BC4D				ヘン かえす、かえる ※「返」の旧字体。
	迋	8 対	438300 8FCB		迋		オウ、キャク、キョウ ゆく
	迓	8 対	438480 BC41		迓		ガ、ギョ むかえる
	迕	8 対	438510 8FD5	2-8982 FA92	迕		ゴ さからう、そむく
	迒	8 対	438470 8FD2		迒		コウ、ゴウ あしあと、わだち
	𨑕	8 対	438490 BC3F		𨑕		シ うつる、うつす
	述	8 一	438660 8FF0	1-2950 8F71		述◉	ジュツ のべる
	迊	8 対	438280 8FCA	2-8979 FA8F	迊		ソウ
	迍	8 対	438400 8FCD	2-8980 FA90	迍		チュン、トン ゆきなやむ
	迪	8 二	438690 8FEA	1-7776 E78C		迪◉	テキ みち
	《迪》	9 二	439060 BC5F				テキ みち ※「迪」の旧字体。

〔〕内は従前子の名に用いることのできた字体。《》内は左に含まれない正字等。
▲印は漢和辞典登載の俗字。

文字	画数	コード	コード	別字体	読み・備考
迚	8 対	438630 8FDA	1-7773 E789	迚	とて、とても ※国字。
迫	8 一	438640 8FEB	1-3987 9497		ハク せまる
〖迫〗	9 一	439080 BC60			ハク せまる ※「迫」の旧字体。
（廹）	8 一	108250 5EF9	1-8416 EAAE		ハク ※「迫」と同字。
䢌	8 対	438290 488C		䢌	ハツ、ハチ つまずく
迤	9 対	438960 8FE4	1-9252 EED2	迤	イ、タ
迱	9 対	439140 8FF1	2-8984 FA94	迱	イ
迦	9 対	439000 BC61	1-1864 89DE		カ ※人名用漢字。
〈迦〉	8 対	438670 8FE6			カ
逆	9 一	439330 9006	1-2153 8B74		ギャク さか、さからう
〖逆〗	10 一	439830 BC78			ギャク さか、さからう ※「逆」の旧字体。
迥	9 対	438970 8FE5	1-7774 E78A	迥	ケイ、ギョウ はるか
迮	9 対	439110 8FEE	1-9254 EED4	迮	サク

送

〖〗内は戸籍法施行規則別表二の二に掲げる字体。〖〗内は子の名に用いることのできない参考字体。

〈〉及び〈〉内は平成２年民二第5200号通達別表の正字等。◉印は申出により訂正を認める別字。

部首	正字等	画数・区分	戸籍・住基	面区点・SJIS	俗字等（5202通知）	戸籍に記載されている文字（2842通達）	音訓・備考（※）
辵部（辶、⻌）	迠	9対	438880 8FE0	2-8983 FA93	迠		ショウ ゆく
	⿺辶朮	9対	438980 BC44		⿺辶朮		スイ、ツイ
	迣	9対	438940 8FE3		迣		セイ、テイ、レイ さえぎる
	⿺辶正	9対	439070 BC58		⿺辶正		セイ ゆく、うつ、たいらげる ※「征」と同字。
	䢐	9対	438870 4890		䢐		ソ ゆく ※「徂」と同字。
	迨	9対	439020 8FE8	1-9253 EED3	迨		タイ およぶ
	迢	9対	438920 8FE2	1-7775 E78B	迢		チョウ
	迡	9対	438890 8FE1		迡		デイ ちかい
	逃	9対	439320 9003	1-3808 93A6	逃		トウ にげる、にがす、のがす のがれる ※常用漢字。
	迻	10対	439700 8FFB	2-8986 FA96	迻		イ うつる、うつす ※「移」と同字。
	迴	10対	439550 8FF4	1-7779 E78F	迴		カイ めぐる、まわる ※「回」「廻」と同字。
	⿺辶灰	10対	439840 BC71		⿺辶灰		カイ ※「恢」と同字。

◯内は従前子の名に用いることのできた字体。◯内は左に含まれない正字等。
▲印は漢和辞典登載の俗字。

适	逅	迨	迿	迹	造	〔造〕	迺	透	〔透〕	逈	[illegible]	迾
10対	10対	10対	10対	10対	10一	11一	10対	10一	11一	10対	10対	10対
439780 9002	439820 9005	439710 4894	439740 BC6D	439640 8FF9	440090 9020	440630 BC93	439680 8FFA	440030 900F	440410 BC94	439580 8FF5	439860 BC73	439730 8FFE
2-8987 FA97	1-7780 E790			1-7781 E791	1-3404 91A2		1-7782 E792	1-3809 93A7		2-8985 FA95		
适	逅	迨	迿	迹			迺			逈	[illegible]	迾
						造			透			
カツ はやい	コウ あう	コウ、ゴウ いりまじる	シュン、ジュン、ケン さきんずる	セキ あと ※「跡」の本字。	ゾウ つくる	ゾウ つくる ※「造」の旧字体。	ダイ、ナイ すなわち	トウ すく、すかす、すける	トウ すく、すかす、すける ※「透」の旧字体。	トウ とおる	ユウ、ユ	レツ、レイ さえぎる

〔〕内は戸籍法施行規則別表二の二に掲げる字体。〔〕内は子の名に用いることのできない参考字体。

〈〉及び《》内は平成2年民二第5200号通達別表の正字等。◉印は申出により訂正を認める別字。

部首：辵部（辶、⻌）

正字等	画数区分	戸籍	住基	面区点	SJIS	俗字等（5202通知）	戸籍に記載されている文字（2842通達）	音訓・備考（※）
逸	11一	440870	9038	1-1679	88ED			イツ
（逸）	12一	441360	FA67	1-9257	EED7			イツ うしなう ※「逸」の旧字体。
逑	11対	440430	9011	1-7783	E793	逑		キュウ つれあい
逛	11対	440580	901B			逛		キョウ あざむく
逕	11対	440480	9015	1-7784	E794	逕		ケイ、キョウ こみち ※「徑」と同字。→「径」。
逤	11対	440670	9024			逤		サ
這	11対	440540	BC95	1-3971	9487			シャ、ゲン この、はう ※人名用漢字。
〈這〉	10対	440120	9019					シャ、ゲン この、はう
逎	11対	440390	900E	1-7805	E7A3	逎		シュウ せまる ※「遒」の古字。
逡	11対	440320	9021			逡		シュン しさる、しりぞく
逍	11対	440380	900D	1-7786	E796	逍		ショウ さまよう

（）内は従前子の名に用いることのできた字体。〈〉内は左に含まれない正字等。
▲印は漢和辞典登載の俗字。

進	〘進〙	⿺辶⿱日夂	逞	逖	逗	〈逗〉	逋	逢	〈逢〉	逄	⿺辶皃	逌
11一	12一	11対	11対	11対	11対	10対	11対	11対	10対	11対	11対	11対
440860 9032	441280 BCB6	440400 BC87	440610 BC8A	440510 9016	440520 BC96	440110 9017	440360 900B	440650 BC97	440140 9022	9004	440340 BC98	440370 900C
1-3142 9069					1-3164 9080		1-7789 E799	1-1609 88A7				2-8988 FA98
		⿺辶⿱日夂	逞	逖			逋			逄	⿺辶皃	逌
進 進												
シン すすむ、すすめる	シン すすむ、すすめる ※「進」の旧字体。	タイ ※「退」の古字。→「退」。	テイ たくましい	テキ とおい	トウ、ズ とどまる ※人名用漢字。	トウ、ズ とどまる	ホ のがれる、にげる	ホウ あう ※人名用漢字。	ホウ あう	ホウ ふさぐ	ボウ	ユウ、ユ ゆるやか、くつろぐ

〔〕内は戸籍法施行規則別表二の二に掲げる字体。〘〙内は子の名に用いることのできない参考字体。

〈〉及び〈〉内は平成２年民二第5200号通達別表の正字等。◉印は申出により訂正を認める別字。

辵部（辶、⻍）

正字等	画数・区分	戸籍・住基	面区点・SJIS	俗字等（5202通知）	戸籍に記載されている文字（2842通達）	音訓・備考（※）
逶	12対	441340 9036		逶		イ
逭	12対	441150 902D	1-9256 EED6	逭		カン のがれる
逵	12対	441330 9035	1-7792 E79C	逵		キ おおじ
逫	12対	441110 902B		逫		ケツ とおい
逪	12対	441100 902A		逪		サク まじる ※「錯」と同字。
送	12対	441290 BCAF		送		ソウ
逴	12対	441320 9034		逴		タク、チャク とおい
達	12一	441670 9054	1-3503 9242	達 達	達▲ 達▲ 達 達 達 達 達 達 達	タツ
〘達〙	13一	442650 BCD9			達	タツ、ダチ とおる、とどく ※「達」の旧字体。
逷	12対	441350 9037	2-8989 FA99	逷		テキ とおい
道	12一	441660 9053	1-3827 93B9		道 道 道 道	ドウ、トウ みち
〘道〙	13一	442370 BCDA				ドウ、トウ みち ※「道」の旧字体。

〘〙内は従前子の名に用いることのできた字体。〔〕内は左に含まれない正字等。
▲印は漢和辞典登載の俗字。

漢字	画数	コード	JIS	人名用等	字体	読み・備考
迸	12対	441140 902C		迸		ホウ、ヒョウ はしる、ほとばしる
逩	12対	441080 9029		逩		ホン はしる
遊	12一	441620 904A	1-4523 9756			ユウ、ユ あそぶ
〔遊〕	13一	442210 BCDB			遊 斿	ユウ、ユ あそぶ ※「遊」の旧字体。
逯	12対	441090 902F		逯		リョク、ロク、タイ ゆく
遏	13対	442310 904F	1-7801 E79F	遏		アツ、カツ とめる、とどめる、やめる
適	13対	442540 9056	1-7808 E7A6	適		あっぱれ ※国字。
違	13一	442610 9055	1-1667 88E1	違		イ ちがう、ちがえる
〔違〕	14一	442390 BCDC		違	違▲	イ ちがう、ちがえる、たがう ※「違」の旧字体。
遠	13一	442580 9060	1-1783 8993		遠 遠 遠 遠▲ 遠 遠 遠 遠 遠	エン、オン とおい
〔遠〕	14一	442990 BCFE			遠 遠 遠	エン、オン とおい ※「遠」の旧字体。
遐	13対	442320 9050		遐		カ とおい、なんぞ
遷	13対	442270 904C		遷		ガク、ゴ であう

 ⌒内は戸籍法施行規則別表二の二に掲げる字体。⌒内は子の名に用いることのできない参考字体。
◇及び◇内は平成２年民二第5200号通達別表の正字等。◉印は申出により訂正を認める別字。

部首	正字等	画数区分	戸籍住基	面区点 SJIS	俗字等（5202通知）	戸籍に記載されている文字（2842通達）	音訓・備考（※）
辵部（辶、⻌）	遑	13対	442330 9051	1-7803 E7A1	遑		コウ いとま
	遒	13対	442350 9052	1-7804 E7A2	遒		シュウ せまる、つよい
	遂	13対	442120 BCC9		遂		スイ とげる ※「遂」の旧字体。〔 〕。
	遀	13対	442070 9040		遀		ズイ したがう ※「随」の古字。
	遄	13対	442150 9044	2-8992 FA9C	遄		セン、ゼン
	⿺辶⿱日夂	13対	442830 BCCF		⿺辶⿱日夂		タイ ※「退」「退」の古字。→「退」。
	遉	13対	442200 9049	1-7806 E7A4	遉		テイ さすがに
	⿺辶重	13対	442010 BCDE		⿺辶重		トウ、ドウ うごく ※「動」の古字。
	逿	13対	442050 903F		逿		トウ すぎる
	遁	13対	442090 BCE8				トン、ドン、シュン のがれる ※人名用漢字。
	〈遁〉	12対	441690 9041				トン、ドン、シュン のがれる
	逼	13対	442000 BCE0	1-4115 954E			ヒツ、ヒョク せまる

〔〕内は従前子の名に用いることのできた字体。〈〉内は左に含まれない正字等。
▲印は漢和辞典登載の俗字。

《逼》	12対	441680 903C			ヒツ、ヒョク せまる
逬	13対	442300 BCE1		逬	ホウ はしる、ほとばしる
逾	13対	442040 903E	1-7807 E7A5	逾	ユ、トウ こえる、いよいよ
逌	13対	442080 BCE2		逌	ユウ、ユ ゆるやか
遌	14対	442950 BCF4		遌	ガク、ゴ
遘	14対	442840 BCEC		遘	コウ あう、まみえる
⿺辶窄	14対	442920 BCF2		⿺辶窄	サク
遡	14対	443000 BCFF	1-3344 916B		ソ さかのぼる ※常用漢字。
〈遡〉	13対	442620 9061			ソ さかのぼる
遜	14対	443230 BD00	1-3429 91BB		ソン ※常用漢字。
〈遜〉	13対	442570 905C			ソン ゆずる、へりくだる
遟	14対	442980 905F		遟	チ おそい ※「遲」と同字。→「遅」。
遞	14対	442970 905E	1-7810 E7A8	遞	テイ たがいに ※「逓」の旧字体。〔 〕。

〔 〕内は戸籍法施行規則別表二の二に掲げる字体。〔 〕内は子の名に用いることのできない参考字体。
〈 〉及び〈 〉内は平成２年民二第5200号通達別表の正字等。◉印は申出により訂正を認める別字。

部首	正字等	画数区分	戸籍 住基	面区点 SJIS	俗字等（5202通知）	戸籍に記載されている文字（2842通達）	音訓・備考（※）
辵部（辶、辶）	遝	14対	442960 905D	2-8993 FA9D	遝		トウ
	遢	14対	443320 C0FE		遢		トウ
	道	14対	443050 BCF8		道		ドウ みち ※「道」の本字。
	遙	14対	442880 9059	1-8403 EAA1	遙		ヨウ はるか ※人名用漢字。
	遛	14対	442900 905B		遛		リュウ とどまる ※「遛」と同字。
	遨	15対	443430 9068	1-7811 E7A9	遨		ゴウ あそぶ
	遳	15対	443630 BD16		遳		サ
	⿺辶責	15対	443500 BD0B		⿺辶責		サク、セキ
	𨗨	15対	443390 BD05		𨗨		シュツ みちびく ※「率」と同字。→「率」。
	遧	15対	443420 9067		遧		ショウ あきらか
	遬	15対	443490 906C		遬		ソク すみやか
	遰	15対	443590 9070		遰		テイ、セイ、タイ さる

（ ）内は従前子の名に用いることのできた字体。〔 〕内は左に含まれない正字等。
▲印は漢和辞典登載の俗字。

邁	邇	〔遲〕	選	遷	𨘢	遶	遵	遻	遹	𨖍	𨗉	遯
16対	16対	16一	16対	16対	16対	16対	16対	16対	16対	16対	15対	15対
444530 9081	444180 BD32	444070 9072	444200 BD31	444170 BD30	444410 48AB	444160 9076	444120 BD2F	444280 907B	444220 9079	444300 BD2E	444020 BD08	443580 BD14
1-7818 E7B0		1-7815 E7AD				1-7813 E7AB						
邁	邇	遲	選	遷	𨘢	遶	遵	遻	遹	𨖍	𨗉	遯
		遲										
バイ、マイ ゆく	チツ、ジツ、ジ ちかい	チ おくれる、おくらす、おそい ※「遅」の旧字体。〔 〕。	セン えらぶ ※「選」の旧字体。〔 〕。	セン うつる、うつす ※「遷」の旧字体。〔 〕。	ズイ したがう ※「随」の本字。→「随」。	ジョウ、ショウ めぐる	ジュン したがう ※「遵」の旧字体。〔 〕。	ガク、ゴ であう	イツ、シュツ したがう	イ	ヨウ ※「遙」と同字。	トン、ドン のがれる ※元「遁」と同字。

 〔 〕内は戸籍法施行規則別表二の二に掲げる字体。〔 〕内は子の名に用いることのできない参考字体。
◇及び◇内は平成２年民二第5200号通達別表の正字等。◉印は申出により訂正を認める別字。

部首	正字等	画数 区分	戸籍 住基	面区点 SJIS	俗字等（5202通知）	戸籍に記載されている文字（2842通達）	音訓・備考（※）
辵部（⻌、⻍）	遛	16対	444190 BD33		遛		リュウ、ル とどまる ※「遛」の本字。
	邂	17対	444810 9082	1-7816 E7AE	邂		カイ あう
	遽	17対	444710 BD3C		遽		キョ にわか、すみやか あわただしい
	邅	17対	444830 9085	2-9002 FAA0	邅		テン ゆきなやむ
	邆	17対	444850 BD42		邆		トウ、ドウ
	邀	17対	444780 9080	1-7819 E7B1	邀		ヨウ、キョウ むかえる、もとめる
	遴	17対	444990 9074		遴		リン なやむ
	邇	18対	445110 9087	1-7778 E78E	邇		ジ、ニ ちかい
	《迩》	8 対	438680 8FE9	1-3886 93F4			ジ、ニ ちかい
	邃	18対	445090 C0D7		邃		スイ おくぶかい
	𨘼	18対	445140 BD5B		𨘼		テキ
	邈	18対	445160 9088	1-9258 EED8	邈		バク、マク はるか ※「邈」と同字。

◯内は従前子の名に用いることのできた字体。◯内は左に含まれない正字等。
▲印は漢和辞典登載の俗字。

〔邊〕		〈邉〉			[illegible]	邋	邌	邍	[illegible]	[illegible]	[illegible]	邎
19一		17一			19対	19対	19対	20対	20対	21対	22対	22対
445400 908A		445000 9089			445410 BD6C	445420 908B	445430 908C	445610 908D	445620 BD71	445700 BD74	445920 BD77	445810 908E
1-7820 E7B2		1-7821 E7B3					2-9003 FAA1					
邊					[illegible]	邋	邌	邍	[illegible]	[illegible]	[illegible]	邎
[illegible]	[illegible]	[illegible]	[illegible]	[illegible]								
ヘン あたり、べ、ほとり ※「辺」の旧字体。		ヘン あたり、べ			ヘン ※「邊」の本字。↓「辺」。	リョウ、ロウ くじく	レイ おもむろ	ゲン	バク はるか ※「邈」と同字。	ユウ、ユ ※「邎」と同字。	カン のがれる	ユウ ※「[illegible]」と同字。

 〔〕内は戸籍法施行規則別表二の二に掲げる字体。〔〕内は子の名に用いることのできない参考字体。

〈〉及び〈〉内は平成２年民二第5200号通達別表の正字等。◉印は申出により訂正を認める別字。

部首	正字等	画数区分	戸籍住基	面区点SJIS	俗字等（5202通知）	戸籍に記載されている文字（2842通達）	音訓・備考（※）
辵部（辶、⻌）	〓	23対	445950 BD7B		〓		セン ※「遷」の本字。→「遷」。
	〓	23対	445960 BD7F		〓		バイ、マイ ※「邁」と同字。
	邏	23対	445970 908F	1-7822 E7B4	邏		ラ めぐる、みまわる ※「羅」と同字。
	邐	23対	445980 9090	2-9004 FAA2	邐		リ つらなる
	〓	24対	446020 BD7D		〓		シン ※「進」の古字。→「進」。
邑部（阝）	邨	7三	446520 90A8	1-7823 E7B5		〓	ソン、トン むら ※「村」の本字。
	那	7一	446610 90A3	1-3865 93DF		〓（那・〔那〕共通）	ナ
	〔〓〕	7一	446450 BD82				ナ ※「那」の旧字体。
	邦	7一	446500 90A6	1-4314 964D	〓	〓▲ 〓 〓 〓 〓 〓 〓 〓（邦・〔邦〕共通）	ホウ
	〔〓〕	7一	446630 BD83				ホウ くに ※「邦」の旧字体。
	邑	7二	446330 9091	1-4524 9757		〓	ユウ むら
	郁	9二	447090 90C1	1-1674 88E8		〓 〓	イク

〔〕内は従前子の名に用いることのできた字体。〔〕内は左に含まれない正字等。
▲印は漢和辞典登載の俗字。

酉部

字	画数・区分	番号	JIS	字体	読み・備考
郊	9一	447270 90CA	1-2557 8D78	郊	コウ
郎	9一	447400 90CE	1-4726 9859	郎	ロウ
郡	10一	447730 90E1	1-2320 8C53	郡	グン
郷	11一	448330 90F7	1-2231 8BBD	郷 郷 郷	キョウ、ゴウ
〔鄕〕	13一	449250 9115		鄕 鄕 鄕	キョウ、ゴウ ※「郷」の旧字体。
部	11一	447980 90E8	1-4184 9594	部	ブ
鄙	14三	449430 9119	1-7833 E7BF	鄙	ヒ ひな
鄭	15対	450000 BD9D			テイ、ジョウ ※人名用漢字。
〈鄭〉	15対	450200 912D			テイ、ジョウ
酉	7二	451370 9149	1-3851 93D1	酉	ユウ とり
酋	9対	451410 BDA2	1-2922 8F55		シュウ おさ
《酋》	9対	451440 914B			シュウ おさ
酒	10一	451550 9152	1-2882 8EF0	酒 酒 酒	シュ さけ、さか

⌒内は戸籍法施行規則別表二の二に掲げる字体。⌒内は子の名に用いることのできない参考字体。
◇及び◇内は平成２年民二第5200号通達別表の正字等。◉印は申出により訂正を認める別字。

部首	正字等	画数 区分	戸籍 住基	面区点 SJIS	俗字等（5202通知）	戸籍に記載されている文字（2842通達）	音訓・備考（※）
酉部	酬	13一	452360 916C	1-2923 8F56		酬	シュウ
	醇	15二	452930 9187	1-2970 8F86		醇 醇	ジュン
	醚	17対	453570 919A		醚		ビ、メイ
	醬	18対	454060 91AC	1-9289 EEF7			ショウ ひしお ※人名用漢字。
	〈醤〉	17対	453830 91A4	1-3063 8FDD			ショウ ひしお
	醱	19対	454390 91B1	1-9290 EEF8			ハツ かもす
	《醗》	16対	453460 9197	1-4016 94AE			ハツ かもす
里部	重	9一	455450 91CD	1-2937 8F64	重	重 重 重 重 重 重 重 重	ジュウ、チョウ え、おもい かさねる、かさなる
	野	11一	455480 91CE	1-4478 96EC		野 野	ヤ の
	⸨𡌛⸩	12一	060330 3652			𡌛▲ 𡌛 𡌛	ヤ の ※「野」と同字。一説に俗字。
	量	12一	455540 91CF	1-4644 97CA		量	リョウ はかる
金部	金	8一	455700 91D1	1-2266 8BE0		金	キン、コン かね、かな

《》内は従前子の名に用いることのできた字体。⸨⸩内は左に含まれない正字等。
▲印は漢和辞典登載の俗字。

釜	釭	鉞	鉤	《鈎》	鉄	〈鐵〉	鈴	銕	鉾	鋪	鋒	鋼
10一	11三	13三	13対	12対	13一	21一	13一	14三	14三	15対	15二	16一
455820 B567	456020 91ED	457460 925E	457520 9264	456500 920E	457190 9244	464820 9435	457010 9234	458200 9295	457950 927E	459410 92EA	459070 92D2	459760 92FC
1-1988 8A98	1-9302 EF41	1-7872 E7E6	1-7876 E7EA	1-1935 8A62	1-3720 9353	1-7936 E863	1-4675 97E9	1-7878 E7EC	1-4340 9667	1-4263 95DD	1-4315 964E	1-2561 8D7C
						鐵				舗		
釜◉	釭	鉞 鉞			鉄◉ 鉄◉ 鉄	鐵 鐵▲	鈴 鈴 鈴	銕	鉾		鋒▲	鋼
かま	コウ	エツ まさかり	コウ、ク かぎ	コウ、ク かぎ	テツ	テツ ※「鉄」の旧字体。	レイ、リン すず	テツ ※「鐵」の古字。→「鉄」。	ボウ、ム ほこ	ホ しく ※「舗」の本字。→「舗」（ ）。	ホウ、フ	コウ はがね

⌒内は戸籍法施行規則別表二の二に掲げる字体。⌒内は子の名に用いることのできない参考字体。

〈〉及び〈〉内は平成２年民二第5200号通達別表の正字等。◉印は申出により訂正を認める別字。

部首	金部										
正字等	錆	〈錆〉	錫	鍋	鍜	鍾	鍛		鎰	鎹	鎖	⿰金逆
画数 区分	16対	16対	16二	17一	17三	17三	17一		18対	18対	18対	18対
戸籍 住基	459910 BDF6	460640 9306	460400 932B	460840 934B	461040 935C	461490 937E	461030 935B		462480 93B0	462660 93B9	462080 BE1A	462650 BE1B
面区点 SJIS	1-2712 8E4B		1-2866 8EE0	1-3873 93E7	1-7908 E847	1-3065 8FDF	1-3535 9262		1-7913 E84C	1-7917 E850		
俗字等（5202通知）									鎰	鎹	鎖	⿰金逆
戸籍に記載されている文字（2842通達）			錫◉	鍋	鍜	鍾	鍛 鍛 鍛 鍛 鍛 鍛 鍛 鍛 鍛	鍛 鍛 鍛				
音訓・備考（※）	ショウ、セイ くわしい、さび ※人名用漢字。	ショウ、セイ くわしい、さび	セキ、シャク、シ すず	なべ	カ、ゲ	ショウ、シュ あつめる	タン きたえる		イツ かぎ	かすがい ※国字。	サ くさり ※「鎖」の旧字体。〔 〕。	さかぼこ ※国字。

〔 〕内は従前子の名に用いることのできた字体。〈 〉内は左に含まれない正字等。
▲印は漢和辞典登載の俗字。

鎮	︵鎭︶	鎚	《鎚》	鎔	鎌	︵鎌︶	鏡	鏠	鏈	鐹	鐩	鑓
18一	18一	18対	17対	18対	18一	18一	19一	19対	19対	21対	21対	22対
462460 93AE	462450 93AD	462160 BE1C	461710 939A	462040 9394	462740 938C	461930 BE1D	463290 93E1	463280 93E0	462970 93C8	464890 9439	464590 9429	465480 BE48
1-3635 92C1	1-7915 E84E	1-3642 92C8		1-7916 E84F	1-1989 8A99		1-2232 8BBE		1-7926 E859			1-4490 96F8
				熔				鏠	鏈	鐹	鐩	
鎮◉	鎭					鎌 鎌 鎌 鎌 鎌 鎌 鎌 鎌	鏡 鏡					
チン しずめる、しずまる	チン しずめる、しずまる ※「鎮」の旧字体。	ツイ かなづち	ツイ かなづち	ヨウ いがた、とける	かま	かま ※「鎌」の旧字体。	キョウ かがみ	ホウ、ホコ ※「鋒」の本字。	レン、テン くさり	カ がま	スイ	やり ※国字。

︵内は戸籍法施行規則別表二の二に掲げる字体。︵内は子の名に用いることのできない参考字体。

︿及び︽内は平成2年民二第5200号通達別表の正字等。◉印は申出により訂正を認める別字。

部首	正字等	画数 区分	戸籍 住基	面区点 SJIS	俗字等（5202通知）	戸籍に記載されている文字（2842通達）	音訓・備考（※）
金部	《鑓》	21対	465060 9453				やり
	鑑	23一	465390 9451	1-2053 8AD3		鑑	カン かんがみる
	〔鑛〕	23一	465670 945B	1-7942 E869		鑛	コウ あらがね ※「鉱」の旧字体。
長部（镸）	長	8一	466670 9577	1-3625 92B7		长	チョウ ながい
門部	門	8一	467740 9580	1-4471 96E5		门	モン かど
	開	12一	468000 958B	1-1911 8A4A		開	カイ ひらく、ひらける あく、あける
	間	12一	468160 9593	1-2054 8AD4		间 间	カン、ケン あいだ、ま
	《閒》	12一	468150 9592				カン、ケン あいだ、ま ※「間」の旧字体。
	閑	12一	468140 9591	1-2055 8AD5		閑 閑 閑	カン
	閌	12三	468060 958C	2-9153 FB74		閌◉	コウ
	関	14一	468700 95A2	1-2056 8AD6		関 関 関	カン せき、かかわる
	〔關〕	19一	470480 95DC	1-7980 E890		關 關 關 關 關 關 關 關 關	カン せき ※「関」の旧字体。

〔〕内は従前子の名に用いることのできた字体。《》内は左に含まれない正字等。
▲印は漢和辞典登載の俗字。

阜(阝)部

	闊	闥	阿	陀	降	陞	陰	⦅隂⦆	陶	隆	〔隆〕	《隆》
	17三	21対	8二	8二	10一	10三	11一	12一	11一	11一	12一	13一
	470000 95CA	470880 95E5	471830 963F	471840 9640	472620 964D	472420 965E	472830 9670	473320 9682	472970 9676	473110 9686	473430 F9DC	474090 BE75
	1-7972 E888	1-7982 E892	1-1604 88A2	1-3443 91C9	1-2563 8D7E	1-7994 E89E	1-1702 8941	2-9170 FB86	1-3811 93A9	1-4620 97B2	1-9361 EF7C	
	濶	闥								隆		
關▲ 關 關 闗 闗	濶▲		阿	陀	降 降	陞	隂		陶 陶 陶	隆▲ 隆 隆 隆 隆	隆 隆 隆 隆	
	カツ ひろい	タツ	ア、オ くま、おもねる	タ、ダ けわしい	コウ おりる、おろす、ふる	ショウ のぼる	イン かげ、かげる	イン かげ、かげる ※「陰」と同字。	トウ	リュウ	リュウ たかい ※「隆」の旧字体。	リュウ たかい ※「隆」の旧字体(当用漢字表の字体)。

〔〕内は戸籍法施行規則別表二の二に掲げる字体。《》内は子の名に用いることのできない参考字体。

⦅⦆及び⦅⦆内は平成2年民二第5200号通達別表の正字等。◉印は申出により訂正を認める別字。

部首	正字等	区分画数	戸籍 / 住基	面区点 / SJIS	俗字等（5202通知）	戸籍に記載されている文字（2842通達）	音訓・備考（※）
阜部（阝）	隅	12一	473400 / 9685	1-2289 / 8BF7		隅	グウ すみ
	陽	12一	473220 / 967D	1-4559 / 977A		陽 陽	ヨウ
	隈	12二	473450 / 9688	1-2308 / 8C47		隈 隈 隈 隈 隈	ワイ くま
	隔	13一	474070 / 9694	1-1954 / 8A75		隔	カク へだてる、へだたる
	隠	14一	474440 / 96A0	1-1703 / 8942		隠 隠（隠・隱共通）	イン かくす、かくれる
	〔隱〕	17一	475080 / 96B1	1-8012 / E8AA			イン、オン かくす、かくれる ※「隠」の旧字体。
	際	14一	474270 / 969B	1-2661 / 8DDB		際 際	サイ きわ
	隧	16対	474840 / 96A7	1-8011 / E8A9	隧		スイ、ズイ みち
	隨	16対	474850 / 96A8	1-7814 / E7AC	随		ズイ したがう ※「随」の旧字体。〔 〕。
隹部	雁	12二	475870 / 96C1	1-2071 / 8AE5		雁◉	ガン かり
	雄	12一	475970 / 96C4	1-4526 / 9759		雄 雄 雄 雄 雄	ユウ お、おす
	《䧺》	13一	476310 / 49FA	2-9180 / FB90			ユウ お、おす ※「雄」と同字。一説に俗字。

〔　〕内は従前子の名に用いることのできた字体。《　》内は左に含まれない正字等。
▲印は漢和辞典登載の俗字。

雨部

漢字	画数	コード	JIS	中央欄	異体字	読み・備考
雅	13一	476390 96C5	1-1877 89EB		雅 雅 雅 雅 雅 雅◉ 雅 雅 雅 / 琟 稚◉	ガ
雍	13三	476270 96CD	1-8022 E8B4		廱◉	ヨウ やわらぐ
雑	14一	476550 96D1	1-2708 8E47		雜	ザツ、ゾウ
(雜)	18一	477610 96DC	1-8024 E8B6			ザツ、ゾウ まじる ※「雑」の旧字体。
雞	18三	477630 96DE	1-9366 EF82		雞	ケイ にわとり ※「鶏」の本字。→「鶏」。
難	18一	477680 96E3	1-3881 93EF			ナン かたい、むずかしい
(難)	19一	477900 FA68	1-9367 EF83	難	難 難 難 難	ナン かたい、むずかしい ※「難」の旧字体。
雨	8対	478680 96E8	1-1711 894A	雨		ウ あめ、あま ※常用漢字。
雪	11一	478760 96EA	1-3267 90E1			セツ ゆき
〔雪〕	11一	478750 BE98			雪 雪	セツ ゆき ※「雪」の旧字体。
雲	12一	478950 96F2	1-1732 895F		雲 雲	ウン くも
霞	17二	480320 971E	1-1866 89E0		霞	カ、ゲ かすみ

( )内は戸籍法施行規則別表二の二に掲げる字体。( )内は子の名に用いることのできない参考字体。
〔 〕及び〔 〕内は平成2年民二第5200号通達別表の正字等。◉印は申出により訂正を認める別字。

部首	雨部				青部（青）							
正字等	霜	𩄇	𩅦	靆	𩇕	晴	静	（靜）	靘	靚	靛	靝
画数 区分	17一	17対	18対	24対	11対	11対	14一	16一	14対	15対	16対	18対
戸籍 住基	480300 971C	480360 4A24	480630 4A28	482080 9746	482480 BEB1	482490 BEB3	482600 9759	482660 975C	482590 9758	482620 975A	482650 975B	482710 975D
面区点 SJIS	1-3390 919A			1-8044 E8CA			1-3237 90C3	1-8048 E8CE		1-9375 EF8B	2-9194 FB9E	
俗字等（5202通知）		𩄇	𩅦	靆	𩇕	晴	靜		靘	靚	靛	靝
戸籍に記載されている文字（2842通達）	霜 霜						靜 靜 靜 靜 靜					
音訓・備考（※）	ソウ しも	テキ、トク	ツイ、タイ かくれる	タイ	セイ、ジョウ	セイ、ジョウ	セイ、ジョウ しず、しずか、しずまる しずめる	セイ、ジョウ しず、しずか、しずまる しずめる ※「静」の旧字体。	セイ、ショウ	セイ、ジョウ よそおう	テン、デン あい	テン ※「天」と同字。

◯内は従前子の名に用いることのできた字体。◯内は左に含まれない正字等。
▲印は漢和辞典登載の俗字。

面部　革部

䨼	面	革	靭	靹	靤	〈靤〉	鞍	鞏	鞘	〈鞘〉	鞠	韃
22対	9一	9一	12対	14三	14対	14対	15二	15三	16対	16対	17二	22対
482770 BEBD	483100 9762	484060 9769	484130 BEC4	484960 9786	484830 BECB	484970 9784	485170 978D	485210 978F	485550 BECD	485670 9798	485990 97A0	487710 97C3
	1-4444 96CA	1-1955 8A76		1-8061 E8DB	1-1983 8A93		1-1640 88C6	1-8063 E8DD	1-3068 8FE2		1-2139 8B66	1-8071 E8E5
䨼	靣		靱	靹								韃
	靣▲	革		靹 靹			鞍 鞍	鞏			鞠 鞠 鞠 鞠	
コ、ゴ あおつち	メン おも、おもて、つら	カク かわ	ジン しなやか	とも ※国字。	ホウ、ハク かばん ※人名用漢字。	ホウ、ハク かばん	アン くら	キョウ、ク かたい	ソウ、ショウ さや ※人名用漢字。	ソウ、ショウ さや	キク、キュウ まり	タツ、ダツ むち

〔〕内は戸籍法施行規則別表二の二に掲げる字体。〔〕内は子の名に用いることのできない参考字体。

〈〉及び〈〉内は平成２年民二第5200号通達別表の正字等。◉印は申出により訂正を認める別字。

部首	革部	韭部	頁部									
正字等	韆	韮	順	須	頬	〈頰〉	頸	《頚》	顕	(顯)	類	(類)
画数 区分	24対	12三	12一	12一	16対	15対	16対	14対	18一	23一	18一	19一
戸籍	488050	489810	491150	491180	492660	492450	492840	491980	493900	495150	493880	494220
住基	97C6	97EE	9806	9808	9830	982C	9838	981A	9855	986F	985E	F9D0
面区点	1-8072	1-3903	1-2971	1-3160	1-9390	1-4343	1-8084	1-2359	1-2418	1-8093	1-4664	1-9404
SJIS	E8E6	9442	8F87	907B	EF9A	966A	E8F2	8C7A	8CB0	E8FB	97DE	EFA2
俗字等(5202通知)	韆											
戸籍に記載されている文字(2842通達)		韮	順	須●					顕▲	顯 顕	類	
音訓・備考(※)	セン	キュウ にら	ジュン	ス	ほお ※常用漢字。	キョウ ほお	ケイ くび	ケイ くび	ケン	ケン、ゲン あきらか、あらわれる ※「顕」の旧字体。	ルイ たぐい	ルイ たぐい ※「類」の旧字体。

( )内は従前子の名に用いることのできた字体。〈 〉内は左に含まれない正字等。
▲印は漢和辞典登載の俗字。

	顚	19対	494140 985A	1-9403 EFA1		※人名用漢字。テン いただき、たおれる
	〈顛〉	19対	494310 985B	1-3731 935E		テン いただき、たおれる
風部	風	9一	495460 98A8	1-4187 9597		フウ、フ かぜ、かざ
	⦅凬⦆	7一	020850 51EC			※「風」の古字。フウ、フ かぜ、かざ
飛部	飛	9一	497930 98DB	1-4084 94F2	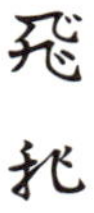	ヒ とぶ、とばす
食部（飠、𩙿）	⿰飠乙	10対	498160 BEFF		⿰飠乙	※「饐」と同字。イ、エッ、イッ すえる、むせぶ
	飤	11対	498270 98E4		飤	※「飼」の本字。→「飼」。シ かう、やしなう
	⿰飠卜	11対	498280 BF03		⿰飠卜	※「飤」と同字。シ
	飣	11対	498260 98E3	2-9246 FBCC	飣	テイ、チョウ たくわえる
	䬢	11対	498210 4B22		䬢	トウ
	飦	12対	498400 98E6		飦	セン、カン かゆ
	飯	12一	498790 98EF	1-4051 94D1	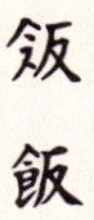	ハン めし
	⿰飠勺	12対	498350 BF06		⿰飠勺	※食をへらす。「約」に通ず。ヤク

⌒内は戸籍法施行規則別表二の二に掲げる字体。⌒内は子の名に用いることのできない参考字体。

〈〉及び◇内は平成２年民二第5200号通達別表の正字等。◉印は申出により訂正を認める別字。

部首	正字等	画数 区分	戸籍 住基	面区点 SJIS	俗字等(5202通知)	戸籍に記載されている文字(2842通達)	音訓・備考(※)
食部(飠、𩙿)	飮	13対	498740 BF0E		飮		イン のむ ※「飲」の古字。→「飲」。
	飷	13対	498610 BF0A		飷		ジュ、ニュ まぜめし
	飪	13対	498620 98EA	2-9248 FBCE	飪		ジン、ニン にる
	飭	13対	498700 98ED	1-5012 99AA	飭		チョク いましめる
	飩	13対	498600 98E9	1-8111 E94A	飩		トン、ドン、チュン ※濃い味わい。
	䬪	13対	498840 4B2A		䬪		ハク ※餅の類をいう。
	飫	13対	498630 98EB	1-8112 E94B	飫		ヨ、オ あきる ※腹いっぱいになる。
	飽	14対	499450 BF1C		飽		イ ※しるかけめしの意。
	䬮	14対	499090 4B2E		䬮		イ あめ ※「飴」と同字。
	飴	14対	499080 BF1E	1-1627 88B9			イ、シ あめ
	《飴》	13対	498910 98F4				イ、シ あめ
	⿰飠古	14対	499030 BF13		⿰飠古		コ かゆ ※「餬」と同字。

◯内は従前子の名に用いることのできた字体。◯内は左に含まれない正字等。
▲印は漢和辞典登載の俗字。

飵	飻	䬴	䬳	飶	䬻	餃	餌	〈餌〉	餉	餁	䬹	餂
14対	14対	14対	14対	14対	14対	15対	15対	14対	15対	15対	15対	15対
499120 98F5	499330 98FB	499360 4B34	499300 4B33	499200 98F6	499400 BF1A	500080 BF25	325130 BF2B	499500 C100	499780 9909	499640 9901	499790 4B39	499660 9902
									1-8114 E94D			
飵	飻	䬴	䬳	飶	䬻	餃			餉	餁	䬹	餂
サク、ザク くらう	テツ、テン むさぼる	バツ、マツ かいば、まぐさ	ハン こごめもち	ヒツ、ヘツ、ベツ ※香ばしい香。	レイ、リョウ こなもち	コウ、キョウ あめ	ジ え、えさ ※常用漢字	ジ え、えさ	ショウ かれいい	ジン、ニン にる	チツ ※いねを刈る人の意。	テン とる、さぐりとる、あまい

︹内は戸籍法施行規則別表二の二に掲げる字体。︹内は子の名に用いることのできない参考字体。

〈〉及び〈〉内は平成２年民二第5200号通達別表の正字等。◉印は申出により訂正を認める別字。

部首	正字等	画数区分	戸籍	住基	面区点	SJIS	俗字等（5202通知）	戸籍に記載されている文字（2842通達）	音訓・備考（※）
食部（飠、𩙿）	餅	15対	499710	BF2D	1-4463	96DD			ヘイ もち ※常用漢字。
	〈餅〉	14対	499490	9905					ヘイ もち
	《餠》	17対	500980	9920	1-8122	E955	餠		ヘイ、ひょう もち ※「餠」の本字。
	養	15一	499820	990A	1-4560	977B	養	养 養▲ 粮 粮 粮	ヨウ やしなう
	䬼	16対	500090	4B3C			䬼		エン あく
	館	16一	500460	9928	1-2059	8AD9	舘	舘▲ 舘▲ 舘	カン やかた
	〔館〕	17一	501460	FA2C					カン やかた、たち、たて ※「館」の旧字体。
	〈舘〉	16一	338520	8218	1-2060	8ADA			カン
	䬸	16対	500290	BF38			䬸		サイ ※ぜんだてする。
	餕	16対	500470	BF36			餕		シュン、セン くいのこり
	䭀	16対	500210	4B40			䭀		シン めし
	餗	16対	500310	9917	2-9256	FBD6	餗		ソク、サク ※鼎に盛った食物。

〔〕内は従前子の名に用いることのできた字体。〈〉内は左に含まれない正字等。
▲印は漢和辞典登載の俗字。

餒	餖	餔	⿰飠孚	餑	餘	餧	䭇	餩	餜	餡	⿰飠兟	⿰飠匊
16対	16対	16対	16対	16対	16対	17対	17対	17対	17対	17対	17対	17対
500150 9912	500300 9916	500250 9914	500110 BF31	500140 9911	500360 9918	501140 9927	501120 4B47	501150 9929	500840 991C	501020 9921	500960 BF4A	500750 BF42
1-8115 E94E	2-9255 FBD5	1-8116 E94F			1-8117 E950				2-9260 FBDA	1-8118 E951		
餒	餖	餔	⿰飠孚	餑	餘	餧	䭇	餩	餜	餡	⿰飠兟	⿰飠匊
ダイ うえる、かつえる	トウ つらねる	ホ、フ くう、ゆうめし	ホウ あく ※「飽」の古字。→「飽」。	ホツ ※うどん粉をこねて蒸したもの。	ヨ あまる、あます ※「余」の旧字体。〔 〕。	イ、ダイ かう、くわせる	エツ むせぶ	オク むせぶ	カ もち	カン、アン あん、あんこ	キ うえる ※「饑」の古字。	キク、コク かゆ

餅餅餅養餇館館舘䬐餕䬳餗餒餖餔⿰飠孚餑餘餧䭇餩餜餡⿰飠兟⿰飠匊

⌒内は戸籍法施行規則別表二の二に掲げる字体。⌒内は子の名に用いることのできない参考字体。
◇及び◇内は平成２年民二第5200号通達別表の正字等。◉印は申出により訂正を認める別字。

部首	正字等	画数区分	戸籍住基	面区点SJIS	俗字等（5202通知）	戸籍に記載されている文字（2842通達）	音訓・備考（※）
食部（𩙿、飠）	⿰飠固	17対	500880 4B45		⿰飠固		コ もち、かゆ
	餚	17対	500770 991A	2-9258 FBD8	餚		コウ さかな、そなえる ※「肴」と同字。
	餛	17対	500800 991B	2-9259 FBD9	餛		コン
	⿰飠向	17対	501040 BF4E		⿰飠向		ショウ かれいい ※「餉」と同字。
	⿰飠旁	17対	500900 BF5C		⿰飠旁		ショク かざる ※「飾」に同じ。→「飾」。
	⿰飠念	17対	500830 4B43		⿰飠念		ジン、ニン あく、もち
	餞	17対	500920 991E	1-8120 E953	餞		セン はなむけ
	餤	17対	501070 9924	1-8121 E954	餤		タン、ダン、エン すすめる、くう
	餦	17対	501100 9926		餦		チョウ もち、あめ
	餟	17対	500930 991F		餟		テイ、テツ まつる
	⿰飠备	17対	501220 BF59		⿰飠备		ビ
	餢	17対	501050 9922		餢		ホウ こなもち

⌒内は従前子の名に用いることのできた字体。⌒内は左に含まれない正字等。
▲印は漢和辞典登載の俗字。

餰	䭉	餿	⿰食咨	餱	餭	餬	饂	餫	餲	餣	⿰食於	⿰食芺
18対	18対	18対	18対	18対	18対	18対	18対	18対	18対	17対	17対	17対
501680 9930	501590 4B49	501560 BF67	502150 BF6A	501720 9931	501540 992D	501510 992C	501890 BF76	501500 992B	501730 9932	501060 9923	501470 BF56	500990 BF5D
				2-9262 FBDC		1-8123 E956			2-9263 FBDD			
餰	䭉	餿	⿰食咨	餱	餭	餬	饂	餫	餲	餣	⿰食於	⿰食芺
セン、ケン かゆ	スイ、イ きなこ、あめ	シュウ ※飯がくさる意。	シ	コウ ほしいい	コウ、オウ かたあめ	コ かゆ	ウン ※国字。「溫」と同字又は俗字。	ウン、コン ※食物を贈る意。	アツ、カツ、エイ すえる	ヨウ もち、こなもち	ヨ、オ あきる	ヨ、オ あきる ※「飫」と同字。

 ⌒内は戸籍法施行規則別表二の二に掲げる字体。⌒内は子の名に用いることのできない参考字体。
◇及び◇内は平成２年民二第5200号通達別表の正字等。◉印は申出により訂正を認める別字。

部首	正字等	画数 区分	戸籍 / 住基	面区点 / SJIS	俗字等（5202通知）	戸籍に記載されている文字（2842通達）	音訓・備考（※）
食部（𩙿、飠）	⿰飠⿱弜共	18対	501740 / BF6F		⿰飠⿱弜共		セン、サン、ハン そなえる ※「饌」の本字。
	餪	18対	501490 / 992A		餪		ダン、ナン
	餳	18対	501770 / 9933	2-9264 / FBDE	餳		トウ あめ ※「餹」、「糖」の本字。
	餴	18対	501790 / C101		餴		フン むす、むしめし ※「饙」と同字。
	䭋	18対	501780 / 4B4B		䭋		ホウ あく
	⿰飠采	18対	501830 / BF74		⿰飠采		ホウ あく ※「飽」と同字。
	饂	19対	502540 / 9942	1-8127 / E95A	饂		ウン ※国字。「饂」と同字。
	餼	19対	502320 / 993C	2-9267 / FBE1	餼		キ おくる、おくりもの
	餽	19対	502360 / 993D	1-8125 / E958	餽		キ おくる、まつる
	餻	19対	502240 / 993B	2-9266 / FBE0	餻		コウ こなもち、むしもち ※「⿰飠高」の本字。
	⿰飠高	19対	502250 / BF86		⿰飠高		コウ こなもち、むしもち
	餶	19対	502480 / 9936		餶		コツ

〔〕内は従前子の名に用いることのできた字体。（）内は左に含まれない正字等。
▲印は漢和辞典登載の俗字。

字	画数	コード	コード	参考字体	読み・備考
⿰飠耆	19対	502170	BF7F		シ たしなむ ※一説に「嗜」の俗字。
餿	19対	502390	993F		シュウ ※飯がくさる意。
䭒	19対	502290	4B52		ショク いき
䭔	19対	502400	4B54		タイ むしもち、だんご
餹	19対	502160	BF7D		トウ あめ ※「糖」と同字。
饀	19対	502410	9940	2-9268 FBE2	トウ こなもち、むさぼる
餺	19対	502210	993A	2-9265 FBDF	ハク ※餅の類をいう。
䭐	19対	502200	4B50		ヨウ こなもち
饁	19対	502440	9941	2-9269 FBE3	ヨウ、コウ おくる ※農夫に運ぶ食物。
餾	19対	502370	993E	1-8126 E959	リュウ むす、むれる
⿰飠兼	19対	502220	BF83		レン、ケン ※間食、あいの食事の意。
饇	20対	502820	9947		ウ、オウ、ヨ、オ あく、あきる
饉	20対	502930	9949	1-8128 E95B	キン うえる

〔〕内は戸籍法施行規則別表二の二に掲げる字体。〔〕内は子の名に用いることのできない参考字体。

〈〉及び〈〉内は平成２年民二第5200号通達別表の正字等。◉印は申出により訂正を認める別字。

部首	正字等	区分画数	戸籍住基	面区点 SJIS	俗字等（5202通知）	戸籍に記載されている文字（2842通達）	音訓・備考（※）
食部（飠、𩙿）	⿰飠參	20対	502710 BF91		⿰飠參		サン こながき
	⿰飠斬	20対	502850 BF99		⿰飠斬		サン
	饈	20対	502890 9948		饈		シュウ すすめる、そなえる
	⿰飠昜	20対	502760 BF95		⿰飠昜		ショウ ひるめし
	⿰飠速	20対	502970 BFA3		⿰飠速		ソク
	饄	20対	502680 9944		饄		トウ あめ ※「餹」と同字。
	饅	20対	503020 9945	1-8129 E95C	饅		バン、マン
	饆	20対	502770 9946	2-9270 FBE4	饆		ヒツ
	⿰飠奉	20対	503000 BF9D		⿰飠奉		フン むす、むしめし
	⿰飠羕	20対	503170 BFA1		⿰飠羕		ヨウ こなもち
	⿰飠異	21対	503430 BF9F		⿰飠異		イ あめ ※「飴」と同字。
	饐	21対	503410 9950	1-8130 E95D	饐		イ、エツ、イツ すえる、むせぶ

◯内は従前子の名に用いることのできた字体。◯内は左に含まれない正字等。
▲印は漢和辞典登載の俗字。

	饋	饑	饊	⿰飠戠	饎	⿰飠敫	⿰飠象	饒	饌	饍	饙	餾
	21対	21対	21対	21対	21対	21対	21対	21三	21対	21対	21対	21対
	503280 994B	503420 9951	503230 994A	503210 BFA4	503360 994E	503270 BFA7	503310 BFAA	503450 9952	503320 994C	503350 994D	503570 9959	503560 BFBB
	1-8131 E95E	1-8132 E95F			2-9272 FBE6			1-8133 E960	1-8134 E961	2-9271 FBE5		
	饋	饑	饊	⿰飠戠	饎	⿰飠敫	⿰飠象	饒	饌	饍	饙	餾
								饒				
	キ、タイ おくる	キ うえる ※「飢」と同字。	サン いりごめ、おこし	シ、キ ※酒と食物の意。	シ、キ ※酒と食物の意。	ショウ、ジョウ おくる	ショウ ひるめし	ジョウ、ニョウ ゆたか	セン、サン、ハン そなえる ※「饍」と同字。	セン、ゼン ※「膳」と同字。	フン むす、むしめし	リュウ むす、むれる

⌒内は戸籍法施行規則別表二の二に掲げる字体。⌒内は子の名に用いることのできない参考字体。
◇及び◇内は平成２年民二第5200号通達別表の正字等。◉印は申出により訂正を認める別字。

部首	正字等	画数区分	戸籍	住基	面区点	SJIS	俗字等(5202通知)	戸籍に記載されている文字(2842通達)	音訓・備考(※)
食部（飠、𩙿）	饗	22二	503830	C0DA	1-2234	8BC0			キョウ もてなす
	〈饗〉	20二	503030	9957				饗	キョウ もてなす
	⿰𩙿無	22対	503730	BFBD			⿰𩙿無		シ
	饘	22対	503850	9958	1-9410	EFA8	饘		セン かゆ
	⿰𩙿詹	22対	503860	BFC1			⿰𩙿詹		セン、ゼン たす、たりる
	饛	22対	503930	C103			饛		モウ、モ
	饖	22対	503820	9956			饖		ワイ、エ すえる
	䭡	23対	503980	4B61			䭡		オン くらう、むさぼる
	䭣	23対	504050	4B63			䭣		シ むしもち
	饋	25対	504340	BFC8			饋		キ、タイ おくる
	饝	25対	504350	995D			饝		マ、バ もち
	饞	26対	504420	995E			饞		サン、ザン むさぼる

◯内は従前子の名に用いることのできた字体。◯内は左に含まれない正字等。
▲印は漢和辞典登載の俗字。

	馬部		香部								
駿	駒	馬	馨	馥	香	𩟐	饠	䭩	饡	䭨	饟
17二	15一	10一	20二	18三	9一	33対	28対	28対	28対	27対	26対
507650 99FF	506380 99D2	505430 99AC	505300 99A8	505230 99A5	504890 9999	504570 BFD3	504530 9960	504550 4B69	504540 BFCF	504460 4B68	504430 995F
1-2957 8F78	1-2280 8BEE	1-3947 946E	1-1930 8A5D	1-8138 E965	1-2565 8D81		2-9275 FBE9				2-9274 FBE8
						𩟐	饠	䭩	饡	䭨	饟
駿	駒 駒◉ 駒	馬 馬	馨 馨 馨 馨 馨 馨	馥	香						
シュン	こま	バ うま、ま	ケイ、キョウ かおる	フク	コウ、キョウ か、かおり、かおる	※音未詳。死者の霊が食を求めること。	ラ もち	マ、バ	サン しるかけめし	スイ、ズイ、セイ、エイ、ケイ	ショウ おくる

⌒内は戸籍法施行規則別表二の二に掲げる字体。⌒内は子の名に用いることのできない参考字体。
◇及び◇内は平成2年民二第5200号通達別表の正字等。◉印は申出により訂正を認める別字。

部首	正字等	画数 区分	戸籍 住基	面区点 SJIS	俗字等（5202通知）	戸籍に記載されている文字（2842通達）	音訓・備考（※）
馬部	驒	22三	509980 9A52	1-9420 EFB2		驒	タ、ダ、タン、ダン、テン
	《騨》	19三	508720 9A28	1-3445 91CB			タ、ダ、タン、ダン、テン ※元来「驒」の俗字。
	驥	26三	510780 9A65	1-8171 E987		驥	キ
骨部	體	23対	513030 9AD4	1-8183 E993	躰		タイ、テイ からだ ※「体」の旧字体。（ ）。
	髓	26対	513210 BFF3		髓		スイ
高部	高	10一	513270 9AD8	1-2566 8D82		高 高 高	コウ たかい、たか、たかまる たかめる
	〈髙〉	11一	513280 9AD9			髙	コウ たかい、たか、たかまる たかめる
髟部	髥	14対	513870 9AE5	2-9320 FC53	髯		ゼン ひげ
鬥部	鬨	16三	516550 9B28	1-8210 E9A8		鬨◉	コウ とき
	鬭	24対	516720 9B2D		鬪		トウ たたかう ※「闘」の旧字体。（ ）。
鬯部	鬱	29対	516910 9B31	1-6121 9F54			ウツ ※常用漢字
	〈欝〉	25対	181440 6B1D	1-1721 8954			ウツ しげる

《》内は従前子の名に用いることのできた字体。〈〉内は左に含まれない正字等。
▲印は漢和辞典登載の俗字。

鬼部			魚部									
鬼	魁	魅	魚	鮎	鮒	鮫	鯉	鯨	鯖	《鯖》	鰕	鰐
10一	14二	15一	11一	16二	16三	17三	18二	19一	19対	19対	20三	20三
517770 9B3C	518060 9B41	518320 9B45	519850 9B5A	521110 9B8E	521160 9B92	521770 C010	522420 9BC9	523260 9BE8	522810 C022	523600 9BD6	524280 9C15	524200 9C10
1-2120 8B53	1-1901 8A40	1-4405 96A3	1-2191 8B9B	1-1630 88BC	1-4211 95A9	1-2713 8E4C	1-2481 8CEF	1-2363 8C7E	1-2710 8E49		1-8249 E9CF	1-4744 986B
			𩵋									
鬼 鬼 鬼	魁 魁	魅	𩵋▲ ・	鮎▲	鮒	鮫	鯉	鯨			鰕	鰐
キ おに	カイ かしら、さきがけ	ミ	ギョ うお、さかな	デン、ネン あゆ、なまず	フ、ブ ふな	コウ さめ	リ こい	ゲイ くじら	セイ、ショウ さば	セイ、ショウ さば	カ えび	ガク わに

 ︹︺内は戸籍法施行規則別表二の二に掲げる字体。︹︺内は子の名に用いることのできない参考字体。

〈〉及び《》内は平成2年民二第5200号通達別表の正字等。◉印は申出により訂正を認める別字。

部首	正字等	画数区分	戸籍	住基	面区点	SJIS	俗字等（5202通知）	戸籍に記載されている文字（2842通達）	音訓・備考（※）
魚部	鰰	21対	525160	9C30	1-8264	E9DE	鰰		はたはた、いな ※国字。
	鰺	22対	525700	9C3A	1-8245	E9CB			ソウ あじ
	《鯵》	19対	523590	9BF5	1-1619	88B1			ソウ あじ
	鱁	22対	525810	C104			鱁		チク ※魚の名。さめの一種。
	鰱	22対	525470	9C31	2-9372	FC88	鰱		レン たなご
	鱒	23二	526320	C03E	1-4380	9690		鱒▲	ソン、ゾン ます
	〈鱒〉	23二	526570	9C52					ソン、ゾン ます
	鱸	27三	527710	9C78	1-8273	E9E7		鱸	ロ すずき
鳥部	鳥	11一	528180	9CE5	1-3627	92B9		鳥▲ 鳥	チョウ とり
	鳩	13二	528330	9CE9	1-4023	94B5		鳩 鳩	キュウ、ク はと
	鳳	14二	528550	9CF3	1-4317	9650		鳳	ホウ おおとり
	鳴	14一	528560	9CF4	1-4436	96C2		鳴 鳴 鳴 鳴 鳴	メイ なく、なる、ならす

《》内は従前子の名に用いることのできた字体。〈〉内は左に含まれない正字等。
▲印は漢和辞典登載の俗字。

鰰鯵鰺鰯鰱鱒鱒鱸鳥鳩鳳鳴鴈鳫鴛鴦鴨鴫鴻鵜鶄鶯鴬鶴鸖靏

〔靏〕	〔鸖〕	鶴	《鴬》	鶯	鶄	鵜	鴻	鴫	鴨	鴛	鳫	鴈
29一	27一	21一	16対	21対	19対	18二	17二	16三	16二	16三	13三	15三
537640 974F	537340 9E16	534150 9DB4	530190 9D2C	533990 9DAF	532550 9D84	531490 9D5C	530670 9D3B	530160 9D2B	530100 9D28	529820 9D1B	528400 9CEB	529370 C105
1-9374 EF8A		1-3665 92DF	1-1809 89A7	1-8284 E9F2	2-9426 FCB8	1-1713 894C	1-2567 8D83	1-2818 8EB0	1-1991 8A9B	1-1785 8995	1-8279 E9ED	
		鶴			鶄					鴛		
靍 靎 鶴		鶴▲ 鶴 鶴 鶴 鶴 鶴 鶴 鶴 鶴				鵜 鵜 鵜 鵜◉ 鵜 鵜 鵜	鴻 鴻	鴫	鴨	鴛 鴛 鴛▲	鴈	
カク つる	カク つる	つる	オウ うぐいす	オウ うぐいす	セイ、ショウ ごいさぎ	テイ う	コウ おおとり	しぎ ※国字。	オウ かも	エン、オン おしどり ※雄は「鴛」、雌は「鴦」。	ガン かり	ガン かり ※「雁」と同字。

 〔〕内は戸籍法施行規則別表二の二に掲げる字体。〔〕内は子の名に用いることのできない参考字体。

〈〉及び《》内は平成2年民二第5200号通達別表の正字等。◉印は申出により訂正を認める別字。

部首	正字等	画数 区分	戸籍 住基	面区点 SJIS	俗字等（5202通知）	戸籍に記載されている文字（2842通達）	音訓・備考（※）
鳥部	鷗	22対	535070 9DD7	1-9469 EFE3			オウ かもめ ※人名用漢字。
	〈鴎〉	15対	529340 9D0E	1-1810 89A8			オウ かもめ
	鷲	23二	535870 9DF2	1-4741 9868		鷲 鷲 鷲	シュウ わし
	鷹	24二	536300 9DF9	1-3475 91E9		鷹 鷹 鷹	ヨウ、オウ たか
	鷺	24二	536270 9DFA	1-2677 8DEB		鷺	ロ さぎ
	鸕	27三	537310 9E15	1-9473 EFE7		鸕	ロ、リョ
鹵部	鹼	24対	538470 9E7C	1-9474 EFE8			カン、ケン、セン あく
	《鹸》	19対	538230 9E78	1-2420 8CB2			カン、ケン、セン あく
鹿部	鹿	11一	538570 9E7F	1-2815 8EAD	⿸广比	⿸广⿱比灬 ⿸广⿰比皿▲	しか、か
	麗	19一	539450 9E97	1-4679 97ED	麗	麗▲ 麗 麗 麗	レイ うるわしい
	⿸鹿彔	24対	539850 C06B		⿸鹿彔		ロク ※霊獣の名。
	麤	33対	540010 9EA4	1-9476 EFEA	麁		ソ あらい

〔 〕内は従前子の名に用いることのできた字体。〈 〉内は左に含まれない正字等。
▲印は漢和辞典登載の俗字。

部	字	画数	コード		JIS	SJIS	読み・備考
麥(麦)部	麦	7一	540040	9EA6	1-3994	949E	バク、むぎ
	麩	15対	540270	9EA9	1-8347	EA6E	フ、ふすま、ふ
	《麸》	11対	540060	9EB8	1-8348	EA6F	フ、ふすま、ふ
	麴	19対	541090	9EB4	1-9479	EFED	キク、こうじ
	《麹》	15対	540390	9EB9	1-2577	8D8D	キク、こうじ
麻(麻)部	麿	18二	542050	9EBF	1-4391	969B	まろ
	((麿))	18二	542040	C075			まろ ※「麿」の旧字体。
黃(黄)部	黄	11一	542240	9EC4	1-1811	89A9	コウ、オウ き、こ
	(黃)	12一	542260	9EC3	1-9481	EFEF	コウ、オウ き、こ ※「黄」の旧字体。
	黌	25三	542850	9ECC	1-8352	EA73	コウ
黍部	黎	15二	542950	9ECE	1-8353	EA74	レイ

鷗鴎鷲鷹鷺鸕鹸鹼鹿麗麤麛麦麩麸麴麹麿麿黄黃黌黎

◯内は戸籍法施行規則別表二の二に掲げる字体。◯内は子の名に用いることのできない参考字体。
◇及び◇内は平成２年民二第5200号通達別表の正字等。◉印は申出により訂正を認める別字。

部首	黑部（黒）	黽部	鼎部	鼓部	鼠部		鼻部（鼻）		齊部（斉）	
正字等	黒	鼇	鼎	鼓	鼠	鼱	鼻	《鼻》	斉	（齊）
画数 区分	11一	24対	13二	13一	13三	21対	14一	14一	8一	14一
戸籍 住基	543430 9ED2	546020 9F07	546180 9F0E	546360 9F13	547000 9F20	547720 9F31	548270 9F3B	548260 C09B	150910 6589	548880 9F4A
面区点 SJIS	1-2585 8D95	1-8371 EA87	1-3704 9343	1-2461 8CDB	1-3345 916C		1-4101 9540		1-3238 90C4	1-8378 EA8E
俗字等（5202通知）		鰲	鼑	皷		鼱				
音訓・備考（※）	コク くろ、くろい	ゴウ おおがめ	テイ かなえ	コ つづみ	ソ、ショ ねずみ	セイ、ショウ はつかねずみ	ビ はな	ビ はな ※「鼻」の旧字体。	セイ	セイ そろう、ひとしい ※「斉」の旧字体。

戸籍に記載されている文字（2842通達）

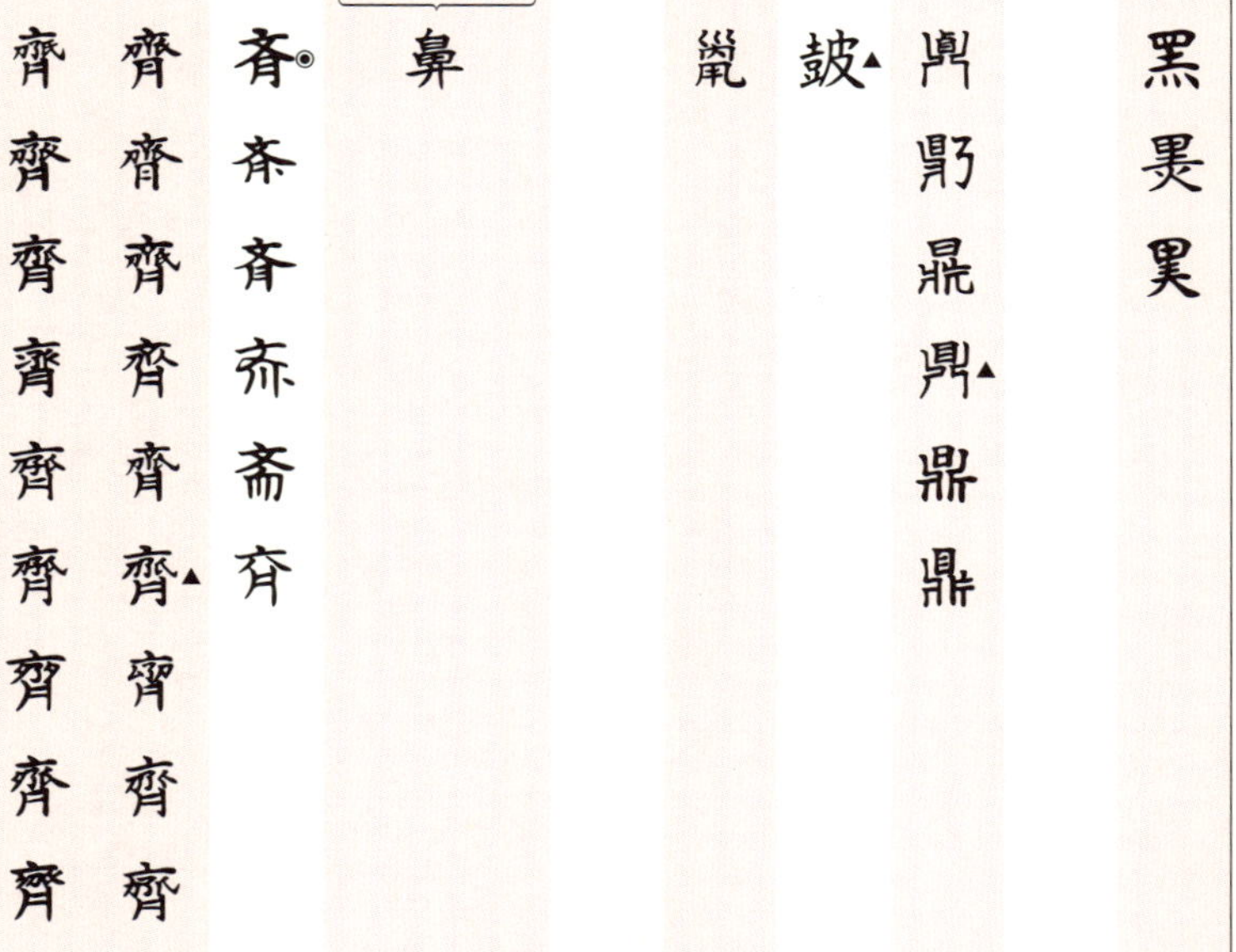

	斎	〔齋〕	〔龍〕	〔龜〕
部			龍部（竜）	龜部（亀）
画数	11一	17一	16一	16一
住基	151020 B6DA	548940 9F4B	551530 C0AA	551940 9F9C
JIS	1-2656 8DD6	1-6723 E256	1-4622 97B4	1-8393 EA9D
読み・備考	サイ	サイ ものいみ、つつしむ ※「斎」の旧字体。	リュウ たつ ※「竜」の旧字体。	キ かめ ※「亀」の旧字体。

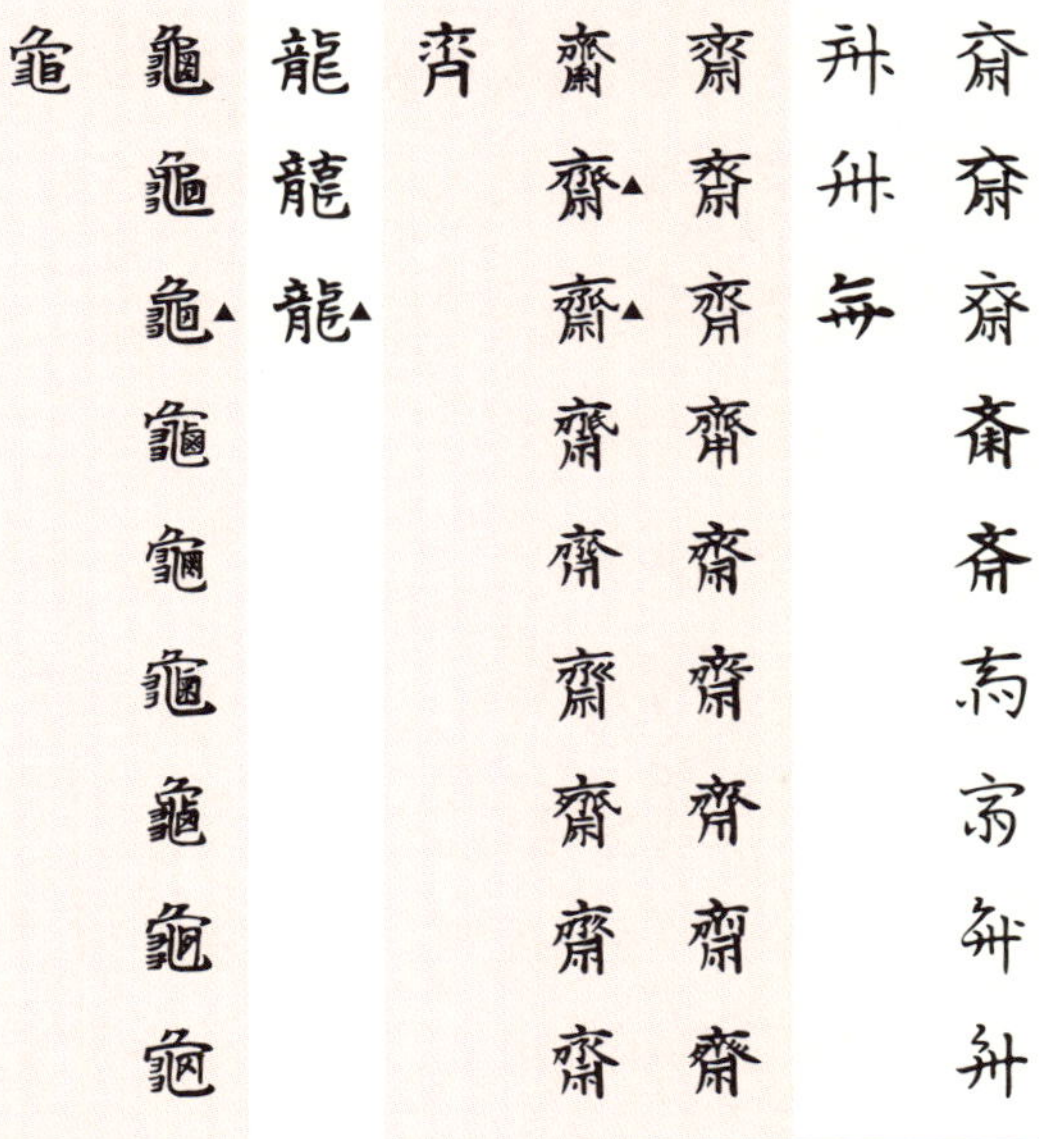

〔〕内は戸籍法施行規則別表二の二に掲げる字体。〔〕内は子の名に用いることのできない参考字体。

〈〉及び〈〉内は平成2年民二第5200号通達別表の正字等。◉印は申出により訂正を認める別字。

資料・主要関係通達等

一　平成一六年一〇月一四日付け法務省民一第二八四二号法務局長、地方法務局長あて民事局長通達
　氏又は名の記載に用いる文字の取扱いに関する「誤字俗字・正字一覧表」について………………一八〇

二　平成二二年一一月三〇日付け法務省民一第二九〇五号法務局長、地方法務局長あて民事局長通達
　「氏又は名の記載に用いる文字の取扱いに関する「誤字俗字・正字一覧表」の一部改正について…一八三

三　令和六年五月一〇日付け法務省民一第一〇八三号法務局長、地方法務局長あて民事局長通達
　「氏又は名の記載に用いる文字の取扱いに関する「誤字俗字・正字一覧表」について」の一部改正について…一八四

四　平成二年一〇月二〇日付け法務省民二第五二〇〇号法務局長、地方法務局長あて民事局長通達
　氏又は名の記載に用いる文字の取扱いに関する通達等の整理について………………………………一八五

五　令和六年一一月一一日付け法務省民一第二四五一号法務局民事行政部長、地方法務局長あて法務省民事局民事第一課長通知
　戸籍事務を電子情報処理組織によって取り扱う場合における氏又は名の記録に用いる漢字の字体の取扱いについて………………………………………………一九〇

六　平成六年一一月一六日付け法務省民二第七〇〇五号法務局長、地方法務局長あて民事局長通達
戸籍法施行規則の一部を改正する省令の施行等に伴う関係通達等の整備について……………一九二
七　平成一六年九月二七日付け法務省民一第二六六五号法務局長、地方法務局長あて民事局長通達
「氏又は名の記載に用いる文字の取扱いに関する通達等の整理について」の一部改正について……………一九三
八　平成二一年四月三〇日付け法務省民一第一一〇九号法務局長、地方法務局長あて民事局長通達
「氏又は名の記載に用いる文字の取扱いに関する通達等の整理について」の一部改正について……………一九五
九　平成二二年一一月三〇日付け法務省民一第二九〇三号法務局長、地方法務局長あて民事局長通達
「氏又は名の記載に用いる文字の取扱いに関する通達等の整理について」の一部改正について……………一九五
一〇　平成二年一〇月二〇日付け法務省民二第五二〇二号法務局長、地方法務局長あて民事局第二課長依命通知
氏又は名の記載に用いる文字の取扱いに関する通達等の整理について……………一九六
一一　平成六年一一月一六日付け法務省民二第七〇〇六号法務局長、地方法務局長あて民事局第二課長依命通知
氏又は名の記載に用いる文字の取扱いに関する通達等の整理について（依命通知）の一部改正について……一九八
一二　平成一六年九月二七日付け法務省民一第二六六六号法務局民事行政部長、地方法務局長あて民事局民事第一課長依命通知
「氏又は名の記載に用いる文字の取扱いに関する通達等の整理について」の一部改正について……………一九九

一　平成一六年一〇月一四日付け法務省民一第二八四二号法務局長、地方法務局長あて民事局長通達

氏又は名の記載に用いる文字の取扱いに関する「誤字俗字・正字一覧表」について（通達）

改正　平成二二年一一月三〇日法務省民一第二九〇五号通達
令和六年五月一〇日法務省民一第一〇八三号通達

新戸籍編製等の場合の氏又は名の記載に用いる文字の取扱いについては、平成二二年一一月三〇日付け法務省民一第二九〇三号当職通達により平成二年一〇月二〇日付け法務省民二第五二〇〇号当職通達の一部を改正し、また、戸籍を改製する場合の氏又は名の記録に用いる文字の取扱いについては、平成二二年一一月三〇日付け法務省民一第二九〇四号当職通達により平成六年一一月一六日付け法務省民二第七〇〇〇号当職通達の一部を改正したところですが、改正後の平成二年一〇月二〇日付け法務省民二第五二〇〇号当職通達及び平成六年一一月一六日付け法務省民二第七〇〇〇号当職通達でいう対応する字種及び字体の正字等を特定する場合には、別添の「誤字俗字・正字一覧表」に基づき判断する取扱いとします。

したがって、同表に掲載されていない文字については、その対応関係が明白である場合を除き、管轄法務局若しくは地方法務局又はその支局の長の指示を求めるものとしますので、これを了知の上、貴管下支局長及び管内市区町村長に周知方取り計らい願います。

なお、平成六年一一月一六日付け法務省民二第七〇〇七号当職通達で示した「誤字俗字・正字一覧表」は廃止しますので、念のため申し添えます。

誤字俗字・正字一覧表

凡　例

1　本表は、平成二二年一一月三〇日付け法務省民一第二九〇三号民事局長通達により一部改正された平成二年十月二十日付け法務省民二第五二〇〇号民事局長通達（以下「五二〇〇号通達」という。）又は平成二二年一一月三〇日付け法務省民一第二九〇四号民事局長通達により一部改正された平成六年十一月十六日付け法務省民二第七〇〇〇号民事局長通達（以下「七〇〇〇号通達」という。）に基づき、従前戸籍、現在戸籍等に誤字又は俗字で記載されている氏又は名の文字を、これに対応する字種及び字体による正字

等で記載するときに、その対応関係を明らかにする一覧表である。

2　本表は、次の区分により編集した。

①　常用漢字に関するもの

②　戸籍法施行規則（昭和二十二年司法省令第九四号。以下「規則」という。）別表第二の一の漢字に関するもの

③　常用漢字・規則別表第二の一の漢字以外の漢字に関するもの

3　文字の対応関係

(1)　本表において「正字等」（以下「上段の字体」という。）とは、次に掲げる字体をいう。

①　常用漢字表（平成二二年内閣告示第二号）の通用字体

②　規則別表第二の一に掲げる字体

③　康熙字典体又は漢和辞典で正字とされている字体

④　当用漢字表（昭和二十一年内閣告示第三二号）の字体のうち、常用漢字表においては括弧に入れて添えられなかった従前正字として取り扱われてきた「慨」、「慨」、「免」及び「隆」

⑤　国字で①から④までに準ずる字体

⑥　五二〇〇号通達別表に掲げる字体

(2)　本表において「戸籍に記載されている文字」（以下「下段の文字」という。）とは、誤字（文字の骨組みに誤りのあるもの）及び俗字（上段の字体の通俗の字体）をいう。

4　本表の利用の仕方

(1)　戸籍に記載されている文字が下段の字体であり、五二〇〇号通達第一の二又は七〇〇〇号通達第七の二(2)アを適用し、正字等で戸籍の記載をする場合には、対応する上段の字体で記載するものとする。

なお、下段の字体のうち、▲印が付されているものは漢和辞典に俗字として登載されている文字であり、◉印が付されているものは上段の字体とは別字（同字、古字又は本字を含む。）であるが、いずれも誤記される例が多いので、訂正を認めることとする文字である。したがって、戸籍に記載されている字体がこれらに該当する場合には、五二〇〇号通達第二の申出がある場合及び上段の字体の誤記であることが明らかである場合を除き、そのまま戸籍の記載をするものとする。

(2)　戸籍に記載されている文字が、下段の字体であり、五

二〇〇号通達第二の申出により正字に訂正する場合には、対応する上段の字体で記載するものとする。

(3)　戸籍に記載されている文字が下段の字体であり、それに対応する正字が通用字体又は規則別表第二の一に掲げる字体以外の字体である場合には、申出により、その字体を通用字体又は規則別表第二の一に掲げる字体に更正して差し支えない（昭和三十四年六月十八日付け法務省民事甲第一二八九号民事局長回答参照）。

(4)　上段の字体について、複数の字体を波括弧でくくっているものは、下段の字体をその上段の字体のいずれにも訂正することができることを示すものである。

一　常用漢字に関するもの

1　常用漢字表の配列順に配列した。

2　括弧が添えられていないものは、通用字体である。

3　（　）内の字体は、規則別表第二の二に掲げる字体である。

4　〔　〕内の字体は、常用漢字表において括弧が添えられている漢字のうち、子の名に用いることのできない字体である。

5　〘　〙内の字体は、従前は子の名に用いることができた字体であるが、昭和五十六年十月一日以降は子の名に用いることができない字体である。

6　⦅　⦆内の字体は、2から5までに含まれない漢字で康熙字典又は漢和辞典で正字とされている字体である。

7　◉の付されている字体は、別字（同字、古字又は本字を含む。）であるが、誤記される例が多いので、申出がある場合には、訂正を認めるものである。

8　〈　〉内の字体は、五二〇〇号通達別表に掲げる字体である。

9　▲の付されている字体は、漢和辞典に俗字として登載されている文字であり、申出がある場合には、訂正を認めるものである。

一覧表（省略）

二　規則別表第二の一の漢字に関するもの

1　規則別表第二の一の配列順（部首・画数順）に配列した。

2　括弧が添えられていないものは、規則別表第二の一に掲げる字体である。

3　〔　〕内の字体は、従前は子の名に用いることができた字体であるが、昭和五十六年十月一日以降は子の名に用いることができない字体である。
4 《 》内の字体は、2及び3に含まれない漢字で康熙字典又は漢和辞典で正字とされている字体である。
5 ◉の付されている字体は、別字（同字、古字又は本字を含む。）であるが、誤記される例が多いので、申出がある場合には、訂正を認めるものである。
6 〈 〉内の字体は、五二〇〇号通達別表に掲げる字体である。
7 ▲の付されている字体は、漢和辞典に俗字として登載されている文字であり、申出がある場合には、訂正を認めるものである。

一覧表（省略）

三 **常用漢字・規則別表第二の一の漢字以外の漢字に関するもの**

1 部首・画数順に配列した。
2 〈 〉内の字体は、五二〇〇号通達別表に掲げる字体である。
3 ◉の付されている字体は、別字（同字、古字又は本字を含む。）であるが、誤記される例が多いので、申出がある場合には、訂正を認めるものである。
4 ▲の付されている字体は、漢和辞典に俗字として登載されている文字であり、申出がある場合には、訂正を認めるものである。

一覧表（省略）

二 平成二二年一一月三〇日付け法務省民一第二九〇五号法務局長、地方法務局長あて民事局長通達

「氏又は名の記載に用いる文字の取扱いに関する「誤字俗字・正字一覧表」について」の一部改正について（通達）

本日、常用漢字表（平成二二年内閣告示第二号）が告示され、また、戸籍法施行規則の一部を改正する省令（平成二二年法務省令第四〇号）が施行されたこと等に伴い、平成一六年一〇月一四日付け法務省民一第二八四二号当職通達を下記のように改正しますので、これを了知の上、貴管

下支局長及び管内市区町村長に周知方取り計らい願います。

記

1　本文中「本年九月二七日付け法務省民一第二六六五号当職通達」を「平成二二年一一月三〇日付け法務省民一第二九〇三号当職通達」に、「本日付け法務省民一第二八四一号当職通達」を「平成二二年一一月三〇日付け法務省民一第二九〇四号当職通達」に改める。

2　凡例の1中「平成一六年九月二七日付け法務省民一第二六六五号民事局長通達」を「平成二二年一一月三〇日付け法務省民一第二九〇三号民事局長通達」に、「平成一六年一〇月一四日付け法務省民一第二八四一号民事局長通達」を「平成二二年一一月三〇日付け法務省民一第二九〇四号民事局長通達」に改める。

3　凡例の3(1)①中「(昭和五六年内閣告示第一号)」を「(平成二二年内閣告示第二号)」に改める。

4　「誤字俗字・正字一覧表」を別紙のように改める。

別　紙（省略）

三　令和六年五月一〇日付け法務省民一第一〇八三号法務局長、地方法務局長あて民事局長通達

「氏又は名の記載に用いる文字の取扱いに関する「誤字俗字・正字一覧表」について」の一部改正について（通達）

戸籍法の一部を改正する法律（令和元年法律第一七号）が公布されたことに伴い、戸籍事務において社会保障・税番号制度に基づく情報連携が開始されることを契機として、当該情報連携を円滑に実施するため令和元年九月に「戸籍統一文字に関するワーキンググループ」を設置し、令和六年二月までの間、戸籍に記録されている文字について、有識者による漢和辞典等の確認作業を行いました。

これを踏まえ、平成一六年一〇月一四日付け法務省民一第二八四二号当職通達「氏又は名の記載に用いる文字の取扱いに関する「誤字俗字・正字一覧表」について」を下記のとおり改めますので、これを了知の上、貴管下支局長及び管内市区町村長に周知方取り計らい願います。

記

「誤字俗字・正字一覧表」を別紙のとおり改める。

別　紙（省略）

四　平成二年一〇月二〇日付け法務省民二第五二〇〇号法務局長、地方法務局長あて民事局長通達

氏又は名の記載に用いる文字の取扱いに関する通達等の整理について（通達）

改正　平成六年一一月一六日付け法務省民二第七〇〇五号通達
平成一六年二月二三日付け法務省民一第四二一号通達
平成一六年九月二七日付け法務省民一第二六六五号通達
平成二一年四月三〇日付け法務省民一第一一〇九号通達
平成二二年一一月三〇日付け法務省民一第二九〇三号通達

氏又は名の記載に用いる文字の取扱いに関する戸籍事務の取扱いは、次のとおりとするので、貴管下支局長及び管内市区町村長に周知方取り計らわれたい。

なお、これに反する当職通達又は回答は、本通達によって変更又は廃止するので、念のため申し添える。

第1　新戸籍編製等の場合の氏又は名の記載に用いる文字の取扱い

婚姻、養子縁組、転籍等による新戸籍の編製、他の戸籍への入籍又は戸籍の再製により従前の戸籍に記載されている氏若しくは名を移記する場合、又は認知、後見開始等により戸籍の身分事項欄、父母欄等に新たに氏若しくは名を記載する場合において、当該氏又は名の文字が従前戸籍、現在戸籍等において俗字等又は誤字で記載されているときの取扱いは、次のとおりとする。

1　俗字等の取扱い

戸籍に記載されている氏又は名の文字が次に掲げる文字であるときは、そのまま記載するものとする。

(1)　漢和辞典に俗字として登載されている文字（別表に掲げる文字を除く。）

(2)　「示」、「辶」、「飠」又は「青」を構成部分にもつ正字の当該部分がそれぞれ「ネ」、「辶」、「食」又は「青」と記載されている文字

2　誤字の取扱い

(1)　誤字の解消

戸籍に記載されている氏又は名の文字が誤字で記載されているときは、これに対応する字種及び字体による正字又は別表に掲げる文字（以下「正字等」という。）で記載するものとする。

対応する字種に字体が複数あり、そのいずれの字体に対応するかについて疑義がある場合には、それらの

字体のうち「通用字体」（常用漢字表（平成二二年内閣告示第二号）に掲げる字体（括弧書きが添えられているものについては、括弧の外のもの）をいう。）又は戸籍法施行規則（昭和二二年司法省令第九四号）別表第二（以下「規則別表第二」という。）の一に掲げる字体を用いるものとする。ただし、対応する正字等を特定する上で疑義がある場合には、管轄法務局若しくは地方法務局又はその支局（以下「管轄局」という。）の長の指示を求めるものとする。

(2) 事由の記載

従前の戸籍に誤字で記載されている氏又は名の文字を新たに戸籍にこれに対応する正字等で記載した場合には、その事由については、戸籍に記載を要しない。

(3) 告知手続

従前の戸籍に氏又は名の文字が誤字で記載されており、新たに戸籍の筆頭者氏名欄又は名欄にこれに対応する正字等で記載する場合は、戸籍の記載の事前又は事後に書面又は口頭でその旨を告知するものとする。ただし、届出書の届出人署名欄に正字等で自己の氏又は名を記載して届出をした者に対しては、告知を要しない。

ア　告知は、新たに戸籍の筆頭者氏名欄又は名欄に記載する市区町村長（以下「記載市区町村長」という。）又は届出等を受理した市区町村長が行う。届出等を受理した市区町村長が行った場合は、届書等を記載市区町村長へ送付する際に告知した内容を通知するものとする。

イ　告知の相手方は、筆頭者氏名欄の氏の場合は筆頭者（筆頭者が除籍されている場合は、配偶者。配偶者も除籍されている場合は、同戸籍に記載された他の者全員）に対し、名欄の場合は本人に対してこれを行う。

ウ　郵送により告知する場合は、本人の住所地にあて、告知書を発送すれば足りる。また、告知の相手方が届出人である場合に、使者により届出等がされたときは、使者に告知書を交付すれば足りる。

エ　記載市区町村長は、告知をした日、方法、内容等を適宜の方法で記録するものとする。なお、告知を要しない場合は、届書の欄外に適宜の方法でその旨を記載するものとする。

第2　戸籍の氏又は名の文字の記載の訂正

戸籍の氏又は名の文字が俗字等又は誤字で記載されている場合において、その文字をこれに対応する正字等に訂正する申出があったときは、市区町村長限りで訂正して差し支えない。ただし、対応する正字等を特定する上で疑義がある場合には、監督局の長の指示を求めるものとする。

1　申出人

(1)　筆頭者氏名欄の氏の文字の記載を訂正する申出は、当該戸籍の筆頭者（十五歳未満のときは、その法定代理人）及びその配偶者がしなければならない。その一方が所在不明又はその他の事由により申出をすることができないときは、他の一方がすることができ、この場合には、申出書にその事由を記載しなければならない。これらの者が除籍されているときは、同戸籍に在籍している者（十五歳未満のときは、その法定代理人）が共同ですることができる。

(2)　名欄の名の文字の記載を訂正する申出は、本人（十五歳未満のときは、その法定代理人）がしなければならない。

(3)　筆頭者氏名欄及び名欄以外の欄の氏又は名の文字の記載を訂正する申出は、当該戸籍の名欄に記載されている者（十五歳未満のときは、その法定代理人）がしなければならない。

2　申出の方法等

(1)　訂正の申出は、いつでもすることができる。戸籍記載の基本となる届出と同時にするときは、届書の「その他」欄にその旨を記載すれば足りる。

(2)　氏又は名の文字の記載の訂正は、一つの戸籍ごとに申出を要するものとする。

(3)　訂正の申出書（その申出が「その他」欄に記載された届書を除く。）は、戸籍法施行規則第二十三条第二項の種目により受付の手続をし、戸籍の記載後は、一般の届書類に準じて整理保存する。

3　訂正の及ぶ範囲

筆頭者氏名欄の氏の文字の記載を訂正する場合は、同一戸籍内のその筆頭者の氏の文字の記載をすべて訂正するものとする。また、その者の氏のほか、その者と同一呼称の氏の文字についても訂正することができる。

名欄の名の文字の記載を訂正する場合は、同一戸籍内のその者の名の文字の記載をすべて訂正するものとする。

4 訂正事由の記載

(1) 筆頭者氏名欄の氏の文字の記載の訂正をする場合は、戸籍事項欄に訂正事由を記載するものとし、この場合において3により同一戸籍内の他の欄においてその者の氏又はその者と同一呼称の氏の文字を訂正するときは、個別の訂正事由の記載を要しない。

(2) 名欄の名の文字の記載の訂正をする場合は、その者の身分事項欄に訂正事由を記載するものとし、この場合において3により同一戸籍内の他の欄においてその者の名の文字の記載を訂正するときは、個別の訂正事由の記載を要しない。

(3) 筆頭者の名の文字の記載の訂正に伴って筆頭者氏名欄の名の文字の記載の訂正をする場合は、戸籍事項欄に訂正事由の記載を要しない。

(4) 筆頭者氏名欄及び名欄以外の欄の氏又は名の文字の記載の訂正をする場合は、当該戸籍に記載されている者の身分事項欄にその訂正事由を記載する。

この場合の戸籍の記載は、本日付け法務省民二第五二〇一号当職通達をもって示した戸籍記載例216及び217の例による。

5 訂正事由の移記

氏又は名の文字の記載を訂正した後に、転籍し、新戸籍を編製し、又は他の戸籍に入籍する者については、氏又は名の文字の記載の訂正事由は、移記を要しない。

6 届書に正字等で記載した場合の取扱い

戸籍の筆頭者氏名欄の氏の文字が誤字又は俗字で記載されている場合において、1(1)に記載された者が、届書の届出人署名欄に正字等で氏を記載して届け出たときは、氏の文字の記載の訂正の申出があった場合と同様に取り扱い、その氏の文字の記載を訂正することができる。

名欄の名の文字が誤字又は俗字で記載されている者が、届書の届出人署名欄に正字等で名を記載して届け出た場合も、同様とする。

第3 戸籍の氏又は名の文字の記載の更正

戸籍の筆頭者氏名欄又は名欄の氏又は名の文字については、次の場合に更正することができ、更正の申出があった場合は、市区町村長限りで更正して差し支えない。

1 更正のできる場合

(1) 通用字体と異なる字体によって記載されている漢字を通用字体の漢字にする場合

(2) 規則別表第二の一の字体と異なる字体によって記載されている漢字を規則別表第二の一の字体の漢字にする場合（対応する字体を特定する上で疑義がある場合には、管轄局の長の指示を求めるものとする。）

(3) 変体仮名によって記載されている名又は名の傍訓の文字を平仮名の文字にする場合

(4) 片仮名又は平仮名の旧仮名遣いによって記載されている名又は名の傍訓の文字を現代仮名遣いによる文字にする場合

2 申出人等

申出人、申出の方法等、更正事由の記載、更正事由の移記については、前記第2のうち、1(1)及び(2)、2、4及び5に準じて行う。

この場合の戸籍の記載は、前記当職通達をもって示した戸籍記載例218の例による。

3 更正の及ぶ範囲

筆頭者氏名欄の氏の文字の記載を更正する場合は、同一戸籍内のその筆頭者の氏の文字の記載をすべて更正するものとする。著しい差異のない字体への更正の場合は、その者の氏のほか、その者と同一呼称の氏の文字についても更正することができる。

名欄の名の文字の記載を更正する場合は、同一戸籍内のその者の名の文字の記載をすべて更正するものとする。

なお、父母の氏又は名の文字の記載が更正された場合には、父母と戸籍を異にする子は、父母欄の更正の申出をすることができる。この場合において、子が父母と本籍地を異にするときは、父母の氏又は名の文字の記載が更正された後の戸籍謄（抄）本を添付しなければならない。

4 新戸籍編製の事由となる届出と同時に申出があった場合の更正の方法

婚姻、養子縁組、転籍等により新戸籍を編製し、又は他の戸籍に入籍する場合において、その届出と同時に更正の申出があったときは、従前の戸籍で氏又は名の文字の記載を更正する。

筆頭者及び配偶者以外の者が自己の氏を称する婚姻等の届出をし、その者を筆頭者とする新戸籍を編製する場合において、その届出と同時に氏の更正の申出をしたときは、更正後の氏で新戸籍を編製し、同戸籍の戸籍事項欄に更正事由を記載する取扱いをして差し支えない。

第4　変体仮名によって記載されている名について

変体仮名によって記載されている名を戸籍の筆頭者氏名欄及び名欄以外の欄に記載する場合は、従前の戸籍の検索等に支障を来さない限り、平仮名を用いて差し支えない。

別紙

侠倶倦僅儲剥卿厩叛唖哨噌噛噂嚢堵填
賓屑屠嵜崎巷庖廠徽愈掴掻捗捲摺撹撰
擢昪晦腿柳桒梼榊槌楢榔樋槁樽櫛欝歎
涛渕溌溢溺漣淮潤瀞濱瀦瀬灘焔煉煽猷
甑瞥砺祁祇穐竈箸箪篭綛繋繍翫翰舘舩
莱葛蒋蓬蔽薯藪薩藷蛎蛸蝕蝋蝉蝿襖諫
諺謎謬賎賭躯辻迂迄辿迦迩這逗逢遁逼
遡遜遏鄭酋醗醤鈎錆鎚鑓鞄鞘頚頬顛飴
餌餅饗騨髙鯖鯵鱒鴎鳶鹸麸麹

五　令和六年一一月一一日付け法務省民一第二四五一号
法務局民事行政部長、地方法務局長あて
法務省民事局民事第一課長通知

戸籍事務を電子情報処理組織によって取り扱う場合における氏又は名の記録に用いる漢字の字体の取扱いについて（通知）

戸籍法の一部を改正する法律（令和元年法律第一七号）の一部及び戸籍法施行規則の一部を改正する省令（令和六年法務省令第五号）が本年三月一日に施行されましたが、これにより、戸籍事務を電子情報処理組織によって取り扱う場合における氏又は名の記録に用いる漢字の字体につき、戸籍法施行規則（昭和二二年司法省令第九四号。以下「規則」という。）第六八条の二（現第六八条の三）が新設され、同条第三号の「その他法務大臣の定める字体」が別添のとおり定められ、法務省ホームページにおいて示されるとともに、本年八月三〇日付け法務省民一第二〇〇〇号法務省民事局長通達においても示されたところです。

これは、電子情報処理組織において使用することができる漢字の字体の範囲を法令上明確にすることによって、それ以

外の正しい日本文字とはいえない文字の発生を防ぎ、広域交付制度やマイナンバー制度に基づく戸籍情報連携に支障を生じさせる事態を抑止するとともに、国・地方公共団体の行政事務のデジタル化、標準化の阻害要因である出典の不明な文字の発生の抑制を図るものです。したがって、規則に反する文字については、氏又は名の記録に用いることはできず、磁気ディスクをもって調製された戸籍（以下「電算化戸籍」という。）に記録することもできないので、これを了知の上、貴管下支局長及び管内市区町村長に周知方取り計らい願います。

なお、仮に、家庭裁判所が氏若しくは名の変更についての許可の審判又は戸籍の訂正についての許可の審判において、規則に反する文字を戸籍に記載する旨の審判をした場合には、当該文字を電算化戸籍に記録することはできないので、規則第六九条の電子情報処理組織による取扱いに適合しない戸籍として、紙の戸籍を編製することとなります。

また、氏又は名以外に漢字を用いる場合についても、本年二月二六日付け法務省民一第五〇〇号法務省民事局長通達第5の1(2)により、規則第六八条の三各号の字体で記録することとされていますが、外国人の氏名について、仮に、家庭裁判所が戸籍の訂正についての許可の審判において、規則に反する文字を戸籍に記載する旨の審判をした場合には、当該文字を電算化戸籍に記録することはできないので、昭和五九年一一月一日法務省民二第五五〇〇号民事局長通達第4の3(1)に従い、片仮名で記載することとして差し支えありません。

別　添

令和六年三月一日法務省民事局（令和六年八月三〇日更新）

戸籍事務を電子情報処理組織によって取り扱う場合における氏又は名の記録に用いる漢字の字体戸籍法施行規則（昭和二二年司法省令第九四号）第六八条の三第三号に定める戸籍事務を電子情報処理組織によって取り扱う場合における氏又は名の記録に用いる漢字の字体であって、法務大臣が定める字体は以下のとおりである。

1　康熙字典体又は漢和辞典で正字又は俗字とされている字体（同字、古字又は本字とされている字体を含む。）

2　当用漢字表（昭和二一年内閣告示第三二号）の字体のうち、常用漢字表（昭和五六年内閣告示第一号）においては括弧に入れて添えられなかった従前正字として取り扱われてきた「慨」、「概」、「免」及び「隆」

3　国字で戸籍法施行規則第六八条の二第一号及び第二号並びに上記一及び二に準ずる字体

4　「示」、「辶」、「飠」又は「靑」を構成部分に持つ正字の当該部分がそれぞれ「礻」、「辶」、「食」又は「青」と記載されている字体

5　下表に掲げる字体（平成二二年一一月三〇日付け法務省民一第二九〇三号法務省民事局長通達により改正された平成二年一〇月二〇日付け法務省民二第五二〇〇号法務省民事局長通達別表に掲げる字体と同一の字体）

（省略）

【編注】下表に掲げる字体は一九〇頁上段を参照。

【参照条文】 戸籍法施行規則

第六十八条の三　戸籍事務を電子情報処理組織によって取り扱う場合において、氏又は名に漢字を用いるときは、次の各号に掲げる字体で記録するものとする。

一　常用漢字表に掲げる字体（括弧書きが添えられているものについては、括弧の外のものに限る。）

二　別表第二に掲げる字体

三　その他法務大臣の定める字体

六　平成六年一一月一六日付け法務省民二第七〇〇五号法務局長、地方法務局長あて民事局長通達（抄）

戸籍法施行規則の一部を改正する省令の施行等に伴う関係通達等の整備について（通達）

戸籍法施行規則の一部を改正する省令（平成六年法務省令第五一号。第五八条及び付録第一一号様式から付録第一四号様式までの改正部分を除く。）が本年一二月一日から施行されること等に伴い、平成二年三月一日付け法務省民二第六〇〇号当職通達その他の関係通達等を下記のとおり改めるので、これを了知の上、貴管下支局長及び管内市区町村長に周知方取り計らい願います。

なお、これに反する当職通達又は回答は、本通達によって変更又は廃止をするので、念のため申し添えます。

記

第1　戸籍記載例（略）

第2　氏又は名の記載に用いる文字の取扱い

1　平成二年一〇月二〇日付け法務省民二第五二〇〇号当職通達中「第1　新戸籍編製等の場合の氏又は名の記載に用いる文字の取扱い」の項を別紙2（省略、平成二年

一〇月二〇日付け法務省民二第五二〇〇号民事局長通達第1参照）のように改める。

2　改正前通達による取扱いにより正字で記載した俗字の取扱い

1による改正前の当職通達による取扱いにより漢和辞典に俗字として登載されている文字を正字で記載した場合において、従前の戸籍に記載された俗字への変更の申出があったときは、1による改正後の当職通達第3の文字の記載の更正の申出があった場合の処理に準じて更正して差し支えない。

第3　名の傍訓の取扱い（略）

第4　日本標準時地外の地で死亡した者の死亡の日時の記載（略）

七　平成一六年九月二七日付け法務省民一第二六六五号法務局長、地方法務局長あて民事局長通達

「氏又は名の記載に用いる文字の取扱いに関する通達等の整理について」の一部改正について

本日、戸籍法施行規則等の一部を改正する省令（平成一六年法務省令第六六号）が公布・施行されましたが、この改正に伴い、平成二年一〇月二〇日付け法務省民二第五二〇〇号当職通達を下記のように改正しますので、これを了知の上、貴管下支局長及び管内市区町村長に周知方取り計らい願います。

記

1　前文中「平成三年一月一日以後における」を削る。

2　第1の柱書き中「誤字又は俗字」を「俗字等又は誤字」に改める。

3　第1の1を次のように改める。

1　俗字等の取扱い

戸籍に記載されている氏又は名の文字が次に掲げる文字であるときは、そのまま記載するものとする。

(1)　漢和辞典に俗字として登載されている文字（別表

に掲げる文字を除く。）

(2) 「⺬」、「⻌」、「飠」又は「青」を構成部分に持つ正字の当該部分がそれぞれ「⺭」、「⻍」、「𩙿」又は「青」と記載されている文字

4 第1の2(1)を次のように改める。

(1) 誤字の解消

戸籍に記載されている氏又は名の文字が誤字で記載されているときは、これに対応する字種及び字体による正字又は別表に掲げる文字（以下「正字等」という。）で記載するものとする。

対応する字種に字体が複数あり、そのいずれの字体に対応するかについて疑義がある場合には、それらの字体のうち「通用字体」（常用漢字表（昭和五六年内閣告示第一号）に掲げる字体（括弧書きが添えられているものについては、括弧の外のもの）をいう。）又は戸籍法施行規則（昭和二二年司法省令第九四号）別表第二（以下「規則別表第二」という。）の一に掲げる字体を用いるものとする。ただし、対応する正字等を特定する上で疑義がある場合には、管轄法務局若しくは地方法務局又はその支局（以下「管轄局」という。）の長の指示を求めるものとする。

5 第1の2(2)及び(3)中「正字」を「正字等」に改める。

6 第2の柱書きを次のように改める。

戸籍の氏又は名の文字が俗字等又は誤字で記載されている場合において、その文字をこれに対応する正字等に訂正する申出があったときは、市区町村長限りで訂正して差し支えない。ただし、対応する正字等を特定する上で疑義がある場合には、管轄局の長の指示を求めるものとする。

7 第2の1から6まで中「正字」を「正字等」に改める。

8 第3の1を次のように改める。

1 更正のできる場合

(1) 通用字体と異なる字体によって記載されている漢字を通用字体の漢字にする場合

(2) 規則別表第二の一の字体と異なる字体によって記載されている漢字を規則別表第二の一の字体の漢字にする場合（対応する字体を特定する上で疑義がある場合には、管轄局の長の指示を求めるものとする。）

(3) 変体仮名によって記載されている名又は名の傍訓の文字を平仮名の文字にする場合

(4) 片仮名又は平仮名の旧仮名遣いによって記載されて

いる名又は名の傍訓の文字を現代仮名遣いによる文字にする場合

9　別表1及び別表2を別紙のように改める。

別　紙（省略）

【編注】別紙の表は一九〇頁上段の別表を参照。

八　平成二一年四月三〇日付け法務省民一第一一〇九号法務局長、地方法務局長あて民事局長通達

「氏又は名の記載に用いる文字の取扱いに関する通達等の整理について」の一部改正について（通達）

本日、戸籍法施行規則の一部を改正する省令（平成二一年法務省令第二四号）が公布・施行され、同規則の別表第二の一に「祷」の文字が追加されたことに伴い、平成二年一〇月二〇日付け法務省民二第五二〇〇号当職通達別表から「祷」を削除し、別表を別紙のとおり改めるので、これを了知の上、貴管下支局長及び管内市区町村長に周知方お取り計らい願います。

別　紙（省略）

【編注】別紙の表は一九〇頁上段の別表を参照。

九　平成二二年一一月三〇日付け法務省民一第二九〇三号法務局長、地方法務局長あて民事局長通達

「氏又は名の記載に用いる文字の取扱いに関する通達等の整理について」の一部改正について（通達）

本日、常用漢字表（平成二二年内閣告示第二号）が告示され、同表に「痩」及び「麺」の文字が追加されたことに伴い、平成二年一〇月二〇日付け法務省民二第五二〇〇号当職通達を下記のように改正しますので、これを了知の上、貴管下支局長及び管内市区町村長に周知方取り計らい願います。

記

1　第1の2(1)中「(昭和五六年内閣告示第一号)」を「(平成二二年内閣告示第二号)」に改める。

2　別表を別紙のように改める。

別　紙（省略）

【編注】別紙の表は一九〇頁上段の別表を参照。

一〇　平成二年一〇月二〇日付け法務省民二第五二〇二号法務局長、地方法務局長あて民事局第二課長依命通知

氏又は名の記載に用いる文字の取扱いに関する通達等の整理について（依命通知）

改正　平成六年一一月一六日付け法務省民二第七〇〇六号依命通知
平成一六年二月二三日付け法務省民一第四二二号依命通知
平成一六年九月二七日付け法務省民一第二六六六号依命通知
平成二二年一一月三〇日付け法務省民一第二九一三号依命通知

標記については、本日付け法務省民二第五二〇〇号をもって民事局長から通達されたところですが、この運用に当たっては、次の点に留意するよう貴管下支局長及び管内市区町村長に周知方取り計らわれるよう通知します。

第1　正字・俗字の取扱いについて

1　通達第1の2(1)の誤字を正字で記載する場合の正字には、漢和辞典に同字、古字又は本字として登載されている文字をも含むものとする。

2　漢和辞典に俗字として登載されている文字及び通達第1の1(2)の文字の例は、別表で示すとおりである。

3　2の別表に記載されていない文字（通達別表に記載されている文字並びに漢和辞典に同字、古字及び本字として登載されている文字を除く。）については、これに対応する字種及び字体による正字で記載して差し支えない。

4　3の取扱いにより正字で記載した後、当該文字が漢和辞典に俗字として登載されている文字又は通達第1の1(2)の文字であることが本人の申出により明らかになったときは、通達第3の文字の記載の更正の申出があった場合の処理に準じて更正して差し支えない。

第2　告知手続について

1　書面により告知する場合の様式は、別紙に準ずるものとする。

2　通達第1の2(3)に定める告知した内容の通知は、告知の年月日、告知した相手方、告知の方法及び記載することとなる正字を、送付する届書等の欄外に記載して行えば足りる。ただし、書面によって告知した場合には、送付する届書等に告知書の写しを添付してこれに代えることができる。

3　郵送により告知する場合に、届書等に記載された住所と戸籍の附票に記載されている住所が相違するときは、届書等に記載の住所地にあて告知書を発送することとする。

4 告知した旨の記録は、届書等の欄外に、また、再製の場合は、調査完了通知書の余白に記載して行う。ただし、書面により告知した場合には、告知書の写しを添付してこれに代えることができる。

5 告知書が住所不明等により返送された場合には、あらかじめ調製した返送告知書つづりにつづるものとする。

第3 著しい差異のない字体について

1 通達第3の3でいう著しい差異のない字体への更正の場合とは、次の場合をいう。

(1) 常用漢字表において従来用いられていた字体と異なる字体が通用字体として定められ、かつ、従来の字体が括弧書きで添えられていない漢字について、従来の字体を通用字体へ更正する場合

(2) 戸籍法施行規則別表第二(以下「規則別表第二」という。)の一に掲げる字体の漢字へ更正する場合であって、その字体の差異が、(1)において著しい差異のない字体への更正と認められる字体の差異と同一内容である場合(例えば、常用漢字表に掲げる「羽」と「羽」は著しい差異のない字体であるから、規則別表第二の一に掲げる「翔」と「翔」は著しい差異のない字体である。)

2 著しい差異のない字体への更正の具体例を示せば次のとおりである(括弧外の字体が更正後の字体である。)。

(1) 画数の同じもの

ア 点画の方向が異なるもの

青(靑) 刃(刄) 羽(羽) 半(半) 教(敎)

平(平) 彦(彥)

イ 点画の長さや位置関係が異なるもの

包(包) 起(起) 急(急) 呉(吳) 要(要)

雪(雪) 兼(兼) 浩(浩)

ウ 点画の形そのものが異なるもの

愉(愉) 姫(姬) 舎(舍) 間(閒) 麻(麻)

(2) 見た目の印象が似ているもの

ア 点画を続けたもの

及(及) 成(成) 奔(奔) 草(草)

その他のクサカンムリの字体

イ 点画を減らしたもの

弧(弧) 近(近)

その他のシンニョウの字体

ウ 点画の形を変えたもの

環(環) 派(派) 旅(旅) 飲(飲)

(3) その他のショクヘンの字体

(1)及び(2)による文字を構成要素とする文字

翔(翔)　清(清)　誠(誠)　忍(忍)　磨(磨)

諭(諭)

別表（省略）

別紙

平成　年　月　日

様

市区町村長

お知らせ

戸籍は、身分関係を登録・公証する公文書です。戸籍には、常用漢字、人名用漢字及びその他の正字で記載することになっています。

このたび、あなたからの届出に基づき新たに戸籍を作る（入籍する）ことになりましたが、戸籍に記載する文字は下記のようになります。

なお、この取扱いは、平成二年十月二十日付け法務省民二第五二〇〇号民事局長通達に基づくものです。

記

1　戸籍筆頭者の氏の文字を「　」と記載します。
2　名の文字を「　」と記載します。

【編注】原本は横組み

二　平成六年一一月一六日付け法務省民二第七〇〇六号法務局長、地方法務局長あて民事局第二課長依命通知（抄）

氏又は名の記載に用いる文字の取扱いに関する通達等の整理について（依命通知）の一部改正について（依命通知）

本日付け法務省民二第七〇〇五号をもって民事局長から戸籍法施行規則の一部を改正する省令の施行等に伴う関係通達等の整備について通達されたところですが、同通達第二の一により平成二年一〇月二〇日付け法務省民二第五二〇〇号民事局長通達の一部が変更されたことに伴い、標記平成二年一〇月二〇日付け法務省民二第五二〇二号当職依命通知中「第1　通達の運用について」の項を下記（省略、平成二年一〇月二〇日付け法務省民二第五二〇二号民事局第二課長依命通知第1参照）のとおり改めますので、貴管下支局長及び管内市区町村長に周知方取り計らわれるよう通知します。

なお、変更後の通達による取扱いは、平成六年一二月一日以後に受理した届出等に基づき戸籍に記載する場合に適用し、再製については、同日以降に再製が完了する場合に適用するものとします。

三　平成一六年九月二七日付け法務省民一第二六六六号法務局民事行政部長、地方法務局長あて民事局民事第一課長依命通知（抄）

「氏又は名の記載に用いる文字の取扱いに関する通達等の整理について」の一部改正について（依命通知）

本日付け法務省民一第二六六五号をもって民事局長から「氏又は名の記載に用いる文字の取扱いに関する通達等の整理について」の一部改正について通達されたところですが、同通達により、平成二年一〇月二〇日付け法務省民二第五二〇〇号民事局長通達の一部が変更されたことに伴い、標記平成二年一〇月二〇日付け法務省民二第五二〇二号当職依命通知を下記のとおり一部改正しますので、これを了知の上、貴管下支局長及び管内市区町村長に周知方取り計らい願います。

記

1　第1を次のように改める。

第1　正字・俗字の取扱いについて

1　通達第1の2(1)の誤字を正字で記載する場合の正字には、漢和辞典に同字、古字又は本字として登載されている文字をも含むものとする。

2　漢和辞典に俗字として登載されている文字及び通達第1の1(2)の文字の例は、別表で示すとおりである。

3　2の別表に記載されていない文字（通達別表に記載されている文字並びに漢和辞典に同字、古字及び本字として登載されている文字を除く。）については、これに対応する字種及び字体による正字で記載して差し支えない。

4　3の取扱いにより正字で記載した後、当該文字が漢和辞典に俗字として登載されている文字又は通達第1の1(2)の文字であることが本人の申出により明らかになったときは、通達第3の文字の記載の更正の申出があった場合の処理に準じて更正して差し支えない。

2　第2の2中「通達第1の3(1)」を「通達第1の2(3)」に改める。

3　第3の1(2)を次のように改める。

(2)　戸籍法施行規則別表第二（以下「規則別表第二」という。）の一に掲げる字体の漢字へ更正する場合であって、その字体の差異が、(1)において著しい差異のない字体への更正と認められる字体の差異と同一内容である場合

（例えば、常用漢字表に掲げる「羽」と「羽」は著しい差異のない字体であるから、規則別表第二の一に掲げる「翔」と「翔」は著しい差異のない字体である。）

4　別表を別紙のように改める。

別　紙（省略）

三　平成二二年一一月三〇日付け法務省民一第二九一三号法務局民事行政部長、地方法務局長あて民事局第一課長依命通知

「氏又は名の記載に用いる文字の取扱いに関する通達等の整理について」の一部改正について（依命通知）

本日、常用漢字表（平成二二年内閣告示第二号）が告示され、同表に「惧」の文字が追加されたことに伴い、平成二年一〇月二〇日付け法務省民二第五二〇二号当職依命通知別表を別紙のように改めるので、これを了知の上、貴管下支局長及び管内市区町村長に周知方取り計らい願います。

別　紙（省略）

四　平成六年一一月三〇日付け法務省民三第八七一三号法務局民事行政部長、地方法務局長あて民事局第三課長依命通知

登記名義人の表示の更正の登記等の要否について（依命通知）

本年一一月一六日付け民二第七〇〇七号民事局長通達により、氏又は名の記載に用いる文字の取扱いに関する［編注］「誤字俗字・正字一覧表」が制定されたが、登記名義人等の氏名が同通達の「誤字俗字・正字一覧表」に掲げられた誤字又は俗字で記載されている場合の登記事務の取扱いについては、下記によることとされたので、この旨貴管下登記官に周知方取り計らい願います。

記

登記名義人の表示が、上記「誤字俗字・正字一覧表」に掲げられた誤字又は俗字で記載されている者につき、所有権移転登記等の申請があった場合において、その申請書又は添付書面の氏名が同表の正字等で記載されているときは、登記名義人の表示の更正又はその者が同一人であることの証明書の添付は要しない（昭和四三年七月二日付け民事甲第二三〇二号民事局長回答参照）。

【編注】平成六年法務省民二第七〇〇七号通達「誤字俗字・正字一覧表」は、平成一六年法務省民一第二八四二号通達により全改され、更に平成二二年法務省民一第二九〇五号通達・令和六年法務省民一第一〇八三号通達により改正された。前掲一（一八〇頁）参照。

五　平成六年一一月三〇日付け法務省民三第八一九八号
法務局民事行政部長、地方法務局長あて民事局長通達

電子情報処理組織による不動産登記事務の取扱いについて（通達）

標記のことについては、平成元年五月一日付け民三第一六九八号当職通達（以下「平成元年通達」という。）、平成二年一一月二六日付け民三第五四一四号民事局第三課長依命通知及び平成三年三月二九日付け民三第二二三四号当職通達（以下「平成三年通達」という。）がされているところであるが、本年一一月一六日付け民二第七〇〇七号当職通達により、氏又は名の記載に用いる文字の取扱いに関する[編注]「誤字俗字・正字一覧表」が制定されたこと等に伴い、平成元年通達及び平成三年通達の一部を下記のとおり改めることとしたので、この旨貴管下登記官に周知方取り計らい願います。

記

1　平成元年通達第3、3、(1)及び平成三年通達第3、3、(1)を次のように改める。

(1)　誤字・俗字

人の氏名に使用されている文字が誤字俗字・正字一覧表（平成六年一一月一六日付け民二第七〇〇七号本職通達）に掲げられている誤字又は俗字であるときは、同表に掲げられている正字等に引き直して、記録するものとする。

2　平成元年通達別紙第1章、第3及び平成三年通達別紙第1章、第3を次のように改める。

(1)　誤字・俗字

人の氏名に使用されている文字が誤字俗字・正字一覧表（平成六年一一月一六日付け民二第七〇〇七号本職通達）に掲げられている誤字又は俗字であるときは、同表に掲げられている正字等に引き直して、記録するものとする。

3　平成元年通達別紙第2章、第8を次のように改める。

第8　（登記名義人の氏名の字体が不統一である場合の処理）

登記の登記名義人の氏名の字体と当該登記名義人に係る権利を目的とする権利に関する登記中の同人の氏名の字体又は当該登記名義人の表示の変更若しくは更正の登記中の同人の氏名の字体とが異なる場合は、登記名義人の氏名の字体に統一して（それが誤字又は俗字であるときは、正字等に引き直して）移記する。

4　平成元年通達別紙第1章、第2を次のように改める。

第2　（移記を要する登記）

移記は、不動産登記法第一五一条ノ二第一項の規定による指定がされた日において現に効力を有しない登記を省略してすることができる。ただし、土地の登記用紙の表題部にされている地番、地目及び地積に関する登記（地積を平方メートルに書き換える前の尺貫法の規定による表示及びその書換えをした旨の記載を除く。）並びに建物の登記用紙の表題部の「原因及びその日付」欄に記載されている登記については、この限りでない。

【編注】 平成六年法務省民二第七〇〇七号通達「誤字俗字・正字一覧表」は、平成一六年法務省民一第二八四二号通達により全改され、更に平成二二年法務省民一第二九〇五号通達・令和六年法務省民一第一〇八三号通達により改正された。前掲一（一八〇頁）参照。

		水							木		支		手		戈		
沖	決	求	杤	来	杢	杖	杣	杉	材	孜	改	抜	折	我	成	忍	忍
六四	六四	六四	五五	五四	五四	五四	五四	五四	五三	四七	四七	四三	四三	四三	四三	二九	二九
	辵	辰	谷	角					艸	艮	穴	禾			示	田	用
迂	迆	辰	谷	角	芦	芳	芙	芹	花	良	究	秀	祁	祀	礽	男	甫
一二七	一二六	一二六	一二三	一一九	一〇六	一〇六	一〇五	一〇五	一〇五	一〇五	九一	八九	八二	八二	八二	七七	七七
亅	**八画**	麥	酉						邑								
事		麦	酉	邑	邦	邦	那	那	邮	返	辻	辿	达	迎	近	迄	迁
三		一七三	一四二	一四二	一四二	一四二	一四二	一四二	一四二	一二八	一二七	一二七	一二七	一二七	一二七	一二七	一二七
	又	卩			十		刀		八	儿						人	亠
叔	取	卷	卓	卒	協	刱	刺	典	具	兒	來	侭	侠	侃	侃	佳	京
一四	一四	一三	一三	一三	一三	一〇	一〇	八	八	八	五四	七	四	四	四	四	三
山			宀		女		大				土	囗					口
岳	宕	実	宜	姉	姊	奈	奇	坦	垂	尭	坐	国	和	命	味	周	周
二九	二六	二六	二六	二五	二五	二四	二四	二〇	二〇	二〇	二〇	一九	一六	一五	一五	一五	一五
		心			彳	弓		廴			广		干				
念	忠	怪	征	径	往	弥	廹	延	庖	庖	庚	并	幸	岡	岩	岍	岸
三九	三九	三九	三八	三八	三八	三七	一二九	三六	三五	三四	三四	三四	三四	三〇	三〇	二九	二九
欠					木			月			日	方	斤		手		戸
欣	枦	杯	枡	松	枝	朋	服	服	昇	昂	易	於	斧	承	拔	所	所
六二	六二	五四	五四	五四	五四	五三	五三	五三	五〇	五〇	五〇	四九	四八	四四	四四	四三	四三
	艸		肉	竹	穴				示	矢	目	牛				水	止
苑	英	肥	股	竺	空	祇	礿	祀	祁	知	直	牧	波	沼	治	泥	武
一〇六	一〇六	一〇三	一〇三	九二	九一	八三	八二	八二	八二	八〇	七九	七四	六四	六四	六四	六四	六二
											辵	虍					
迪	迤	迺	述	迣	迒	迕	迓	迋	返	迎	近	虎	茂	苗	若	茎	苅
一二八	一二八	一二八	一二八	一二八	一二八	一二八	一二八	一二八	一二八	一二七	一二七	一二五	一〇六	一〇六	一〇六	一〇六	一〇六

迚 一二九　迫 一二九　迹 一二九　迦 一二九　迩 一四〇　金（金）一四四　長（長）一四八　門（門）一四八　阿（阜）一四九　陀 一四九　雨（雨）一五一　斉（齊）一七四

九画

乗（丿）二　亭（亠）三　亮 三　俠（人）四　俊 五　信 五　俣 五　侶 五　前（刀）一〇　前 一〇　勉（力）一二　南（十）一三　厚（厂）一四　叛（又）一四　叛 一四　哉（口）一六　咲 一六　咲 一六　品 一六　圀（囗）一九　垣（土）二〇　埣 三〇　契（大）二四

奎 二四　奏 二四　威（女）二五　姨 二五　宣（宀）二六　宥 二六　峠（山）三〇　巻（己）三三　巷 三三　巷 三三　廻（廴）三六　建 三六　彦（彡）三七　彦 三七　後（彳）三八　律 三八　協（心）三九

恒 三九　恆 四〇　恂 四〇　指（手）四四　敇（攴）四七　政 四七　施（方）四九　映（日）五〇　昭 五〇　是 五〇　昼 五〇　栙（木）五四　栄 五五　枳 五五　柴 五五　柵 五五　柿 五五　柹 五五

染 五五　栃 五五　柏 五五　柄 五六　柄 五六　柳 五六　柳 五六　段（殳）六三　海（水）六四　洪 六四　津 六四　浅 六四　派 六五　派 六五　滋 六七　為（火）七三　狭（犬）七四　狐 七四

珂（玉）七五　珍 七五　甚（甘）七七　畑（田）七七　畊 一〇二　皆（白）七八　皇 七八　盃（皿）五五　盈 七九　省（目）七九　冒 七九　研（石）八一　砌 八一　祾（示）八二　祇 八二　祆 八二　祢 八二　祅 八二

祝 八二　祖 八二　祋 八二　神 八二　祉 八二　祊 八四　祐 八四　秋（禾）八九　竿（竹）九二　粂（米）九五　籾 九五　紀（糸）九六　美（羊）一〇〇　胤（肉）一〇二　胖 一〇二　荒（艸）一〇六　荘 一〇七　草 一〇七

苧 一〇七　貞（貝）一一二　負 一一二　軌（車）一一五　迪（辵）一一八　迫 一一九　迤 一一九　迱 一一九　迦 一一九　逆 一一九　迴 一一九　迮 一一九　迠 一二〇　迹 一二〇　迣 一二〇　迩 一二〇　退 一二〇　逅 一二〇

迢 一二〇　迡 一二〇　逃 一二〇　郁（邑）一四二　郊 一四二　郎 一四二　酋（酉）一四二　酒 一四二　重（里）一四四　面（面）一五三　革（革）一五三　風（風）一五五　飛（飛）一五五　香（香）一六七

一〇画

乗（丿）二　俣（人）五　倭 五

	刀			冫	冖		八										
剛	剣	涼	凌	凊	冤	兼	兼	倫	俯	倉	倩	倢	修	倅	倦	倶	倶
一一	一〇	六六	九	九	九	九	八	六	六	六	六	六	五	五	五	五	五
		宀	夊		土							口	厂	卩	力		
宵	宰	宮	夏	埒	埓	唖	唐	唐	哲	哨	哨	員	原	卿	勉	剥	剝
二六	二六	二六	二三	二〇	二〇	一七	一六	一六	一六	一六	一六	一六	一四	一二	一一	一一	一一
					心	广			巾			山			尸		
恵	恭	悍	恩	悦	悦	座	師	帰	帰	峯	峰	島	展	屑	屑	容	宵
四〇	四〇	四〇	四〇	四〇	四〇	三五	三三	三三	三三	三〇	三〇	三〇	二九	二九	二九	二六	二六
		木	曰						日		方	攴	手				
桧	桜	栢	晦	晟	晉	晋	晒	晄	晃	旅	旅	敏	捗	悖	悌	恥	息
五六	五六	五五	五一	五一	五一	五〇	五〇	五〇	五〇	四九	四九	四七	四四	四一	四一	四〇	四〇
石	矢		目		皿		田	火					水				
砥	矩	眞	真	益	益	留	畝	烏	涛	浦	泰	浩	浩	梅	桃	桒	桑
八一	八一	八〇	七九	七九	七九	七八	七八	七三	七〇	六五	六五	六五	六五	五七	五七	五六	五六
																示	
祓	祔	祙	祚	祏	祥	祀	祗	祠	祢	祜	祛	袂	祐	祖	祝	祢	砺
八五	八五	八五	八五	八五	八四	八四	八四	八四	八四	八四	八四	八四	八四	八三	八三	八三	八一
舟	至			肉		耒		羽				糸		竹	穴	禾	
航	致	能	脇	胸	耕	耕	翁	翁	網	純	紗	紘	笑	笑	窈	秦	禘
一〇五	一〇四	一〇三	一〇三	一〇三	一〇二	一〇二	一〇一	一〇一	九八	九六	九六	九六	九二	九二	九一	九〇	八五
		辵	身		走		貝	言	血	虫	虍				艸		
迴	迻	逆	躬	赳	起	財	貢	記	衄	蚊	虔	莱	荻	華	莊	舩	般
一三〇	一三〇	一二九	一二五	一二四	一二四	一二三	一二三	一一九	一一七	一一五	一一五	一〇八	一〇七	一〇七	一〇七	一〇五	一〇五
金	酉	邑															
釜	酒	郡	逢	逗	這	迾	逕	逈	透	迺	造	迹	迿	迨	逅	适	迹
一四五	一四三	一四三	一三一	一三一	一三一	一三一	一三一	一三一	一三一	一三一	一三一	一三一	一三一	一三一	一三一	一三一	一三〇

部首	字	頁
阜	降	一四九
	陞	一四九
食	飢	一五五
馬	馬	一六七
高	高	一六八
鬼	鬼	一六九

一一画

部首	字	頁
人	倦	五
	假	六
	健	六
儿	兜	八
冖	冨	二七
力	勘	二
	勖	二
	務	二
	勒	二
口	啞	一六
	啓	一七
	啓	一七
囗	國	一九
	圍	一九
土	域	二
	埴	二
	堀	二
	堵	三
士	壷	三
女	婧	二五
宀	寄	二六
	寇	二六
	害	二七
	密	二七
寸	將	二八
尸	屠	二九
山	崎	三
	寄	三
	崇	三
	崝	三
巾	常	三三
	帯	三三
广	庵	三五
	康	三五
	庶	三五
弓	強	三七
	弸	三七
彡	彩	三八
	彪	三八
	彬	三八
彳	從	三八
	得	三八
心	惇	四
	悴	四
	悠	四
戈	戛	四三
	戚	四三
手	捗	四四
	掛	四四
	掬	四四
	掘	四四
	捲	四四
	捷	四四
	掻	四五
	掴	四五
攴	敏	四七
	救	四七
	教	四七
	敎	四七
	敍	四七
	敕	四七
方	旋	四九
	族	四九
日	昪	五〇
	晦	五一
	晤	五一
	晨	五一
	晰	五一
曰	曽	五三
月	望	五三
	望	五三
木	桝	五四
	梛	五六
	梅	五七
	梓	五七
	條	五七
	梶	五七
	梁	五七
	梼	六一
毛	毬	六三
水	淺	六五
	済	六五
	渋	六五
	淑	六五
	淳	六六
	渉	六六
	清	六六
	淸	六六
	淡	六六
	添	六六
	涼	六六
	渕	六六
火	焔	七三
犬	猜	七四
	猪	七五
	猛	七五
玉	琢	七六
	琅	七六
瓦	瓶	七七
白	皐	七八
皿	盛	七九
目	眺	八〇
	眸	八〇
石	研	八一
示	祥	八四
	裀	八五
	袷	八五
	祭	八五
	祬	八五
	祧	八五
	祷	八五
	衹	八六
立	章	九二
竹	笹	九二
	符	九三
糸	経	九六
	紺	九六
	細	九六
肉	脩	一〇三
舟	船	一〇五
	船	一〇五
艸	荻	一〇七
	菅	一〇七
	荅	一〇七
	菊	一〇八
	菫	一〇八
	菜	一〇八
	萌	一〇八
	萠	一〇八
	萊	一〇八
	菱	一〇八
	葛	一〇八
虍	處	九
虫	蛎	一一七
衣	袴	一一七
見	規	一一九
身	躯	一二五
辵	造	一三
	透	一三
	逸	一三三
	逑	一三三
	逛	一三三
	逕	一三三
	逊	一三三
	這	一三三
	逎	一三三
	逡	一三三
	逍	一三三
	進	一三三
	逷	一三三
	逞	一三三
	逖	一三三
	逗	一三三
	逋	一三三
	逢	一三三

	逢	一三三
	逍	一三三
	逌	一三三
邑	郷	一四三
	部	一四三
里	野	一四四
金	釭	一四五
阜	陰	一四九
	陶	一四九
	隆	一四九
雨	雪	一五一
	雪	一五一
青	彭	一五二
	晴	一五二
食	飲	一五五
	飪	一五五
	飦	一五五
	飣	一五五
高	高	一六八
魚	魚	一六九
鳥	鳥	一七〇
鹿	鹿	一七二
麥	麸	一七三
黄	黄	一七三
黑	黒	一七四
齊	斎	一七五

一二画

人	偉	六
	傘	六
	僅	六
力	勤	一二
	勝	一三
	勝	一三
十	博	一三
	博	一三
卩	卿	一三
厂	厥	三六
口	喚	一七
	喜	一七
	喬	一七
	善	一七
土	堯	二〇
	堰	二二
	堺	二二
	堅	二二
	場	二二
	塚	二二
	堤	二二
	堵	二二
	塔	二三
	墅	一四四
士	壹	二三
大	奥	二四
宀	富	二七
寸	尋	二六
	尋	二六
	尊	二六
	尊	二六
尸	屠	二九
山	崎	三三
	嵜	三三
	嵐	三三
己	巽	三三
	巽	三三
巾	帽	三三
幺	幾	三四
弓	強	三七
彳	御	三八
	復	三九
心	惠	四〇
	惠	四〇
	惣	四一
	愉	四一
手	捲	四四
攴	敢	四七
	敬	四七
	敦	四八
文	斑	四八
	斐	四八
日	暁	五一
	景	五一
	晶	五一
	晴	五二
	晴	五二
	智	五二
曰	曾	五二
木	植	五七
	森	五七
	椿	五七
	棗	五七
	棚	五七
	椎	五七
	椋	五八
水	淵	六六
	渙	六六
	減	六六
	港	六七
	港	六七
	滋	六七
	湊	六七
	渡	六七
	湯	六七
	満	六七
	澆	七〇
火	焰	七二
	無	七二
	煉	七二
爫	爲	七二
犬	猪	七五
	猶	七五
	猶	七五
玉	琢	七六
	瑛	七六
	琴	七六
田	留	七八
癶	登	七八
白	皓	七八
	皓	七八
皿	盛	七九
示	祓	八六
	禄	八六
	祳	八六
	祿	八六
	禄	八六
禾	程	九〇
竹	筐	九三
	筋	九三
	策	九三
	筑	九三
	答	九三
	筏	九三
米	粤	九五
糸	結	九六
	絢	九七
	紫	九七
	絎	九七
羽	翔	一〇一
	翔	一〇一
艸	萬	二
	菴	三五
	菅	一〇七
	菱	一〇八
	葛	一〇八
	葵	一〇九
	菁	一〇九
	葉	一〇九
	落	一〇九
	萱	一〇九
	董	一一〇
血	衆	一一七
衣	補	一一七
	裕	一一八
豕	象	一二三
貝	貳	三六
	賀	一二三
	貴	一二三
走	越	一二四
辵	逸	一三三
	進	一三三
	逶	一三四
	逍	一三四
	逵	一三四

逫 一三四　遣 一三四　送 一三四　違 一三四　達 一三四　逷 一三四　道 一三四　迸 一三五　遊 一三五　遊 一三五　逯 一三五　遁 一三六　逼 一三七　里 量 一四四　金 鈎 一四五　門 開 一四八　間 一四八　閒 一四八

閑 一四八　閔 一四八　阜 陰 一四九　隆 一四九　隅 一五〇　陽 一五〇　隈 一五〇　隹 雁 一五〇　雄 一五〇　雨 雲 一五一　革 靭 一五三　韭 韮 一五四　頁 順 一五四　須 一五四　食 飦 一五五　飯 一五五　飭 一五五　黄 黄 一七三

一三画

人 僅 六　傑 六　僧 七　傳 七　傭 七　力 勤 一二　勸 一二　勢 一二　口 嗣 一七　囗 圓 一九　園 一九　土 塚 二一　塩 二二　塙 二二　塡 二二　塡 二二　塗 二二

夕 夢 二三　大 奧 二四　宀 寛 二七　山 嵯 三一　巾 幕 三二　干 幹 三四　广 廉 三五　廉 三五　心 愛 四一　愼 四一　慎 四一　愈 四一　愈 四一　戈 戡 四三　手 搔 四五　搥 四五　支 数 四八　斤 新 四八

日 暉 五二　曰 會 五三　月 腿 一〇三　木 極 五八　楯 五八　楢 五八　楢 五八　楮 五八　椹 五八　榊 五九　槌 五九　椰 五九　止 歳 六三　歲 六三　水 滋 六七　滋 六七　溢 六八　溢 六八

溫 六八　源 六八　溝 六八　準 六八　溺 六八　溺 六八　溜 六八　漣 六九　火 照 七二　煉 七二　犬 猿 七五　猷 七五　献 七五　田 當 七八　皿 盟 七九　目 睛 八〇　督 八〇　睦 八〇

示 祿 八六　祼 八六　祺 八六　禍 八六　䄍 八六　禅 八七　禎 八七　禂 八七　福 八七　䄂 八七　禾 稔 九〇　稗 九〇　稜 九〇　稟 九〇　竹 節 九三　糸 經 九六　緫 九七　緫 九七

繼 九七　絹 九七　綏 九七　网 置 一〇〇　羊 義 一〇一　耳 聖 一〇二　聖 一〇二　聿 肆 一〇二　肅 一〇三　肉 腸 一〇三　艸 葛 一〇八　葦 一〇九　葦 一〇九　葭 一〇九　萼 一〇九　萱 一〇九　菰 一〇九　董 一一〇

逑 一一〇　蓑 一一〇　蒲 一一〇　蓮 一一〇　蒋 一一一　蓬 一一一　虫 蛸 一一五　蛸 一一五　衣 裾 一一八　裏 一一八　角 解 一一九　言 詰 一一九　詢 一一九　詳 一二〇　誠 一二〇　豆 豊 一二三　貝 賎 一二三　足 路 一二五

辛	辰	辵															
辞	農	達	道	遊	遏	適	違	遠	遐	[illegible]	遑	遒	遂	[illegible]	遄	遌	遉
一三六	一三六	一三四	一三四	一三五	一三五	一三五	一三五	一三五	一三五	一三五	一三六	一三六	一三六	一三六	一三六	一三六	一三六
									邑	酉	金				阜		隹
運	逿	遁	逼	遅	逾	逌	遡	遜	郷	酬	鉞	鉤	鉄	鈴	隆	隔	雄
一三六	一三六	一三六	一三六	一三七	一三七	一三七	一三七	一三七	一四三	一四四	一四五	一四五	一四五	一四五	一四九	一五〇	一五〇
		食								鳥		鼎	鼓	鼠		人	
雅	雍	飮	飷	飪	飭	飩	飰	飫	飴	鳩	鳫	鼎	鼓	鼠	**一四画**	僖	像
一五一	一五一	一五六	一五六	一五六	一五六	一五六	一五六	一五六	一五六	一七〇	一七二	一七四	一七四	一七四		七	七
口			囗	土		士	宀				寸	山				广	彡
嘉	[illegible]	嗹	噌	圖	塲	增	壽	寬	寢	寧	寥	對	嶋	嶌	㠀	廏	彰
一七	一七	一七	一八	一九	二一	二二	二六	二七	二七	二七	二七	二八	三〇	三〇	三〇	三五	三八
彳	心		手					方	日	木							
德	慥	慕	摑	摺	摺	摓	摙	旗	暢	榮	榎	樺	構	構	榊	榛	槙
三九	四一	四三	四五	四五	四五	四五	四五	四九	五三	五五	五八	五八	五八	五八	五九	五九	五九
						欠		水						火			
槇	槉	槌	榧	榔	樋	歌	歎	滿	漁	漆	漨	漣	漼	熙	煸	煸	[illegible]
五九	五九	五九	五九	五九	六〇	六二	六二	六八	六九	六九	六九	六九	七一	七二	七三	七三	七三
		爻	目	石	示								禾				
煺	熊	爾	睿	碩	禎	福	禋	禊	禔	禗	禓	禘	禖	穀	種	稱	稲
七三	七三	七四	八〇	八一	八七	八七	八七	八七	八七	八七	八七	八八	八八	九〇	九〇	九〇	九〇
穴	立	竹				米		糸									羽
窪	端	管	箝	箒	箸	精	精	綱	緒	綪	総	綿	網	綾	緑	綠	翠
九一	九二	九三	九三	九三	九四	九六	九六	九七	九七	九七	九八	九八	九八	九八	九八	九八	一〇一
	耳		聿	肉		至	臼	艸							虫		
翠	聚	聰	肇	腿	膇	臺	與	蓑	蒲	蔭	蒜	蔣	蒨	蓬	蜻	蜜	蝕
一〇一	一〇二	一〇二	一〇三	一〇三	一〇四	一〇四	一〇四	一一〇	一一〇	一一〇	一一〇	一一一	一一一	一一一	一一五	一一六	一一六

	蝋	一一七
言	誠	一二〇
	誓	一二〇
豕	豪	一二三
車	輒	一二五
	輔	一二五
辵	違	一二五
	遠	一二五
	遲	一二七
	遘	一二七
	遲	一二七
	遡	一二七
	遜	一二七
	遟	一二七
	遞	一二八
	遝	一二八
	遢	一二八
	遒	一二八
	遙	一二八
	遛	一二八
邑	鄙	一四二
金	銕	一四五
	鉼	一四五
門	関	一四八
阜	隠	一五〇
	際	一五〇
隹	雑	一五一
青	静	一五二
	艶	一五二
革	靹	一五三
	鞄	一五三
	鞄	一五三
頁	頚	一五四
食	飽	一五六
	飲	一五六
	飴	一五六
	餂	一五六
	飵	一五七
	飻	一五七
	餗	一五七
	餅	一五七
	飶	一五七
	餄	一五七
	餌	一五七
	餅	一五八
髟	髯	一六八
鬼	魁	一六九
鳥	鳳	一七〇
	鳴	一七〇
鼻	鼻	一七四
	鼻	一七四
齊	齊	一七四

一五画

人	儀	七
刀	劍	一〇
力	勲	一三
口	器	一八
	噌	一八
	噂	一八
	噂	一八
	噛	一八
土	増	二一
女	嬉	二五
宀	寮	二七
巾	幟	三三
	幡	三三
	幣	三三
	幣	三三
广	廣	三五
	廠	三五
	廠	三六
	廛	三六
廾	弊	三六
彳	徳	三九
	徹	三九
心	慶	四二
	慧	四二
	慧	四二
手	撰	四五
	撰	四五
	播	四五
	摩	四六
	摩	四六
	攪	四六
攴	數	四八
	敷	四八
	敷	四八
木	横	五九
	樂	六〇
	樫	六〇
	槻	六〇
	権	六〇
	樋	六〇
	楗	六〇
	樓	六〇
	槁	六〇
欠	歎	六二
殳	毅	六三
水	澁	六五
	瀉	六九
	澗	六九
	澗	六九
	潔	六九
	潔	六九
	潤	六九
	潛	六九
	澄	七〇
	潑	七〇
火	熥	七三
	熱	七三
	逡	七三
	熢	七三
玉	璃	七六
	璉	七六
皿	監	七九
石	磋	八一
	磓	八一
	磐	八一
示	禕	八八
	禠	八八
	禚	八八
	禝	八八
	禮	八八
	禡	八八
禾	穀	九〇
	穗	九〇
竹	節	九三
	節	九三
	箭	九四
	箸	九四
	範	九四
	箪	九五
糸	緒	九七
	縁	九八
	緣	九八
羽	翫	一〇一
	翫	一〇一
耳	餌	一五七
舛	舞	一〇五
艸	菴	三五
	蔭	一一〇
	蕨	一一一
	蓬	一一一
	蓮	一一一
	藏	一一二
	蓫	一一三
	蔽	一一三
	蔽	一一三
虫	蝦	一一六
	蝕	一一六
	蝶	一一六
	蝉	一一六
	蝿	一一七
衣	褪	一一八
言	誼	一二〇
	諏	一二〇
	諄	一二〇
	諸	一二〇
	諫	一二〇
貝	賜	一二三
	質	一二三
	睛	一二三

金	酉		邑									辵			車		
鋪	醇	鄭	鄭	遣	遯	遭	遬	遧	逵	遺	遳	遨	輪	輤	輝	賭	賤
一四五	一四四	一四三	一四三	一三九	一三九	一三八	一三八	一三八	一三八	一三八	一三八	一三八	一二五	一二五	一二五	一二四	一二三

麥		鳥	鬼	馬								食	頁		革	青	
麩	鴎	鴈	魅	駒	養	餅	餂	餁	餁	餉	餌	餃	頰	鞏	鞍	靚	鋒
一七三	一七二	一七二	一六九	一六七	一五八	一五八	一五七	一五七	一五七	一五七	一五七	一五七	一五四	一五三	一五三	一五二	一四五

心	彳	弓	子				土		口	又	力	刀		人		黍	
憩	徽	彊	學	堝	壁	壇	墜	噠	噕	叡	勳	劒	儔	儘	**一六画**	黎	麴
四二	二九	二七	二五	二一	二一	二一	二一	一八	一八	一四	一三	一〇	七	七		一七三	一七三

					木					日	支			手	戈		
樽	樽	樹	橋	橋	橫	暸	曄	曃	暹	曉	整	撻	撾	操	戰	憲	憲
六二	六二	六二	六〇	六〇	五九	五二	五二	五二	五二	五一	四八	四六	四六	四六	四三	四二	四二

竹	穴				禾		示		瓦	犬				火			水
篔	邃	穐	穆	積	穎	禓	禬	甑	甌	㺚	燎	燁	燒	燕	澾	澤	濄
九四	九二	九一	九一	九一	九一	八一	八一	七七	七七	七五	七三	七三	七三	七三	七〇	七〇	七〇

						艸	舌	臼		羽					糸		
薄	薄	薦	薰	蕨	蔭	薗	舘	興	翰	翰	縫	繁	縋	縣	縰	篭	築
一一三	一一三	一一三	一一三	一一一	一一〇	一九	一五八	一〇四	一〇一	一〇一	九九	九九	九九	九六	九六	九五	九四

		貝							言	見		衣		行	虫		
賴	賭	賢	謎	諭	諭	諺	諺	諫	諸	親	褳	襚	衞	衛	融	藪	薯
一二四	一二四	一二三	一二一	一二一	一二一	一二一	一二〇	一二〇	一二〇	一一九	一一八	一一八	一一七	一一七	一一六	一一四	一一三

阜				金	酉												辵
隧	錫	錆	錆	鋼	醗	遭	邁	還	遲	選	遷	遹	遶	遵	遝	適	遞
一五〇	一四六	一四六	一四六	一四五	一四四	一四〇	一三九	一三九	一三九	一三九	一三九	一三九	一三九	一三九	一三九	一三九	一三九

										食		頁		革		青	
餑	餜	餔	餖	餧	餗	餛	餕	飜	館	䭋	頸	頰	鞘	鞘	靛	靜	隨
一五九	一五九	一五九	一五九	一五九	一五八	一五八	一五八	一五八	一五八	一五八	一五四	一五四	一五三	一五三	一五二	一五二	一五〇

禾		竹		糸		艸							虫	衣		西	
穩	[illegible]	籏	簞	繭	繚	藁	薳	藝	藤	藥	藍	藷	蟬	襖	襚	覆	覆
九一	九一	四九	九四	九九	九九	二一三	二一三	二一三	二一四	二一四	二一四	二一五	二一六	二一八	二一八	二一九	二一九

言				豆	貝	身	辵				酉	金					
謹	謬	謬	謨	豐	贄	軀	邇	邃	邏	邈	醬	鎰	鎹	鎖	[illegible]	鎮	鎭
一二三	一二三	一二三	一二三	一二三	一二四	一二五	一四〇	一四〇	一四〇	一四〇	一四四	一四六	一四六	一四六	一四六	一四七	一四七

				隹			雨	青	頁		食						
鎚	鎔	鎌	鎌	雜	雞	難	霤	靝	顕	類	餲	餫	饂	餬	餭	餱	餡
一四七	一四七	一四七	一四七	一五一	一五一	一五一	一五二	一五二	一五四	一五四	一六二	一六二	一六二	一六二	一六二	一六二	一六二

									香	魚	鳥	麻			土	宀	方
餕	餚	餰	饌	餪	餳	餴	餜	餧	馥	鯉	鵝	麿	麿	**一九画**	壝	寶	旞
一六二	一六二	一六二	一六三	一六三	一六三	一六三	一六三	一六七	一六九	一七一	一七三	一七三			二三	二七	四九

日	木			水								玉		田		石	示
曠	櫛	櫤	樀	瀢	瀡	瀬	瀨	瀞	瀦	瀕	瀧	瓊	瓋	疆	疇	礪	禰
一五二	一六二	一六二	一六三	一七〇	一七一	一七一	一七一	一七一	一七一	一七一	一七一	五六	五六	七六	七六	八一	八三

		竹				糸					羊	舟	色	艸			
禱	[illegible]	[illegible]	簾	籙	繪	繫	繡	繸	縫	羹	艂	艶	藤	[illegible]	蘇	[illegible]	藪
八五	八九	九五	九五	九五	九九	九九	一〇〇	一〇〇	一〇〇	一〇一	一〇五	一〇五	一二四	一二四	一二四	一二四	一二四

		虫			貝	辵				酉	金			門	隹	頁	
藷	[illegible]	蟹	蟻	蠅	贇	邊	邊	邋	邌	醱	鏡	鏠	鏈	關	難	類	顛
一二五	一二五	一二六	一二六	一二六	一二四	一四一	一四一	一四一	一四一	一四四	一四七	一四七	一四七	一四八	一五一	一五四	一五三

	食																
顚	饂	餼	餽	餻	[illegible]	[illegible]	[illegible]	餿	[illegible]	[illegible]	餹	[illegible]	餺	[illegible]	饁	餾	[illegible]
一五三	一六二	一六二	一六二	一六二	一六二	一六二	一六三	一六三	一六三	一六三	一六三	一六三	一六三	一六三	一六三	一六三	一六三

馬	魚				鳥	鹵		鹿	麥		口	土	宀	山	心	木	水
騨	鯨	鯖	鯖	鰺	[illegible]	壚	鹸	麗	麴	**二〇画**	嚴	壤	寶	巖	[illegible]	櫨	瀕
一六八	一六九	一六九	一六九	一七〇	一七一	三	一七二	一七二	一七三		一八	二三	二七	三一	四二	一六三	一七一

総画索引 （一八〜二六画）

車	貝		言	角	見			艸	肉	羽		糸	竹	立	犬
轍	隧	讓	護	觸	覺	藥	藹	蘇	蘆	臙	耀	繽	簇	競	獻	灌
三五	三四	三	三	二九	二九	二五	二五	二四	二四	○八	○四	○二	○○	九七	四九	九二	七五	七

魚	香												食	辵
鰐	鰕	馨	饗	餕	饆	饂	饅	鐋	餞	饇	饈	饉	饇	邎	邊
六六	六六	六七	六六	六五	六四	六五	六五	六五	六五	六五	六五	六三	六三	四二	四

二一画

言	衣		虫	艸	糸	竹	穴	禾	水	歹	木		手	尸
譴	襀	蠟	蠣	蘧	纏	籔	竈	穤	灘	殲	欂	櫸	權	櫻	攝	屬
三	二六	二七	二七	二五	○	九五	九一	九一	七二	六二	六六	六六	六五	六五	四九	二九

						食		門				金	辵	車	貝
饑	饎	饖	皻	饑	饋	饐	饌	闥	鐸	鐩	鍋	鐵	邂	轟	贓	譽	譾
六五	六五	六五	六五	六五	六四	六四	四九	四九	四七	四七	四七	四二	三六	二四	三	三

二二画

示	水	手	心	弓	口		鼠		鳥	魚				
禋	禳	灘	攢	懿	彎	囊	鯖	鶴	鶯	魷	饂	饋	饍	饌	饒	餛
八	八	七二	四八	四二	三七	六	七二	七二	七一	七一	七○	六五	六五	六五	六五	六五

						食	革	靑	金		辵	車	言	衣	虫	糸	竹	禾
饢	饘	饘	饢	饗	鞲	護	鑲	邐	蘿	彎	讁	襲	蠸	纕	籠	穰	禬
六六	六六	六六	六六	六六	五三	五三	四七	四一	四一	三六	三三	二六	二七	○	九五	九一	八一

二三画

	辵	貝	言	虫		竹	手		山		鳥		魚	馬	
邏	邍	邐	贖	讜	蠶	籤	籧	攪	嶬	巖	鷗	鰱	鰷	鰺	驒	饑
四	四	四	三四	三	二七	九五	九五	四八	三	三	七二	七一	七一	七一	六六	六六

鳥	鬥	革	雨	辵		言		鳥		魚	骨		食	頁		金	
鷹	鬪	鞳	靆	邁	讟	讓	鷟	鱒	鱒	體	髂	饐	饐	顯	鑛	鑑	邇
七	六	五三	五二	五	三三	三	七二	七一	七一	六六	六六	六五	六五	五五	四七	四七	四

二四画

骨	馬		食		黄		食	糸	竹	木	广		鼀	鹿		鹵	
髓	驪	饢	饢	蠱	饘	饢	纜	籩	欝	廳	鼇	麤	鹹	鹽	鸞
六六	六六	六七	六六	三三	二六	二六	一○○	九五	六六	三六	七二	六六	三	三	七

二五画

二六画

215

二七画		
食	鑴	一六七
魚	鱸	一七〇
鳥	鸛	一七一
	鸕	一七三
二八画		
食	饡	一六七
	饝	一六七
	饠	一六七
二九画		
鬯	鬱	一六八
鳥	靏	一七一
三三画		
食	⿰飠靈	一六七
鹿	麤	一七三

音訓索引（あ）

【あ】

ア

あ
- 8 阿 四九
- 10 唖 六七
- 11 啞 一七

ああ
- 窪 九三
- 於 四七
- 13 烏 五二

あい
- 20 愛 二四

アイ
- 13 藹 二五三

あい
- 16 靛 五二
- 18 藍 五二

あいする
- 愛 四一

あいぞめ
- 16 靛 五三

あいだ
- 12 間 四一

あう
- 8 逢 三三
- 10 晤 五三
- 11 逢 三三
- 13 會 五五

あえ
- 14 逞 一三五
- 16 遭 三七
- 17 遘 三七

あえ
- 20 邂 二九
- 22 饗 一四

あえて
- 12 敢 六六

あえる
- 8 和 一六

あおい
- 12 葵 一九
- 15 黎 一三九

あおぐ
- 6 仰 四

あおち
- 22 護 一三

あおる
- 6 煽 一五
- 14 煽 七二

あかざ
- 10 菜 八八
- 11 萊 八八

あがた
- 16 縣 九一

あかつき
- 12 暁 五一

あかね
- 16 茜 五一

あがめる
- 14 緒 二九

あがめる
- 11 崇 一四

あからしく
- 20 翳 三二

あがる
- 昂 五一

あき
- 8 昂 五一
- 9 秋 八一
- 11 晨 五一
- 12 章 九一
- 16 晶 五一
- 21 穐 九一

あきら
- 尓 九一
- 爾 七三

あきら
- 5 旭 四九
- 6 昂 五一
- 8 晃 五一
- 10 晟 三一
- 11 彬 五六
- 12 瑛 五六
- 13 皓 五六
- 14 皓 五六
- 暉 五二
- 爾 七三

あきらか
- 冏 三九

あきら
- 9 亮 五五
- 10 昭 五六
- 哲 五六
- 晃 五六
- 晄 五六
- 11 晤 五三
- 晰 五一
- 12 章 九一
- 晶 五一
- 渙 六六
- 彰 三二
- 14 達 一三九
- 叡 一三
- 曄 五二
- 16 瞭 五四
- 顕 五五
- 18 曠 五四
- 19 曦 五二
- 23 顯 五五

アク
- 13 飲 六六
- 17 餒 六一
- 鎧 六一

あく
- 20 開 四六
- 空 九一

あけて
- 10 啞 一七
- 11 唖 六七

あげて
- 12 空 九一
- 開 四六

あげる
- 16 餌 六五
- 17 餤 五九
- 18 餧 六一
- 19 餒 六一
- 20 餛 五九
- 24 鎧 六二

あけぼの
- 12 勝 一三
- 稱 一三

あける
- 14 稱 九一

あげる
- 17 曙 五五
- 18 曙 五五

あさい
- 8 空 九一
- 12 開 四六

あした
- 22 驒 六六
- 19 驊 六六

あしげ
- 20 翳 四一

あじきなし
- 遺 三六

あしあと
- 15 近 三六

あじ
- 18 鯵 一六七
- 19 鯵 一六七
- 22 鯵 一六七

あじ
- 味 一五

あし
- 7 芦 一六八
- 13 漁 六九

あさる
- 14 逛 一三

あざむく
- 8 迂 一三

あざみ
- 17 薊 一二

あさひ
- 6 旭 四九

あさ
- 11 淺 六五
- 9 淺 六四

あたたかい
- 溫 六
- 寇 一六

あたたか
- 11 寇 一六

あだする
- 14 與 一〇四

あたえる
- 13 稟 九二

あたう
- 10 能 一〇二

あたい
- 8 直 一七

あだ
- 11 寇 一六

あそぶ
- 15 遨 二五
- 13 遊 二二
- 遊 二二

あせる
- 15 褪 二八

あぜ
- 19 疆 七七
- 10 畝 六七

あずかる
- 11 梓 五三

あずさ
- 14 與 一〇四

あず
- 8 味 一五

あじわう
- 11 晨 五一

あたる
- 12 粤 五五
- 11 敦 四六
- 9 淳 六六
- 8 惇 四二

あたり
- 15 笠 九二
- 12 厚 一九
- 11 竺 九二

あつい
- 18 醇 六四
- 12 敦 四六
- 11 淳 六六

あつ
- 15 餲 六一
- 過 二二

アッ
- 鼎 一三四

あたる
- 13 當 六七
- 直 一七

あたる
- 19 過 二二
- 17 邊 六九

あたり
- 13 澄 七三

あたらしい
- 13 新 四四

あたためる
- 15 樋 六四

あたたまる
- 13 溫 六

あたたかい
- 13 溫 六

【あ】

よみ	番号	漢字	頁
	15	熱	一七
あつ	11	諄	一二〇
	13	醇	四四
あっし	11	淳	八六
	13	睦	一六
あっぱれ	13	適	六七
あつまる	11	述	七三
	12	湊	一二六
	13	會	五三
あつめる	14	遒	一四三
	22	聚	一〇一
		攢	一四四
あつもの	19	羹	八八
あてぎ	13	椹	六五
あてる	13	椹	六五
あて	6	充	七六
	13	當	三八
あと	9	後	三二
あとじさる	10	迹	三二
	11	逡	三二

よみ	番号	漢字	頁
あます	5	甘	一七
あまえる	15	飴	一七五
あまい	5	甘	一七
あま	18	龜	一五五
	8	雨	一五一
あふれる	13	溢	六六
	9	溢	六六
	16	盈	七九
あひる	18	鴨	一七
あばく	8	摘	四六
あね	18	姉	五二
	11	姉	五二
あなどる	8	邂	四一
	12	務	二五
	11	易	三
あながち	12	強	七二
	11	強	七二
あな	17	臘	一〇四
	11	堀	三三

よみ	番号	漢字	頁
	19	饙	一〇三
	18	錫	一〇三
	17	簎	一六一
	15	餞	一六五
	14	餃	一六七
	13	飴	一六五
	8	飴	一六五
あめ	10	雨	一五一
	10	網	九一
あみ	10	綱	九一
あまる	16	餘	一五九
	5	甘	一七
あまやかす	17	彌	一三七
	8	弥	一三七
あまねし	6	周	一五五
	8	周	一五五
	10	汎	六四
	9	俱	五五
	8	俱	五五
あまねく	16	皆	七五
		周	一五五
		周	一五五
あまる		餘	一五九

【あや】

よみ	番号	漢字	頁
あゆむ	12	道	一三四
あゆ	16	鮎	一六八
	18	謬	一三二
	16	謬	一三二
あやまる	16	操	四六
あやつる	8	怪	四九
あやしむ	12	怪	四九
あやしい	14	奇	二四
あやうい	12	幾	二三
	11	綾	九六
あや	8	彰	九七
	8	絢	四八
	21	斐	九二
	20	章	九二
		彪	九六
		彩	九六
		奇	二四
		文	四八
あめふる		雨	一五一
		饌	一六四
		饐	一六四

【あら】

よみ	番号	漢字	頁
あらわす	14	彰	二九
	7	形	二七
	19	礪	八二
あらと	10	砺	八二
あらためる	7	改	四二
あらたまる	9	革	七三
あらた	7	改	四二
	13	新	四二
あらそう	24	鬩	一六
	11	寇	三九
あらす	9	荒	三五
あらし	12	嵐	三
あらごめ	17	糙	九〇
	23	鑛	一四七
あらがね	19	鏈	一四一
	33	麤	一七
	17	糙	九〇
	10	悍	四九
あらい	9	荒	一〇一

【あ・あれ・あり】

よみ	番号	漢字	頁
	12	菴	一三五
あ	11	陰	一四九
	6	庵	一三五
アン	17	安	二五
	14	邌	一四一
	13	慥	四一
あわただしい	13	違	一三六
	9	會	五三
あわせる	8	協	二九
		弁	一三
あわせまつる	10	協	二九
あわい	11	裄	八五
あれる	9	淡	六六
ある	6	荒	一〇一
あり	19	有	五三
	23	蟻	一六
あらわれる	18	顯	一四五
	14	顯	一四五
	11	彰	二九
	7	章	九二
		形	二七

【い】

よみ	番号	漢字	頁
	14	違	一三六
	13	飴	一六五
	12	違	一三六
	10	葦	一四九
		葦	一四九
	9	透	一二三
	8	為	七
	7	偉	六
	6	飢	一五五
イ		迻	一二三
		倭	五
		迤	一二三
		迤	一二三
		為	七
		姨	二五
		威	二五
		易	三
		迆	三
		伊	三
あんこ	17	餡	一六五
あん	17	餡	一六五
	17	餡	一六五
	15	鞍	一五三
		菴	一三五
		陰	一四九

よみ	番号	漢字	頁
いえ	13	道	一三四
	12	道	一三四
いう	12	飯	一五五
いい	12	猪	一七七
	11	猪	一七七
い	6	亥	三
	23	髓	一二四
	22	譩	一三二
	21	蟲	一七
	19	懿	四四
	18	饐	一六四
	17	禕	一二七
	16	澧	一八六
	15	壔	三二
		簎	一六一
		薏	一五〇
		彝	九六
		餧	一六七
		臘	一〇四
		過	一二四
		禕	一二七
		飴	一六五
		飴	一六五
		飽	一六五

音訓索引（あ〜い）

いお　宇 6　庵 11　菴 12　薩 15　／　**いおり**　庵 11　菴 12　薩 15　／　廠 11　廠 12　薩 15　／　**いかだ**　筏 15　／　**いがた**　鑄 12　／　**いかづち**　霆 18　／　**いかん**　奈 18　／　**イキ**　域 8　／　**いき**　息 11　飽 10　／　**いきおい**　熄 19　勢 13　／　**イク**　勢 13

いく　郁 9　往 11　征 13　幾 12　／　**いくし**　師 10　戦 16　／　**いくさ**　幾 12　／　**いくばく**　幾 12　／　**いこい**　憩 16　／　**いこう**　憩 16　蘇 12　蕷 16　蘇 19　／　**いさ**　功 20　／　**いさお**　勲 15　勳 16　／　**いさぎよい**　屑 15　屑 16　廉 10　廉 13　潔 15　潔 19　／　**いさめる**　鎌 19

いさり　漁 14　諫 16　諫 15　／　**いし**　石 5　祠 10　祠 10　／　**いしずえ**　礎（石）／　**いしぶつ**　／　**いしむろ**　／　**いずくにか**　安 6　／　**いずくんぞ**　安 6　烏 10　寧 14　／　**いずる**　出 5　／　**いそ**　磯 17　／　**いそぐ**　遑 13　惣 12　／　**いそしむ**　勤 13　勤 12　／　**いただき**　顚 13　顚 13　／　**いただく**　顚 19　顚 16

いたる　之 4　迄 7　迄 6　迫 9　致 10　造 11　造 12　遷 14　邇 16　／　**イツ**　逸 10　壹 11　逸 12　／　**イチ**　逸 11　壹 14　逸 16　／　**いた**　戴 17　弔 4　戚 11　隱 14　隱 17　／　飢 10　逸 12　溢 11　溢 12　逑 13　通 16　鎰 18

いつ　五 4　／　**いつき**　斎 11　樹 16　齋 17　斎 4　齋 17　／　**いつくしむ**　恩 10　惠 11　惠 12　愛 13　／　**いする**　逸 11　逸 12　／　**いつたび**　五 4　／　**いつ**　五 4　陽 12　緒 14　緒 15　／　**いとしい**　愛 13　／　**いとぐち**　饐 21

いとま　遑 13　／　**いな**　稲 14　鯡 21　／　**いなか**　鄙 14　稲 12　／　**いのしし**　猪 11　猪 12　／　**いのち**　命 8　／　**いのる**　禱 11　禱 13　禣 16　祐 19　／　**いはい**　祐 4　／　**いま**　今 4　敕 11　筋 13　座 10　礼 5　／　**います**　／　**いや**

いわ　礼 6　弥 8　彌 17　禮 18　賎 13　鄙 14　賤 15　愈 8　愈 13　逾 17　彌 21　籲 18　／　**いりごめ**　／　**いりまじる**　遷 14　迸 18　／　**いれかわる**　鎔 14　／　**いれる**　遞 10　容 6　色 10　色 6　彩 11　／　**いよいよ**　弥 13　／　**いやしい**

イン　允 4　因 6　均 7　胤 9　員 10　祖 11　陰 12　陰 13　鈴 14　禋 14　蔭 13　隱 14　／　**いわんや**　況 8　／　**いわお**　磐 15　巖 20　巖 23　嶽 12　／　**いわう**　祝 9　祝 10　賀 12　石 5　岩 8　磐 15　巖 20　巖 23　嶽

15 蔭 一一〇
16 蔭 一一〇
17 隱 一五〇
19 贇 一二四

【う】

ウ
5 右 一四
6 宇 二五
有 五三
7 迂 一二七
迃 一二七
迂 一二七
8 雨 一五一
10 烏 一七二
17 優 七
18 優 七
20 鏂 一六三
う
5 卯 一三
18 鵜 一七一
27 鸕 一七二
うい
7 初 一〇
うえる
12 植 五七
14 種 九〇
16 樹 六一
餕 一五九
17 餧 一五九
18 餟 一五九
藝 一一三
20 饉 一六三
21 饑 一六五
うお
11 魚 一六九
うかがう
12 間 一四八
閒 一四八
13 遉 一三六
うがつ
22 攢 四六
うぐいす
16 鴬 一七一
21 鶯 一七一
うけたまわる
8 承 四四
うけつぐ
25 纘 一〇〇
うける
8 承 四四
13 稟 九〇
20 饗 一六六
22 饗 一六六
うごかす
13 逿 一三六
うごく
13 運 一三六
うし
4 丑 二
うじ
4 氏 六三
うしなう
11 逸 一三三
12 逸 一三三
うしろ
9 後 三八
うす
6 臼 一〇四
うすい
11 淡 六六
16 薄 一一三
薄 一一三
22 襛 八九
うすぎぬ
10 紗 八六
うずくまる
16 蝸 七〇
うすまる
16 薄 一一三
薄 一一三
うすめる
16 薄 一一三
薄 一一三
うすらぐ
16 薄 一一三
薄 一一三
うすれる
16 薄 一一三
薄 一一三
うた
14 歌 六三
うたい
17 謠 一二一
うたう
14 歌 六三
17 謠 一二一
うたがう
11 猜 七四
ウツ
25 欝 一六八
29 鬱 一六八
うつ
8 征 三八
9 延 一三〇
13 搥 四五
鼓 一七四
15 磓 八一
16 撾 四六
撻 四六
うつくしい
8 佳 一四
9 美 一〇〇
10 倩 六
うつす
8 迣 一二八
9 映 五〇
10 迻 一三〇
16 遷 一三九
うつばり
11 梁 五七
うつむく
10 俯 六
うつる
8 迣 一二八
9 映 五〇
10 迻 一三〇
16 遷 一三九
23 遷 一四二
うつわ
15 器 一八
うてな
13 蕚 一〇九
14 臺 一〇四
うながす
13 督 八〇
うね
10 畝 七八
19 疇 七八
うばう
10 虔 一二五
うま
10 馬 一六七
うまい
6 旨 四九
15 餂 一五七
うまや
12 厩 二五
14 廏 二五
15 廐 二五
廐 三六
うみ
9 海 六四
うむ
10 倦 五
11 倦 五
うめ
10 梅 五七
11 梅 五七
うやうやしい
10 恭 四〇
うやまう
12 敬 四七
うら
10 浦 六五
13 裏 一一八
うらみ
10 冤 九
うらむ
11 猜 七四
うり
6 瓜 七七
うる
11 得 三八
うるおう
15 潤 六九
うるおす
15 潤 六九
うるし
14 漆 六九
うるむ
15 潤 六九
うるわしい
10 倩 六
窈 九一
15 禕 八八
19 麗 一七三
22 懿 四二
うれえる
11 悴 四一
戚 四三
うわさ
15 噂 一八
噂 一八
うわる
12 植 五七
ウン
12 雲 一五一
18 饂 一六一
饂 一六一
19 饂 一六二

【え】

エ
9 廻 三六
10 恵 四〇
12 惠 四〇
惠 四〇
13 會 五三
15 慧 四二
19 慧 四二
繪 九九
22 饖 一六六
え
6 江 六三
9 柄 五六
柄 五六
重 一四四
14 餌 一五七
15 餌 一五七
エイ
5 央 二四
永 六三
6 曳 五三
8 英 一〇六
9 映 五〇
栄 五五
盈 七九
12 景 五一
瑛 七六
14 榮 五五
睿 八〇
16 叡 一四
穎 九一
衛 一一七
衞 一一七
17 嶸 三三
18 鍚 一六二
27 鸎 一六七
エキ

音訓索引（い～お）

え

読み	漢字	頁
	易	吾
	益	七九
	益	七九
えさ	餌	七七
えさ	餌	七七
えだ	枝	五七
えだ	條	七三
えだみち	條	二九
エッ	兌	四一
エッ	悦	五五
エッ	悦	五五
	飢	八
	越	三四
	鉞	五四
	粤	五三
	饐	六四
	餉	六四
えのき	榎	五六
えび	鰕	七六
えみ	笑	九二
えみ	笑	九二
えむ	笑	九二

読み	漢字	頁
	笑	九二
えらい	偉	一六
えらぶ	撰	四四
えらぶ	撰	四四
えらぶ	選	三九
えらぶ	簑	九二
えり	裾	二一
える	得	三八
エン	延	三六
エン	延	三六
	苑	一〇六
	冤	九一
	員	六八
	淡	六六
	渕	六六
	焔	七七
	堰	三一
	淵	六六
	焔	七七
	圓	一九
	園	三一
	塩	三二
	猿	七五
	遠	三五
	禪	八七

お

読み	漢字	頁
	御	三六
	男	七七
尾	尾	二九
	鰮	五〇三
	鮹	六一
	饐	六五
	飫	五三
	烏	七一
オ	阿	四四
オ	於	四九
オ	和	六一
【お】		
	鹽	三二
	欄	六四
	艶	五〇五
	襅	六一
	壇	三一
	薼	三三
	餤	六九
	薗	五七
	鴛	七五
	餌	六五
	燕	三一
	薗	五七
	縁	九四
	縁	九四
	遠	三五

読み	漢字	頁
	襖	二六
	鴬	七七
	鴨	七六
	甌	五九
	横	三七
	鴎	七五
	横	三七
	奥	二四
	黄	五二
	奥	二四
	黄	五二
	翁	五三
	翁	五三
	袂	八四
	桜	五六
	皇	六五
	映	三六
	迂	三六
	往	三九
オウ	央	二一
	與	一〇四
	於	四九
おいつく	迨	三
おい	緒	九一
おい	緒	九一
雄	雄	五五
雄	雄	五五

読み	漢字	頁
おおきい	鼇	七一
おおがめ	覆	二九
	覆	二九
	蔽	三二
	蔽	三二
	蔭	三〇
	蔭	三〇
	簑	一〇
	簑	一〇
	冒	一九
おおう	藹	三
	衆	一五
	庶	二七
おおい	多	三三
	卒	三一
おえる	負	三二
おう	鷹	七七
	鴎	七五
	鴬	七七
	櫻	六五
	甌	六一
	餛	六一
	襖	二六
	甕	七一

読み	漢字	頁
おぎ	荻	一〇七
おぎ	荻	一〇七
おき	沖	六四
	冒	一九
	干	三二
おかす	蔭	三〇
おかす	蔭	三〇
おか	岡	二一
おかげ	洪	六六
おおみず	薺	三
おおばこ	蓬	三三
	鴻	七六
おおとり	鳳	七六
おおせ	仰	四
おおじ	遠	三五
	碩	八一
	泰	六五
	浩	六五
	浩	六五
	洪	六六
	宏	二五

読み	漢字	頁
おくる	餉	六五
おくる	恵	四四
おくる	恵	四四
おくる	恵	四四
	帰	三一
	帰	三一
おくる	臆	二三
	籲	六二
おくりもの	遅	三三
おくらす	窈	九二
おくゆかしい	邃	四
おくぶかい	置	一〇八
オク	奥	二四
オク	奥	二四
おく	餘	六五
	興	一〇四
おきる	起	二一
おぎなう	補	二七
おきな	翁	一〇二
おきな	翁	一〇二

読み	漢字	頁
おさ	長	四一
おごる	泰	六五
おごる	興	一〇四
	起	二一
おこる	作	一四
	嚴	一八
	莊	六七
おごそか	莊	六七
	興	一〇四
おこす	起	二一
おこす	作	一四
	徹	六五
おこし	遅	三三
	後	三六
おくれる	讓	六七
	饌	六六
	饐	六五
	饉	六二
	餲	六二
	餽	六二
	餞	六〇
	選	三九

9 酉 一四三
酋 一四三
おさえ
18 鎮 一四七
鎭 一四七
おさえる
11 勒 一一
13 遏 一三五
14 揵 四五
おさない
5 幼 二四
おさまる
5 収 一四
6 收 一四
8 治 六四
10 修 五
11 脩 一〇三
おさむ
6 伊 三
8 治 六四
11 脩 一〇三
おさめる
5 収 一四
6 收 一四
8 易 五〇
8 治 六四
9 為 七二
10 修 五
12 御 三八
爲 七二

15 蔵 一一一
17 藏 一一一
21 攝 四六
おし
10 唖 一七
11 啞 一六
おじ
8 叔 一四
おしえる
11 教 四七
敎 四七
おしどり
16 鴛 一七一
おしむ
13 愛 四一
おす
12 雄 一五〇
13 雄 一五〇
おそい
9 迡 一三〇
14 遟 一三七
16 遲 一三九
19 邌 一四一
おそう
22 襲 一一八
おそれる
8 迋 一二八
おそわる
11 教 四七
敎 四七

おたまや
11 祧 八五
オチ
12 粤 九五
おちる
12 落 一〇九
おっと
4 夫 一三
おとこ
4 夫 一三
7 男 七二
9 郎 一四三
おとこだて
8 侠 四
9 俠 四
おとす
12 落 一〇九
15 磓 八一
おどす
9 威 二五
おどろく
12 逴 一三四
おに
10 袜 八五
鬼 一六九
おの
8 斧 四八
おののく
16 戰 四三
おのれ
3 己 一三
おば
9 姨 二五
おび
11 帶 一三
おびやかす
9 協 二九
おびる
11 帯 一三
おぼえる
20 覺 一一九
おぼれる
13 溺 六八
溺 六八
おも
9 面 一五三
おもい
9 重 一四四
おもう
8 念 二九
おもがい
11 勒 一一
おもて
9 面 一五三
おもねる
7 佞 四
8 阿 一四九
おもむく
10 帰 一三
歸 一三

12 湊 六七
おもむろ
19 邌 一四一
おもり
15 権 六〇
21 權 六〇
おや
16 親 一一九
およそ
3 凡 九
およぶ
9 迨 一三〇
14 遝 一三八
おり
7 折 四三
おりる
10 降 一四九
おる
5 処 九
7 折 四三
11 處 九
おれる
7 折 四三
おろす
10 降 一四九
15 褪 一一八
おわり
7 尾 二九
おわる
8 卒 三

オン
8 苑 一〇六
10 恩 四〇
11 陰 一四九
12 陰 一四九
13 圓 一九
園 一九
溫 六八
遠 一三五
14 蔭 一一〇
遠 一三五
隠 一五〇
15 蔭 一一〇
16 蘭 一九
蔭 一一〇
鴛 一七一
17 蘭 一九
隱 一五〇
23 饐 一六六
おん
12 御 三八
雄 一五〇

【か】

カ
6 瓜 七二
7 花 一〇五
8 佳 四
和 一六
迦 一三九

9 哉 一六
珂 七五
迦 一三九
10 夏 二三
華 一〇七
蚊 一二五
11 假 六
掛 四四
12 賀 一三三
13 葭 一〇九
遐 一三五
14 嘉 一七
榎 五八
樺 五八
歌 八二
15 蝦 一二六
16 喎 一八
堝 三三
撾 四六
濄 七〇
17 蕸 一一三
薖 一一三
鍋 一四六
鍜 一四六
霞 一五一
餜 一五九
19 簻 九五
20 鰕 一六九
21 鐹 一四七
か

9 香 六七
11 鹿 一七二
ガ
7 我 四三
8 迓 一二八
12 賀 一三三
13 雅 一五一
カイ
4 介 三
刈 一〇
6 亥 三
7 快 二九
改 四七
8 怪 二九
苅 一〇六
9 廻 三六
海 六四
皆 七八
10 晦 五一
桧 五六
迴 一三〇
迹 一三〇
11 掛 四四
晦 五一
12 堺 二二
祴 八六
開 一四八
13 會 一五三
解 一一九
14 魁 一六九

音訓索引（お〜か）

かい：檜・邂・繪・蟹　**ガイ**：亥　**かう**：飼・餅　**かいば**：餅　**かえす**：返・返・帰・復・帰　**かえりみる**：省　**かえる**：返・易・還・帰・帰・復　**かおり**：馥

かおる：芳・香・馥　**かおる**：香・薫・薫・馥・馨　**かがみ**：鏡・鑑　**かがむ**：俯・冤　**かがやく**：晄・暉・輝・曄・樺・耀　**かかり**：掛　**かかる**：掛・縣・麗／邊・掛

かかわる：渉・関　**かき**：垣・柿・柹　**かぎ**：堵・蛎・堵・蠣　**かぎ**：鉤・鉤・鎰　**かぎる**：彊　**かぎる**：域　**カク**：角・革・假・摑・墻・隔・摑・撹・覺・鶴

かく：攪・鶴・霤　**かく**：是・搔・掻・摘　**ガク**：岳・蕚・遷・遲・樂・學・遯・鰐　**かくす**：隠　**かくれる**：隠・蔵・藏・隠・臟　**かく**：通・潜・蔵・藏・隠

かげ：霤　**かげ**：陰・景・陰・蔭・蔭・蔭　**かける**：掛・翔・翔・賭・縣・賭　**かげる**：陰・陰　**かご**：筐・篭・籠　**かこい**：垎　**かこむ**：遯　**かさ**：傘　**かざ**：凮

かざ：風　**かさなる**：重　**かさねる**：重・鍾・襲　**かざる**：文・筋　**かし**：樫　**かじ**：梶　**かしこい**：賢　**かしら**：魁　**かしわ**：柏・栢　**かす**：假　**かず**：員・数・數　**かすがい**：槎・鎹

かすみ：霞　**かずら**：葛・葛・葛　**かすり**：絣・絣　**かせ**：絣・絣　**かぜ**：凮・風　**かぞえる**：祚・数・數　**かた**：片・形・象・潟　**かたあめ**：館　**かたい**：剛・虔・堅

かたち：墻・鞏・難・難　**かたどる**：形・容・象・像　**かたびら**：象・像　**かたみ**：葛・葛　**かため**：胖　**かためる**：飭　**かたんじる**：難　**カチ**：葛・葛・葛　**かち**：辻　**カツ**：適・夏

223

かつ　葛(12) 八六／葛(13) 八六／祓(14) 八〇／遏(17) 八三／餲(18) 六〇／且 二／克(5) 八／捷(7) 四／勝(11) 三三／勝(12) 三三／蔵(13) 五三
ガツ　月(4) 五三
かつえる　餲(16) 一五三
かつぐ　捷(14) 五五
かつて　曽(11) 四八／曾(12) 五三
かて　飢(11) 五五／餉(15) 七五
かど　角(7) 二九／門(8) 四

かねる　兼(10) 八
かねて　兼(10) 九〇
かね　兼(8) 八
かに　蟹(19) 一四
かなでる　奏(9) 二六
かなしい　愛(13) 四
かなづち　鎚(13) 四七／鎚(17) 四七
かなえ　鼎(13) 一七
かなう　稱(14) 九〇／恊(9) 九二／協(8) 三
かな　哉(8) 一六／金(8) 一四
　稜(13) 九〇／廉(12) 五三／廉(10) 五三／隅 五五／矩(8) 八一

かま　兼(21) 九
かの　夫 三二
かのえ　庚(8) 三二
かば　樺(14) 一二三
かばん　鞄(9) 六六／鞄(14) 五五
かぶ　菁 五三
かぶせる　冒(9) 一〇九
かぶと　兜(11) 八
かぶらな　菁(12) 一七九
かぶる　冒(9) 一〇九
かべ　壁(16) 三二
かま　釜 四二／鎌(10) 四七／鎌(18) 四七
がま　蒲(13) 一二〇／蒲(14) 一二〇

かまう　蝦(15) 二六
かまど　鎬(21) 一四二
かまえ　構(14) 六五／構(14) 六五
かまえる　構(14) 六五／構(14) 六五
　構(17) 六五／遘(14) 九二
かまびすしい　竈(21) 九二
かまど　竈(14) 九二／竈(17) 六五
かみ　正(9) 六〇／皇(15) 七六
かむ　卿(10) 三三／卿(12) 三三
かめ　嚙(15) 六八／嚙(18) 六八
　瓶(11) 一七／甌(16) 二七／龜(15) 一五

かめ　甕(18) 一七
かも　鴨(16) 一二
かもす　醋(19) 四四／醗(22) 四四
かもめ　鴎(11) 一二／鴎(22) 一二
かや　菅(11) 一七二／菅(12) 一七二
　萱(13) 一七三／萱(17) 一七三／梶(14) 六五
から　釬(15) 五二／鮎(18) 六九／鮖(12) 六九／餬(14) 六一／飾(17) 六一／節(18) 六六
から　空(8) 九一
からっぽ　唐(10) 三六／唐(22) 三六
がら　柄(9) 六五／柄(?) 六五

からす　烏(10) 一七
からだ　躯(11) 三五／體(23) 三五
からたち　枳(9) 六六
からむし　苧(18) 一七二
がらんちょう　鵜(?) 一〇七
かり　假(5) 一五／田(?)
かりがね　雁(12) 一五／鴈(13) 一七／鴈(15) 一七
かりに　假(15) 一六
かりも　鳰(11) 一二四
かりる　假(11) 一六
かる　刈(4) 一〇

カン　干(3) 三／甘(5) 二七／亘(6) 四／侃(8) 四一／偐(14) 四二
かれ　苅(8) 一〇／伊(6) 三二
かれい　鰈(17) 六九／鰈(18) 六九
かろんずる　革(15) 四一
かわ　革(18) 四一
かわいい　嬶(16) 六一
かわや　猳(11) 一六
かわらなでしこ　園(21) 一九
かわる　易(8) 五四
かわるがわる　遞(14) 三二
かん　卷(3) 三

カン　15：監 一七 ／潤 六九 ／潤 六九 ／関 六八 ／箱 九三 ／管 九二 ／潅 七一 ／寛 六七
14：寛 六八 ／戡 五四 ／幹 三三 ／寛 三七 ／勧 三三 ／矸 五五 ／閑 四六 ／間 四六 ／間 四六 ／逭 三二
13：菅 三七 ／減 六六 ／渙 六六 ／敢 四二 ／捲 四一
12：喚 七〇 ／菅 一〇二 ／菅 七二 ／捲 四一
11：勘 一四
10：悍 一二
9：巻 三

音訓索引（か〜き）

ガン

20	15	13	12	11	10	8	3	ガン	24	23	22	20	19	17	16
巌	鴈	齗	齗	鴈	雁	荅	原	岩 岍 岸 丸	鹹	鑑	灌	灌	鹹 關 羹	餡 館	環 環 舘 館	諫 翰 翰 諫

【き】　キ

	7	6	3	キ		18	かんばしい 17	かんば 14		19 15 14	かんぬき 13 12	かんぞう 19 14	かんずる	かんがみる 23 15	かんがえる 11		23
	祁	岐	辺	卉	己	馥	芳 樺	關 橦 関	萱 萱	かんぬき	かんぞう	關 関	鑑 監	勘	巉	巌	

き・ギ

15	14	13			12		11		10		9		8
器	熙	旗 僖 祺 暉	逵 貴	葵 幾	崟 﨑 喜 規	崟 崎	寄 鬼	起 記	帰 帰 軌	紀	祇 衹 枳	祇	祁 奇

ギ

8	7	ギ	16 12 11	き	26 25		21 19 18		17 16	
宜	祁 岐		樹 黄 黄		驥 饌 嬉 饑 饑 饋 餓 饉 櫃	帰	餅 徽 襪 禧 磯	龜 徽	輝 禰 毅 槻 嬉	

キク・きく

11	きざす 12	11	きざし	6	きさき 11 7	きく	19	17	15	11	キク 19 17		15 13 12 9
萌	幾	萌 萌		妃 妃	菊 利		麹 餉 鞠 麹	蓬 菊	掬		蟻 嶷 誼	毅 儀 義	葵 祇 祇 祁

きし・きた

6	キツ 16	キチ 16 7	8 7	きたる 8 7	きたす 17 13 12	きたえる 5	きた 20	きそう 16	ぎずく 15	きしぎし 8	きし 17	きざはし	萌
迄	吉 橘	吉	來 来	來 来	鍛 煉 煉	北	競	築	蓬	岍	岸	磯	萌

キャク・きめ

8	キャク 13 7	きめる 12 10 9	7	きみ 20 13	きまる 12	きびしい	きぬ 18	きなこ 9	きつね 19 14	きっさき 16 13	9 7
迂	極 決	卿 卿 皇 君		決 嚴 邁	絹 絎	箇	狐	鎚 鉾	橘 詰 契 契	迄	

ギョ・キョ・ギョウ・キュウ・ギャク

ギョ 23 21 17 13 10	キョ 18	17 14 13	12	11	10	7 6 3	キュウ 16 10 9	ギャク 9
蘧 蘆 欅 遽 裾 祛	龜 鞠 舊 廄 鳩 韮 厩 述	毬 救 躬	赳 宮	究 求	臼 久	綟 逆 逆		

225

8 冴 一二八
11 魚 一六九
12 御 三八
14 漁 六九

きよい
11 淑 六五
清 六六
清 六六
15 潔 六九
潔 六九
18 瀞 七〇

キョウ
6 匡 二
7 亨 三
冏 九
8 京 三
侠 四
協 三
径 三八
況 六四
廷 一二八
9 侠 四
協 三九
狭 七四
香 一六七
10 卿 一三
恭 四〇
胸 一〇三
脇 一〇三
11 強 三七
教 四七
教 四七
経 九六
逛 一三三
逕 一三三
郷 一四三
12 卿 一三
喬 一七
強 三七
敬 四七
景 五一
筐 九三
13 經 九六
郷 一四三
15 慶 四二
槗 六〇
鞏 一五三
頬 一五四
餃 一五七
16 彊 三七
橋 六〇
興 一〇四
頰 一五四
17 繈 九
邀 一四〇
19 疆 七八
鏡 一四七
20 競 九二
饗 一六六
馨 一六七
22 饗 一六六

ギョウ
6 仰 四
7 形 三七
迎 一三七
8 尭 一二〇
迎 一三七
9 迴 一三九
12 堯 一二〇
暁 五一
16 曉 五一

キョク
6 旭 四九
11 勖 一二
13 極 五八

ギョク
17 疑 三

きよまる
11 清 六六
清 六六

きよめる
10 祓 八五
11 清 六六
清 六六
15 潔 六九
潔 六九

きりかぶ
11 梼 六二
18 檮 六二

きる
4 切 一〇
8 斧 四八
服 五三
服 五三

きれ
4 片 七四

きれる
4 切 一〇

きわ
14 際 一五〇

きわまる
7 究 九一
13 極 五八

きわみ
13 極 五八

きわめる
7 究 九一
11 逞 一三三
13 極 五八
肆 一〇二

キン
4 今 三
7 均 二〇
芹 一〇五
近 一三七
8 欣 六二
近 一三七
金 一四四
11 菫 一〇八
12 僅 六
勤 一二
琴 一七六
筋 九三
13 僅 六
勤 一二
16 龜 一七五
18 謹 一二
20 繾 一〇〇
饉 一六三

ギン
11 菫 一〇八

【く】

ク
3 久 二
工 一三
5 功 一一
10 倶 五
倶 五
宮 二六
矩 八一
貢 一三三
躬 一二五
11 救 四七
躯 一二五
12 鈎 一四五
13 褔 八六
鉤 一四五
鳩 一七〇
15 鞏 一五三
駒 一六七
16 龜 一七五
18 軀 一二五
21 蘧 一一五

グ
5 弘 三七
7 求 六四
8 具 八
10 倶 五
倶 五
11 救 四七

くいのこり
16 餕 一五八

クウ
8 空 九一

くう
12 飯 一五五
16 餔 一五九
17 餤 一六〇
18 餬 一六一

グウ
10 宮 二六
12 隅 一五〇

くき
8 茎 一〇六

くくる
21 纏 一〇〇

くぐる
15 潜 六九

くさ
6 卉 一三
艸 一〇七
9 草 一〇七
14 種 九〇

くさき
6 卉 一三

くさび
14 楔 五八

くさり
18 鎖 一四六
19 鏈 一四七

くし
8 奇 二四
17 櫛 六一
19 櫛 六一

くじ
23 籤 九五

くじく
7 折 四三
19 邋 一四一

くしけずる
17 櫛 六一
19 櫛 六一

くじける
10 衄 一一七

くじら
19 鯨 一六九

くず
10 屑 二九
屑 二九
11 葛 一〇八
12 葛 一〇八
13 葛 一〇八

くすし
8 奇 二四

くすり
18 藥 一一四

くずれる
8 陀 一四九

くだ
14 管 九三

くだす
10 降 一四九

くだる
10 降 一四九

クツ
11 堀 二
掘 四二

くつがえす
18 覆 一一九
覆 一一九

くつがえる
18 覆 一一九
覆 一一九

くつばみ
11 勒 一一

くつろぐ
11 逌 一三三
13 寛 二七
14 寛 二七

音訓索引（き〜け）

くめ 粂／くみする 與／くみ する 部 武／くま 熊 隈 阿／くぼむ 窪／くび 頸 頚 祇 祇／くにつかみ／くに 壌 國 圀 国 邑 邦 邦／くつわ 轡 勒

くれ 來 来／くる 庖 庵／くりや 比／くらべ 䤸 饐 餲 餬 餒 飯／くらう 晦 酢 晦／くらい 藏 鞍 蔵 椋 座 倉／くも 雲

くわだてる 謨／くわせる 餒／くわしい 錆 錆 精 精 詳／くわ 葉 桑／くろごめ 糙／くろがね 鐵 銕 鉄／くろい 黒 玄／くろ 黒 玄／くれる 吳 吳 吳 吳

ケイ 茎 径 佳 京 形 囧／ゲ 霞 鍜 蝦 解 華 夏／ケ 䙰 掛 假 華 佳／【け】／グン 郡／クン 薫 薫 勳 勲 君

繋 瓊 雞 薊 繫 頸 憩 慧 慧 慶 頚 禊 継 經 勸 景 敬 惠 恵 卿 逕 経 啓 啓 惠 卿 迴 奎 契 契

けわしい 欅／けやき 月／ゲツ 蕨 蕨 潔 潔 傑 遒 結／ケッ 契 契 決／ケチ 結／ゲキ 綌 鯨 藝 迎 迎／ゲイ 鬮 馨 繼 競 鏡

開 間 萱 菅 絢 捲 堅 菅 研 捲 健 倦 逈 虔 剣 稟 兼 俔 祆 研 建 巻 巻／ケン 嶮 嵜 﨑 寄 崎 陀

顯 譴 權 繾 獻 瞼 鎌 節 顈 鎌 鎌 繭 謙 謙 賢 諫 縣 憲 憲 劍 諫 監 澗 澗 権 劍 関 箝 萱 絹

24 鹼 一七二

ゲン

5 玄 七五
9 彦 三七
彦 三七
研 八一
10 原 一四
這 一三二
研 八二
11 這 一三二
12 減 六六
13 源 六八
16 諺 一二〇
諺 一三一
賢 一三三
18 顕 一五四
20 嚴 一八
巌 三一
邍 一四一
23 巖 三一
巘 三一
顯 一五四

【こ】

コ

3 己 三三
7 帀 三三
8 股 一〇三
虎 一五
9 狐 七四
10 祛 八四
祜 八四
11 壷 二三
袴 一一七
13 禍 八六
菰 一〇九
裾 一一八
鼓 一七四
14 鮎 一五六
17 錮 一六〇
18 餬 一六一
22 䕶 一五三

こ

7 児 八
8 兒 八
11 黄 一七三
12 黃 一七三

ゴ

4 五 三
6 冴 九
7 冴 九
呉 一五
吳 一五
8 迕 一二八
9 後 二八
10 祜 八四
11 晤 五一
12 御 二八
13 遌 一三五
14 遻 一三七
16 遻 一三九
20 護 一二二
22 䕶 一五三

こい

18 鯉 一六九

ごいさぎ

19 鵠 一七二

コウ

3 工 三三
5 功 二一
尻 二九
弘 二七
6 亘 三
仰 四
向 五
江 六三
7 亨 三
孝 二五
宏 二五
岡 三〇
8 幸 二四
庚 二四
昂 五〇
況 六四
迒 一二八
9 厚 一四
巷 三二
巷 三二
後 二八
恒 二九
恆 四〇
洪 六四
皇 七八
畊 一〇二
荒 一〇六
郊 一四三
香 一六七
10 晃 五〇
晄 五〇
浩 六五
浩 六五
紘 九六
耕 一〇二
耕 一〇二
航 一〇五
貢 一二三
逅 一三一
逈 一三一
降 一四九
高 一六八
11 寇 二六
康 二五
皐 七八
袷 八五
釭 一四五
髙 一六八
黄 一七三
12 港 六七
港 六七
皓 七八
皓 七八
鉤 一四五
閌 一四八
黄 一七三
13 塙 二三
溝 六八
遑 一三六
鉤 一四五
14 構 五八
構 五八
綱 九七
遘 一三七
15 廣 三五
撹 四六
餃 一五七
16 興 一〇四
鋼 一四五
閧 一六八
17 嶸 三一
繈 九一
藁 一一三
餚 一六〇
鮫 一六九
鴻 一七一
18 藁 一一三
餭 一六一
餱 一六二
19 曠 五一
羹 一〇一
餻 一六二
鎬 一六二
饁 一六三
23 攪 四六
鑛 一四八
25 黌 一七三

ゴウ

6 仰 四
8 迒 一二八
9 恒 二九
恆 四〇
10 剛 二一
逈 一三一
11 強 二七
郷 一四三
12 强 二七
13 鄉 一四三
14 豪 一三三
15 嗷 一八
遨 一三八
16 彊 三七
18 嚙 一八
21 轟 一二六
24 鼇 一七四

こうじ

15 麹 一七三
19 麴 一七三
護〔22〕五三　䕶五三　遘〔20〕三九

コウ（つづき）
恆四一　洪〔10〕六四　皇二〇　畊五六　荒四三　郊八七　香六二　晃二〇　晄二〇　浩二〇　浩二一　紘六五　耕五五　耕五五　航三三　貢三三　逅四九　造〔11〕三六　降六六　高七二　寇五五　康七六　皋五八　裕四二　鈤六五　高〔12〕七二　黄六二　港六七　港六七　皓七六

コウ（つづき）
皓〔13〕七六　鈎〔13〕四五　閎四四　黄六二　塙三六　溝六二　遑〔14〕三六　鈎四五　構五五　構五五　綱四七　交〔15〕三五　餃七六　興〔16〕五七　鋼四六　閧三二　嶂〔17〕九三　縒三六　藁四二　餉六七　鮫〔18〕七七　鴻三二　藁〔19〕六六　餛六八　曠五〇　羹〔18〕一〇六　饈〔19〕六六

こうぞ

13 楮 五八

こうばしい

9 香 一六七

こえ

8 肥 一〇三
17 聲 一〇二

こえる

8 肥 一〇三
9 迣 一三〇
12 越 一二四
逹 一二四
13 逾 一三七

こおり

10 郡 一四三

こおろぎ

14 蜻 一一五

コク

5 石 八一
7 克 八
谷 一三二
8 国 一九
9 圀 一九
11 國 一九
黒 一七四
14 穀 九〇
15 穀 九〇
17 觳 一五九

ゴク

13 極 五八

ここ

9 是 五〇

ここに

9 是 五〇

12 粤 九五

こごめもち

14 餅 一五七

こころざし

7 志 三九

こころざす

7 志 三九

こころよい

7 快 三九

こし

12 越 一二四
17 輿 一二五

こしき

16 甑 七七
17 甑 七七

こす

12 越 一二四

こずえ

11 梶 五七
14 槙 五九
槇 五九

こたえ

12 答 九三

こたえる

12 答 九三
14 對 二八

コツ

19 餶 一六二

こと

8 事 三

音訓索引 （け〜さ）

ことごとく 琴 12 … 夫
促 8 … 七七
儘 8 … 七七
ことさら 直 16・8 … 七九
ことし 若 8 … 一〇六
ことば 辞 13 … 二三
ことぶき 寿 7／壽 14 … 三六／三六
ことほぐ 寿 7／壽 14 … 三六／三六
ことわざ 諺 16／誂 14 … 三〇／三六
ことわる 辞 13 … 二三
こながき 修 20 … 一六四
こなもち 餡 13／饐 16／餒 14／餤 17／籲 19 … 一六〇／一六一／一六一／一六二／一六三

こやす 肥 8 … 一〇三
こやし 篭 16／籠 22 … 九五／九五
こもる 込 5／込 6 … 二六／二六
こめる 込 5／込 6 … 二六／二六
こむ 径 8／遖 11 … 二六／二一
こみち 細 11／遖 15 … 九六
こまかい 細 11 … 九六
こまか 細 15 … 九六
こま 駒 11・10・9 … 六七
この 是 9／這 10／這 21 … 一五／三三／三三
こねずみ 餫 20／鯖 21 … 六二／六二

これ 肥 8／之 4／伊 6／是 9 … 一〇三／二／二／一五
ころす 虜 10 … 二八
ころも 禮 21 … 二六
こわ 聲 17 … 二
こわい 剛 10 … 二
コン 今 8／欣 9／金 11／建 17／紺 18／餛 20／獻 20 … 六〇／四二／六八／六八／六六／一七五
ゴン 欣 9／勤 12／勤 13／権 15／嚴 20／權 21 … 一六／二一／三二／六二／六八／六八

【さ】
サ 左 5／佐 7／作 10／紗 11／逆 13／嵯 14／褻 15／蓑 16／磋 17／蓮 18 … 三／四／六九／八三／二二／八／二〇／四五／六一／四九
ザ 坐 7／坐 8／座 10 … 二二／二四／四一
サイ 才 3／西 4／哉 6／柴 9／砌 10 … 四／六九／六五／五二／八一
倅 10 … 五一

さいわい 幸 7／初 8 … 八二／八三
ザイ 材 7／財 10 … 三五／三三
サイ（つづき） 宰 11／晒 13／財 14／彩 16／済 17 … 三六／五五／三三／六二／八七
猜 18／祭 17／細 16／菜 14 … 九五／六九／九六／八〇
斎 11／歳 13／蓑 14／蓑 16／際 17 … 一〇〇／一〇〇／五〇／五四／四二
齢 18／戴 9・10・7 … 二五／七五

さ 坂 7／逆 9／逆 10／酒 12 … 二〇／三九／三九／四四
さい 堺 12／疆 19 … 二／六
さえ 冴 6／冴 7 … 九／九
さえる 冴 6／冴 7 … 九／九
さえぎる 遮 9／逎 10／遏 13 … 三〇／三〇／三五
さか 祥 11／禄 12／祺 13／禎 14／福 15 … 六五／六五／六五／六六／六七
禎 14／福 15／褆 17／禰 18／禧 19 … 六六／六七／六七／八八／八八

さかえる 栄 9／榮 14 … 六五／六五
さかき 神 13／榊 14 … 六五／六五
さがす 逎 13 … 二八
さかずき 杯 8／盃 9 … 五四／五五
さかな 魚 11／鮪 17 … 六九／六〇
さかのぼる 遡 14／遡 18 … 三七／三七
さからう 逆 8／逆 10 … 三九／三九
さかる 盛 12／盛 12 … 七九／七九
さかん 盛 5・6・7・11／壮 12／志 12／史 11 … 七九／七九／三二／二四
※（一部略）

さき 盛／盛 12・13／隆 13／隆 16／牌 17 … 七九／七九／四九／四九
さぎ 鷺 24 … 七二
さきに 向 6／往 8 … 六五
さきがけ 魁 14 … 二八
さきんずる 迥 7／迥 9 … 三〇
サク 作 7／柵 8／迮 9／策 12／造 14／逡 12／窄 14 … 四／二五／三〇／二九／二二／二七／一七五

さく〜さす

読み	漢字	頁
さく	遺	三二
さく	煉	五八
さく	咲	六六
さく	咲	六六
ザク	剝	二二
ザク	剥	六六
ザク	詐	六六
さくら	桜	五七
さくら	櫻	五七
さぐりとる	話	六五
さけ	酒	四三
さけぶ	喚	一七
さける	遊	三九
ささ	笹	九三
さざなみ	連	六九
さざなみ	漣	六九
さしがね	刺	一〇
さす	矩	八一

さす〜さとい

読み	漢字	頁
さす	刺	一〇
さす	指	一〇
さす	剣	四〇
さす	裁	四〇
さす	剣	四〇
さす	劒	〇〇
さすがに	遉	三六
さずける	稟	九〇
さだ	貞	三二
さだ	禎	八七
さだ	禎	八七
さち	幸	三四
サツ	薩	三三
サツ	薩	三三
ザツ	雑	五五
ザツ	雑	五五
さと	郷	四二
さと	郷	四二
さとい	倅	六

さとし〜さとる

読み	漢字	頁
さとし	哲	六
さとし	恵	四二
さとし	敏	四七
さとし	敏	四七
さとし	惠	四二
さとし	恵	四二
さとし	睿	〇八
さとし	聡	四二
さとし	慧	四二
さとし	慧	四二
さとし	論	三三
さとし	諭	三三
さとし	疑	〇四
さとし	聡	〇五
さとし	智	五二
さとし	聡	五二
さとし	叡	一四
さとし	聡	〇五
さとす	暁	五五
さとす	暁	五五
さとす	論	三三
さとす	諭	三三
さとる	暁	五五
さとる	智	五〇
さとる	聡	四〇
さとる	慧	四二
さとる	慧	四二

さば〜さや

読み	漢字	頁
さば	曉	五五
さば	論	三三
さば	諭	三三
さば	賢	〇三
さば	聡	〇二
さば	覺	二〇
さば	鯖	六九
さば	鯖	六九
さび	錆	四六
さび	錆	四六
さびしい	寥	二七
さます	冷	九二
さます	覺	二〇
さまよう	逍	三九
さまよう	遙	三八
さむい	清	九〇
さめ	鮫	六九
さめる	冷	九二
さめる	覺	二〇
さや	鞘	五三
さや	鞘	五三

さらす〜さん

読み	漢字	頁
さらす	晒	五〇
さる	猿	三七
さる	遷	三三
ざる	籔	九五
さわ	澤	二七
さわ	薮	二四
さわ	藪	二四
さわら	椹	六五
さわる	觸	一九
サン	祢	六〇
サン	傘	四五
サン	蒜	二一
サン	撰	〇二
サン	撰	六二
サン	餞	六二
サン	饍	六四
サン	饌	六四
サン	繖	六五
サン	攅	六五
サン	饌	六四
サン	纘	〇〇
サン	饒	一六

し

読み	漢字	頁
ザン	饡	六七
さんじゅう	饒	六六
卅	三二	
シ	之	二
シ	氏	〇三
シ	史	四
シ	司	五
シ	四	九
シ	示	〇
シ	旨	三九
シ	志	三四
シ	孜	五〇
シ	事	五五
シ	刺	五五
シ	姉	八二
シ	姊	八三
シ	枝	六一
シ	祀	四九
シ	祇	四九
シ	迚	四〇
シ	指	一〇
シ	施	五〇
シ	是	五五
シ	枳	六五
シ	柿	六五

し（続）

読み	漢字	頁
柿	六五	
祇	八二	
祇	八二	
師	三一	
砥	四二	
祇	八四	
祠	四四	
袓	八五	
梓	八七	
袿	四一	
飴	六七	
卧	七七	
紫	〇二	
嗣	六五	
肆	六五	
飴	六七	
褆	八七	
禔	八七	
飴	六七	
幟	三三	
禔	八五	
贄	二四	
餞	六一	
熾	六二	
饐	六五	
饐	六五	
鰤	六六	

しあわせ〜じ

読み	漢字	頁
しあわせ	幸	三四
じ	路	三五
じ	邇	三二
じ	邇	四〇
じ	餌	三九
じ	餌	五〇
じ	爾	五〇
じ	辞	七二
じ	滋	二六
じ	滋	二六
じ	滋	二六
じ	貳	〇六
じ	祠	四四
じ	滋	二六
じ	迩	四〇
じ	祀	四九
じ	治	二六
じ	兒	八三
じ	事	五五
じ	児	八三
じ	弍	三六
じ	寺	七二
じ	示	〇
ジ	尒	二三
ジ	尓	二三
ジ	弐	三六
ジ	饐	六六

230

音訓索引 （さ～し）

しい〜しく

読み	画	漢字	頁
しい	12	椎	至
しいる	11	強	毛
しいる	12	強	毛
しいる	16	彊	毛
しお	13	塩	三二
しお	19	壚	三二
しお	24	鹽	三二
しか	11	鹿	七一
しかり	5	爾	七三
しかり	6	尒	七三
しかり	14	爾	七三
シキ	14	色	一〇五
しき	6	褥	八一
しき	15	敷	四六
しき	15	敷	四六
しぎ	16	鴫	七一
ジキ	8	直	元
しきりに	16	薦	三一
しく	9	宣	三六

しく〜しげる

読み	画	漢字	頁
しず	10	祖	八二
しず	9	祖	八二
じじ	12	猪	七三
じじ	11	猪	七三
し	7	宍	二五
しし	11	逡	三二
しさる	29	鬱	六六
しさる	25	欝	六六
しさる	17	繁	九四
しさる	16	繁	九四
しげ	13	滋	七一
しげ	12	滋	七一
しげ	9	滋	七一
しげ	8	淡	七一
しげる	5	茂	二六
ジク	10	岻	三一
ジク	9	笠	二七
ジク	8	竺	二一
ジク	7	宍	二一
	15	鋪	二五
		敷	四二
		敷	四二
		施	四二

しずか〜したがう

読み	画	漢字	頁
したがう	8	若	一〇六
したがう	14	服	五三
したう	20	服	五三
したう	19	慕	四
しそ	18	蘇	二四
しそ	16	蘓	二四
しそ	14	蘇	二四
しずめる	18	鎮	七二
しずめる	16	鎮	七二
しずめる	14	靜	五二
しずまる	19	鎮	七二
しずまる	17	鎮	七二
しずまる	16	靜	五二
しずか	14	瀞	七一
しずか	12	襌	八六
しずか	16	靜	七一
しずか	14	靜	五五
		寥	七一
		閑	四四
しずか	16	靜	五五
しずか	14	靜	五五

しとやか〜したがえる

読み	画	漢字	頁
しとやか	11	淑	六五
ジツ	16	邅	三六
ジツ	8	実	二六
	19	櫛	六一
	17	櫛	六一
シツ	15	質	二六
シツ	14	漆	六六
シチ	8	実	三二
シチ	15	質	六六
したたる	13	溜	二九
したしむ	16	親	二九
したしい	16	親	三六
したがえる	11	従	六二
	17	橇	五五
	16	隨	五五
	13	邅	三五
	12	邋	三五
	11	通	五三
	10	達	三五
		順	八一

しぶる〜しな

読み	画	漢字	頁
しぶる	11	渋	六五
しぶい	15	澁	六五
しぶい	15	渋	六五
しぶ	11	澁	六五
しぶ	15	渋	六五
しばらく	13	且	二
しば	9	數	四六
しばしば	7	数	四六
しばしば	7	柴	五五
しのぶ	10	忍	二九
しのぶ	17	忍	二九
しのばせる	12	忍	二九
しのぐ	9	忍	二九
しの	15	凌	九一
しなやか		篠	二四
しな		靭	五二
しな		品	一六
		靚	一五二

シャク〜しべ

読み	画	漢字	頁
シャク	16	積	九一
シャク	15	禚	八六
シャク	5	石	八一
ジャ	19	褯	八六
ジャ	11	蘫	二四
シャ	10	這	三五
シャ	9	這	三五
	8	紗	九一
しもべ	17	祁	四一
しも	5	卒	一三
しめす	9	霜	五一
しめる	14	示	八一
しめる	10	染	六五
しみ	9	染	六五
しま	20	島	三〇
しま	14	嶋	三〇
しま	10	嶋	三〇
しま		島	三〇
しべ	15	蘂	二五
しべ		澁	六五

シュウ〜ジャク

読み	画	漢字	頁
シュウ	6	收	四一
シュウ	5	収	四一
ジュ	16	樹	六二
ジュ	14	儔	一〇二
ジュ	13	聚	一〇六
ジュ	11	壽	六五
ジュ	9	餇	三二
ジュ	7	從	八三
	22	神	五六
	21	寿	八六
シュ	15	纉	八一
シュ	14	籔	二五
シュ	12	鍾	四六
シュ	10	諏	二一
シュ	8	蒔	二九
		種	五五
ジャク	10	須	二一
ジャク	8	衆	四一
ジャク	5	酒	五五
ジャク	18	修	五四
		取	八六
		祐	六六
		若	八一
		石	三五
		嫡	四四
		錫	

ジュウ

読み	画	漢字	頁
ジュウ	4	廿	三
	23	鷲	七一
	22	襲	二六
	21	穐	一九
	20	饉	六六
	19	餿	三八
	18	繡	八〇
	17	餞	八〇
	16	繡	九二
	15	種	二一
	14	蓮	二四
		聚	四二
	13	摺	四二
	12	摺	四二
	11	酬	三六
		邎	七一
	10	衆	三〇
		酒	三二
		脩	八二
	9	崇	三五
		祝	四一
		修	四一
	8	酋	六九
	7	酉	八二
		秋	五五
		祝	五五
		周	六八
		周	六八
		秀	六八

6 充 八
9 重 一四四
11 從 三八
渋 六五
15 澁 六五
シュク
8 叔 一四
9 祝 八三
10 祝 八三
11 淑 六五
13 肅 一〇三
シュツ
5 出 九
8 卒 三
13 遂 一一〇
15 逹 一三八
16 遹 一三九
ジュツ
8 述 一二八
シュン
9 俊 五
恂 四〇
10 迿 一三一
11 惇 四一
淳 六六
逡 一三二
12 遁 一三六
順 一五四
13 準 六八
詢 一二九

遁 一三六
15 諄 一二〇
醇 一四四
16 遵 一三九
餕 一五八
17 駿 一六七
ジュン
9 恂 四〇
10 純 九六
迿 一三一
11 惇 四一
淳 六六
12 絢 九七
順 一五四
13 楯 五八
準 六八
詢 一二九
15 潤 六九
諄 一二〇
醇 一四四
16 遵 一三九
ショ
5 且 二
5 処 九
7 初 一〇
助 一一
8 所 四三
所 四三
11 處 九
庶 三五

12 野 一四四
13 墅 一四四
鼠 一七四
14 緒 九七
15 緒 九七
諸 一二〇
16 禇 八
薯 一一三
17 諸 一二〇
曙 五二
18 薯 一一三
曙 五二
19 藷 一二五
藷 一二五
ジョ
7 助 一一
11 敍 四七
ショウ
4 升 三
5 正 六二
6 向 一五
壯 三二
庄 三四
成 四三
7 成 四三
8 刱 一〇
征 三八
承 四四
昇 五〇
松 五四

9 沼 六四
咲 二六
唉 二六
政 四七
昭 五〇
枀 五四
省 七九
荘 一〇七
迠 一三〇
10 倢 六
倩 六
凊 九
哨 一六
哨 一六
宵 二六
宵 二六
祥 八四
笑 九二
笑 九二
莊 一〇七
陞 一四九
11 圊 一九
婧 二五
將 二八
常 三二
從 三八
捷 四四
曻 五〇
渉 六六
清 六六

清 六六
祥 八四
章 九二
12 逍 一三二
勝 一二
勝 一二
晶 五二
棈 五七
湯 六七
翔 一〇二
翔 一〇二
菁 一〇九
象 一二三
13 楢 五八
楢 五八
照 七二
睛 八〇
聖 一〇二
聖 一〇二
蔣 一一二
蛸 一一五
蛸 一一五
詳 一二〇
誠 一二〇
14 像 七
彰 三八
禓 八七
種 九〇
稱 九〇
箐 九二

精 九六
精 九六
綪 九七
蔣 一二一
蜻 一一五
誠 一二〇
艶 一五二
廠 三五
15 廠 三六
睛 一一三
遀 一三八
餉 一五七
16 燒 七二
甑 七七
禓 八六
遶 一三九
錆 一四六
錆 一四六
鞘 一五二
鞘 一五二
17 甑 七七
禚 八九
篠 九四
簉 九四
聲 一〇二
襄 一一八
醬 一四四
鍾 一四六
餉 一六〇
18 瀞 一七〇

醬 一四四
19 鯖 一六九
鯖 一六九
鶄 一七一
20 鐊 一六四
21 攝 四六
鑯 一六五
饟 一六五
騳 一七四
26 饟 一六七
ジョウ
3 丈 二
6 丞 二
7 杖 五四
礽 八三
8 長 一四八
9 乗 二
貞 一二三
10 乘 二
晟 五二
祥 八四
11 崝 三一
常 三三
條 五七
盛 七九
祥 八四
彭 一五二
晴 一五二
12 場 二
盛 七九

14 塲 二
静 一五二
15 鄭 一四三
鄭 一四三
靚 一五二
16 遶 一三九
靜 一五二
17 瀞 七一
襄 一一八
19 瀞 七一
20 壞 二三
譲 一二三
21 鑯 一六五
饒 一六五
22 禳 八九
穰 九二
24 讓 一二三
じょう
4 允 八
8 忠 三九
11 進 一三三
12 進 一三三
18 鎖 一四六
ショク
6 色 一〇五
11 埴 二二
12 植 五七
14 蝕 一一六
稷 八八
15 蝕 一一六

音訓索引（し～す）

しるす・しりぞける・しり

読み	漢字（番号）	頁
しるす	籤（23）	竺
	徽（17）	九五
	徽（16）	九五
	幟（15）	三二
	章（11）	九二
	祥（10）	八四
	祥（9）	八四
	信	五
しるし	讚（28）	一六七
しる	知（8）	八
	遲（13）	三七
	迸（12）	三三
	斥（5）	四七
しりぞける	褪（15）	二八
	綏（13）	九七
	逡（11）	三三
しりごく	逡（11）	三三
しりごみする	尻（5）	三九
しり	屬（21）	三九
	觸（20）	二九
	饂（19）	二○三
	餝（17）	二六○

シン・しろい・しるす

読み	漢字（番号）	頁
	榛（14）	五五
	寢（13）	五七
	新（12）	四八
	愼（11）	四一
	慎	四一
	進（10）	三三
	祿（9）	八六
	祿	八六
	森	五七
	進	三三
	清	六六
	清	六六
	晨	五○
	秦	九八
	眞	八七
シン	真	五七
	晉	五五
	晋	七二
	甚（12）	一六
	津	三二
	信	五
	辰	二六
	伸（7）	四
しろい	皓（10）	七六
	皓（9）	七六
しるす	記（7）	二九
	紀	九六
	志	元

ジン・ス

読み	漢字（番号）	頁
ス	寿	六
【す】		
	餡（17）	一六
	儘（16）	一七
	餝（15）	六五
	飪（13）	六五
	稔（12）	九一
	椹	五六
	靭	五三
	祿	八六
	尋（9）	二六
	尋（8）	二六
	秦（7）	九八
	甚	一七
	侭（5）	七
ジン	辰（3）	二六
	忍（2）	二九
	忍	二九
	切	二○
	刃	二一
	人	二
	邁（24）	四一
	餡	五六
	親	元
	禩	八
	槇（16）	五六
	槇（15）	九六

ズ・スイ・す

読み	漢字（番号）	頁
	壗（16）	三三
	穗（15）	九○
	翠（14）	○○
	翠（13）	○○
	遂（12）	三六
	綏（11）	九七
	椎（9）	五七
スイ	忰（5）	五二
	逆	四一
	垂	三三
	出	○九
	圖（14）	五
ズ	逗（11）	三三
	逗（10）	三三
	事（8）	三
	簾（19）	九五
	陶（11）	四九
す	籔（21）	九五
	藪（19）	二四
	薮（16）	二四
	諏（15）	二三
	數（14）	四六
	壽（13）	六
	数（12）	四六
	須	五五
	周	三二
	取（8）	四

ズイ・スイ

読み	漢字（番号）	頁
	燧（17）	七二
	隨（16）	五五
ズイ	隧（13）	五五
	邃（27）	三六
	邃（26）	三六
	遂（21）	三六
	遂（20）	三六
	餶（—）	六七
	髄（—）	六七
	鐩（—）	四二
	轛（—）	三五
	朧（—）	三三
	綏（19）	九七
	濔（—）	○八
	燧（—）	七二
	簜（18）	二八
	遂（—）	三六
	禩（—）	八
	穟（—）	九一
	禩（—）	○四
	蓬（—）	二九
	髄（17）	六七
	穗（—）	七六
	瑢（—）	七三
	燹（—）	六
	燹（—）	五五
	橖（—）	九

すぎる・すぎ・すがる・すかす・すえる・すえ・スウ

読み	漢字（番号）	頁
	邊（13）	三六
	迴（10）	三二
	宕（8）	六
すぎる	杉	五四
すぎ	杉（16）	五四
	縋（11）	九
すがる	透（10）	三二
	透	三二
すかす	餽（22）	六六
	饐（21）	六四
	餉（18）	六六
	飢（10）	六五
すえる	陶	四九
すえ	數（11）	四四
	数	四四
スウ	崇（15）	三
	饞（13）	六六
	轛（11）	三五
	薮（27）	二五
	縋（20）	○
	簜（19）	四八
	禩（18）	六

すけ・すぐれる・すぐる・すくう・すく・すけ

読み	漢字（番号）	頁
	輔（14）	三五
	祐（10）	八四
	祐（9）	八四
	亮（7）	三
	甫（6）	七
	助（4）	二
すけ	佐	四
	承	二
	介	三
	優（18）	七
	優（17）	七
	穎（16）	九
	傑（13）	六
	俊（9）	五
	卓（8）	三
すぐれる	勝（12）	三
	勝	三
すぐる	濟（17）	六六
	済	六六
	救（11）	四八
	掬（6）	四
すくう	匡	三
すく	透（11）	三二
	透（10）	三二
	邁（16）	三九

すずしい・すすぐ・すずき・すず・すじ・すさまじい・すこやか・すける・すげ

読み	漢字（番号）	頁
すずしい	涼（11）	六六
	涼（10）	六六
	清	九
すすぐ	雪（11）	五五
	雪（10）	五五
すずき	鱸（27）	一七
すずき	薄（16）	三三
	薄（13）	三三
すず	萱（12）	二九
	萱（11）	二九
すじ	錫（9）	一六五
	鈴	六四
すさまじい	筋	二五
すこやか	荒	三五
すける	健（11）	六
	透（11）	三二
	透（10）	三二
すげ	菅（12）	二○七
	菅（11）	二○七

18 濺 七〇

すすむ
6 丞 二
7 亨 三
8 迪 一二八
9 前 一〇
前 一〇
迪 一二八
10 晋 五〇
晉 五一
陞 一四九
11 將 二八
進 一三三
12 進 一三三
16 暹 五三
20 巂 四二

すずむ
10 凉 六六
11 涼 六六

すすめる
9 奏 二四
11 進 一三三
12 進 一三三
13 勧 二二
16 薦 一二二
17 餤 一六〇
20 饍 一六四
饗 一六六
21 饋 一六五
22 饗 一六六

すする
17 嘬 一八

すずろに
20 巂 四二

すそ
13 裾 一一八

すだれ
19 簾 九五

すっぽん
24 鼈 一七四

すな
10 紗 九六

すなお
10 悌 四一
純 九六
11 惇 四一
淳 六六
12 順 一五四

すなどる
11 魚 一六九
14 漁 六九

すなわち
10 迺 一三一
11 曽 五三
12 曾 五三
14 輒 一二五

すべて
3 凡 九
9 皆 七六
10 倶 五
倶 五
14 総 九八
17 總 九八

すべる
5 辷 一二六
11 部 一四三
14 総 九八
16 澾 七〇
17 總 九八

すます
11 済 六五
15 澄 七〇
17 濟 六五

すみ
7 角 一一九
10 純 九六
12 隅 一五〇
隈 一五〇

すみやか
10 适 一三一
13 遄 一三六
15 遬 一三八
17 遽 一四〇

すみれ
11 菫 一〇八

すむ
11 済 六五
清 六六
清 六六
15 澄 七〇
17 濟 六五

する
9 為 七三
12 爲 七三
14 摺 四五
摺 四五
15 摩 四六
摩 四六

すわる
7 坐 二〇
8 坐 二〇
10 座 三五

【せ】

セ
5 世 二
9 施 四九

せ
10 畝 一六
13 勢 二三
19 瀬 七一
瀨 七一
21 灘 七三
22 灘 七三

ゼ
9 是 五〇

セイ
5 世 二
正 六二
6 成 四三
西 一一九
7 成 四三
8 征 三八
斉 一七四
9・政 四七
省 九一
砌 八一
泄 一三〇
延 一三〇
10 倩 六
凊 九
晟 五二
11 圊 一九
婧 二五
害 二七
晣 五二
済 六五
清 六六
清 六六
盛 九一
祭 八五
彭 一五三
晴 一五三
12 晶 五一
晴 五三
晴 五三
棈 五七
盛 九一
菁 一〇九
13 勢 二三
歳 六三
歲 六三
睛 八〇
聖 一〇二
聖 一〇二
誠 一二〇
14 箐 九三
精 九六
精 九六
綪 九七
蜻 一一五
誠 一二〇
誓 一二〇
際 一五〇
静 一五二
靘 一五二
齊 一七四
15 䝼 一三三
遭 一三八
靚 一五二
16 整 四八
錆 一四六
錆 一四六
靜 一五二
17 濟 六五
瀞 七一
聲 一〇二
18 濺 七〇
19 瀞 七一
鯖 一六九
鯖 一六九
鶄 一七一
21 齗 一七四
27 齌 一六七

ゼイ
13 勢 二二
14 誓 一二〇

せがれ
10 倅 五
11 悴 四一

セキ
5 斥 四八
石 八二
8 刺 一〇
祏 八五
10 迹 一三一
11 戚 四三
14 碩 八一
15 遺 一三八
16 積 九二
錫 一四六
18 嫡 二五

せき
12 堰 二二
14 関 一四八
19 關 一四八

セチ
11 祭 八五
13 節 九三
15 節 九三
節 九三

セツ
4 切 一〇
7 折 四三
10 屑 二九
屑 二九
11 晣 五二
雪 一五二
雪 一五二
13 節 九三
15 節 九三
節 九三
21 攝 四六

ぜに
15 幣 三三
幣 三三

ぜにさし
17 繈 九九

せばまる
9 狭 七四

せばめる
9 狭 七四

せまい
9 狭 七四

せまる
8 迫 一二九
9 迫 一二九
迮 一二九
11 逎 一三三
12 逼 一三七

音訓索引（す〜そ）

一段目

読み（右→左）: せみ／せめる／せり／せる／せわしい／セン

漢字: 染 宣 前 前 杉 舛 亘　慍 遒　競　芹　譎 譴 數 数　蟬 蟬　讓 譲 薄 薄 逹 逼 遒

番号: 9　7　6　セン　14 13　せわしい　20　せる　7　せり　22 21 15 13　せめる　18 15　せみ　24 20　16 14　13

頁: 五 六 〇 〇 五 一 四　四 三　九 二　〇五　三 三　四四 四四　二六 六　三 三 三 三 七 六 三

二段目

漢字: 選 遷 薦 暹 戰 轉 賤 蟬 箭 潜 撰 撰 簿 緕 箐 煽 煽 遄 賤 禅 釺 祾 楕 船 船 淺 旋 舩 倩 淺

番号: 16　15　14　13　12　11　10

三段目

読み: ゼン

漢字: 蟬 髯 遄 賤 禅 善 染 前 前　鹹 轣 邅 籤 贍 饘 繼 禔 饍 饌 殱 櫏 鹹 餞 餰 蟬 禮 餞 禪 餕

番号: 15 14　13 12　9　ゼン　24　23　22　21 19　18　17

四段目

読み: そ／ソ／ゾ

漢字: 曽　鱻 蘇 蘓 蘇 禔 遡 鼠 遡 處 祚 祖 退 祖 所 所 助 初 処 且　【そ】　贍 饍 櫏 蟬 禪 賤

番号: 11　ゾ　33　20　19 16 14　13 11　10　9　8　7　5　ソ　22　21 18 17

五段目

読み: ソウ

漢字: 蛸 蛸 搔 僧 送 湊 棗 曾 惣 造 曽 搔 崝 將 造 荘 桒 桑 倉 草 荘 奏 迚 挧 艸 庄 壯 卅　曾

番号: 13　12　11　10　9　8　6 4　ソウ　12

六段目

漢字: 鯵 臓 籔 竈 鯵 藪 瀧 槽 霜 藏 聰 總 糟 竈 甑 鞘 鞘 薮 甑 操 諏 蔵 噌 雑 聡 総 綜 槽 噌 噪

番号: 22　21　19　17　16　15　14

七段目

読み（右→左）: そう／ゾウ／増／ソク／そえる／そえ／ソツ／そだてる／そぞ／そこなう／ゾク／そなえる／そなえ／そなわる／そねむ

漢字: 煉 遬 数 数 息　添 倅　簏　臓 雑 蔵 糟 蔵 増 雑 慥 増 像 象 造 造　貳 添 弐 式

番号: 16　15 13 10　ソク　11 10　そえる　17 え　21 18　17　15　14 12 11 10　ゾウ　12 11 6 5　そう

漢字: 猜　彬 具　饌 饘 餞 鮨 耐 具　具　倅 卒　飴　糦　瀧 潅　枳　屬 族　鏈

頁: 七三　三八　八　六六 五四　一〇　六五　八　八　五 三　一五　四　七 七　五五　三九 四九　一六四

その
4 夫 二三
8 苑 一〇六
13 園 一九
16 蘭 一九
17 蘭 一九

そま
7 杣 五四

そまる
9 染 五五

そむく
6 舛 一〇四
8 迕 一二八
9 叛 一四
叛 一四
負 一三
12 遺 一二四

そめる
7 初 一〇
9 染 五五

そよぐ
16 戰 四三

そら
8 空 九一

そらごと
21 謎 一三

それ
4 夫 二三

それる
11 逸 一三
12 逸 一三

そろう
8 斉 一七四
14 齊 一七四

そろえる
15 ⿱艹造 一二
17 簉 九四

ソン
7 邨 一四三
12 尊 一六
尊 一六
巽 一三
巽 一三
13 遜 一三七
14 遜 一三七
15 噂 一八
噂 一八
16 樽 六一
樽 六一
23 鱒 一七〇
鱒 一七〇

ゾン
23 鱒 一七〇
鱒 一七〇

【た】

タ
6 多 一三
8 陀 一四九
9 迤 一二九
16 撾 四六
17 檛 六一
19 簻 九五
騨 一六六
22 驒 一六六

た
5 田 七七
19 疇 六八

ダ
7 兌 八
那 一四二
那 一四二
8 陀 一四九
19 騨 一六六
22 驒 一六六

タイ
7 汰 一二七
9 殺 八二
迨 一三〇
10 泰 六五
11 帶 三三
遝 一三三
12 逯 一三五
13 搥 四五
腿 一〇三
遻 一三六
14 對 二八
煺 七三
煺 七三
腿 一〇三
臺 一〇四
15 磓 八一
褪 一一八
遻 一三八
16 睫 一五二
17 嚏 一八
戴 四三
蹗 一二五
18 霴 一五二
19 潰 一七〇
餽 一六三
21 饋 一六五
23 體 一六八
24 鬒 一五二
25 饞 一六六

ダイ
8 奈 一四
10 悌 四一
迺 一三一
14 禔 八七
禘 八六
臺 一〇四
16 餒 一五九
17 餧 一五九

たいする
14 對 二八

たいら
5 平 二四
平 二四
6 庄 二四
8 坦 二〇

たいらか
7 均 二〇
10 砥 八一

たいらげる
5 平 二四
平 二四
6 成 四三
7 成 四三
9 延 一三〇

たえ
7 妙 二四

たえる
10 能 一〇三
12 勝 二二
勝 二二

たお
9 垰 三〇

たおれる
13 湯 一三六
19 顛 一五五
顛 一五五

たか
7 孝 二五
10 高 一六八
11 高 一六八
12 貴 一三三
24 鷹 一七二

たかい
8 卓 三
10 高 一六八
11 崇 三
崝 三
隆 一四九
髙 一六八
12 喬 一七
13 隆 一四九
隆 一四九
17 疑 三

たがいに
14 遞 一三七

たがう
6 舛 一〇四
13 違 一三五
14 違 一三五

たかし
8 尭 二〇
11 隆 一四九
12 堯 二〇
隆 一四九
13 隆 一四九

たかつき
25 籩 九五

たかどの
15 樓 六〇

たかまる
10 高 一六八
11 髙 一六八

たかめる
10 高 一六八
11 髙 一六八

たがやす
9 畊 一〇二
10 耕 一〇二
耕 一〇二

たから
10 財 一三三
15 幣 三三
幣 三三
19 寶 二七
20 寶 二七

たき
19 瀧 七一

タク
8 卓 一三
11 琢 七六
12 琢 七六
逴 一三四
16 澤 七〇
17 擢 四六
擢 四六
19 樀 六六
22 謫 一三三

たぐい
10 倫 六
18 類 一五四
19 疇 六八
類 一五四

たくましい
11 逞 一三三

たくみ
3 工 三

たくわえる
11 貯 一五五
17 儲 八
18 儲 七

たけ
3 丈 二
6 竹 九二
8 岳 二九
竺 九二
長 一四八
9 竿 九二
10 赳 一二四

たけし
8 武 六二
9 威 二五
10 赳 一二四
11 健 六
猛 七五
14 豪 一三三
15 毅 六三

たけだけしい
10 悍 四〇

たける
8 武 六二
長 一四八
9 威 二五
11 健 六
猛 七五

音訓索引（そ〜た）

読み	画	漢字	頁
た			
たこ	13	蛸	二五
	10	蛸	二五
たしかに	14	慥	四
たしなむ	19	儲	三三
たす	22	膽	三二
	22	儲	一二
たず	21	鶴	一七
だす	5	出	九二
たすかる	7	助	三一
たすく	6	丞	八四
	7	匡	八四
	9	亮	三五
	7	祐	八四
	10	祐	八四
	14	輔	三五
たすける	6	介	四二
	9	右	四二
	4	左	三一
	5	佐	二四
	7	助	三二
	9	亮	八六
		祐	

読み	画	漢字	頁
ただし	7	但	四
ただ	16	過	四六
	13	搥	四七
たたく	7	杖	五四
	24	鬪	六六
	16	鬨	六六
たたかう	14	戰	四七
たたえる	9	稱	九〇
ただ	8	祇	八二
	7	祇	八二
	6	直	七九
	13	但	四
	12	伊	三
	10	溫	六八
たずねる	22	尋	六九
たずな	14	彎	三六
	13	尋	六九
	12	原	一四
	11	輔	三五
	10	雍	五一
救	補	一七	四二
		祐	八四

読み	画	漢字	頁
たち	17	蓬	一三
	16	薘	七〇
	13	噠	六三
	12	達	一四
	7	達	一四
タチ	6	达	一七
	5	汎	六四
ただよう	14	氾	六三
ただに	8	褆	八一
	15	直	七九
	13	径	二九
ただす	12	質	一三三
	11	董	二〇
	9	督	八一
	6	董	二〇
	5	規	一四
ただしい	14	政	三一
	9	匡	三〇
	5	正	五五
端	貞	是	正
九二	一三	七五	六一

読み	画	漢字	頁
たつ	7	辰	三六
	22	作	四
	21	韃	五二
	19	闥	八〇
	17	縫	一三
		蓬	七七
たちばな	16	燵	七五
	13	獺	六四
	12	薘	七〇
	9	撻	六八
タッ	7	噠	六三
	14	達	一四
	9	達	八二
	16	役	三七
ダチ	13	达	一七
	12	逹	三九
	17	迚	六
	16	橘	一八
	15	噠	六三
館	舘	館	質
五六	五六	五六	一三三

読み	画	漢字	頁
たていと	13	經	六八
	11	経	六八
たて	17	館	五六
	16	舘	五六
	13	館	五六
	11	楯	一二
たつみ	3	從	三三
		干	
たっとぶ	12	巽	三三
	11	巽	三三
たっとい	12	貴	一三
	22	尊	二六
	16	崇	三一
ダッ		貴	一三
		尊	二六
		韃	五二
		獺	六四
	16	龍	一五
	13	經	六八
	11	経	六八
	10	起	一三
	9	建	一六

読み	画	漢字	頁
たにみず	15	澗	六九
		澗	六九
たに	15	澗	六九
	7	澗	六九
		谷	一二
たなつもの	15	穀	九〇
	14	穀	九〇
たなごころ	11	搹	四
	22	鱧	一七
たな	12	棚	一五
たどる	7	辿	三七
	6	辿	三七
たとえる	16	諭	一三
	8	論	一三
		況	六六
たてる	16	樹	一六
	12	植	五七
	9	建	一六
たてまつる	20	獻	一三
	7	亨	三

読み	画	漢字	頁
たま	19	瓊	三六
	3	丸	二
	16	餤	五六
たべのこし	16	餤	五六
たべさし	8	迓	三
たぶらかす		迓	三
たび	10	旅	四九
		旅	四九
たのもしい	16	賴	一三
たのむ	9	賴	一三
		負	一三
	15	樂	六一
	14	嬉	三五
	12	僖	七
たのしむ	10	愉	四四
	15	悅	四四
たのしい	12	樂	六一
		愉	四四
たね	14	種	九〇
	9	胤	一〇二

読み	画	漢字	頁
たよる	9	信	五
たより	11	逹	三九
ためらう	14	與	一〇四
ために	23	籤	九五
ためす	13	溜	六九
ため	12	爲	七一
	9	爲	七一
たみ	5	民	一〇三
たまわる		賜	一三
	13	溜	六九
たまる	15	賜	一三
たまもの	13	會	五一
たまたま	17	環	三六
たまき	16	環	三六
	15	錫	四四
		晴	一三
たまう		賜	一三

237

																							ダン
たらす	16	たりる	8	たる	22	たる	16	たれる	8	タン	7	8	9	11	14	15	16	17	18	19	21	22	
頼	垂	儋	樽	樽	垂	但	坦	段	淡	歎	端	歎	簞	壇	檀	襌	鍛	餤	簞	騨	灘	灘	驒
一四	二〇	六六	六一	六一	二〇	四	三〇	六二	六二	九二	六六	九二	六二	九二	六一	一〇八	九五	一〇六	一四九	六六	七二	七二	六六

																		ち	だんご	だん
7	男	南	段	淡	壇	檀	餤	難	餧	騨	灘	灘	驒	19	19	治	知	恥	致	智	植	置	遅	質
但	男	南	段	淡	壇	檀	餤	難	餧	騨	灘	灘	驒	壜	餡	治	知	恥	致	智	植	置	遅	質
四	七	三	六二	六二	六一	一〇八	一〇六	五二	一〇六	六六	七二	七二	六六	一〇二	一〇三	六四	八	四〇	一二四	五五	八〇	一〇七	三七	三二二

																			ちいさい	ちえ	ちかい
16	ちいさい	ちえ	12	7	8	9	11	12	13	16	18	ちかう	13	14	ちがう	13	14	ちがえる	13	14	ちかしい	16	ちかづく	8	16	18
遅	稗	智	近	近	迩	迢	庶	幾	盟	還	邇	盟	誓	違	違	違	違	違	違	違	親	迩	還	邇
三七	九	五五	二三	四七	四四	二三	二五	一七	一二九	三六	四〇	一二九	一三二	一三二	一三二	一三二	一三二	一三二	一二九	四〇	三六	四〇

ちぎる			チク										ちぢむ	ちしゃ	ちなみに	ちなむ	ちまた	チャク	チュ
9	契	契	竹	竺	笠	筑	蓬	築	篠	鯰	22	17	ちぢむ 10	ちしゃ 6	16	因 6	因 9	巷 12	巷 チャク	遂 18	摘 チュ
契	契	竹	竺	笠	筑	蓬	築	篠	鯰	笽	岻	還	蕕	鯰	因	因	巷	巷	遘	摘
一四	一四	九一	九一	九一	九一	一二	四五	四五	八七	一三	五〇	三九	二一	一九	一九	三二	三二	一二四	四八

			チュウ											チュン		チョ							チョウ
13	丑 4	虫 6	沖 7	忠 8	昼 9	神 16	侜 19	疇 3	8	13	苧 9	屠 11	猪 12	屠 13	猪 14	楮 15	箸 17	緒 18	箸 19	緒	儲	儲	瀦 17	瀦 19	弔 4
裯	丑	虫	沖	忠	昼	神	侜	疇	饨	迱	苧	屠	猪	屠	猪	楮	箸	緒	箸	緒	儲	儲	瀦	瀦	弔
八七	二二	二五	五五	六九	一七三	六	三二	六五	一〇五	三五	二七	七二	一〇五	七二	一〇五	五七	一七五	二九	一七五	二九	七八	七八	七七	七七	三六

	チョク					8	10	11	13	15	ちらす	9	7	8	9	11	12	13	14	15	17	25	チン
直	直	抄	挵	敕	飭	播	ちらす 亭	杖	長	迢	重	眺	酊	鳥	塚	塚	禎	腸	暢	禎	肇	輒	澄	蝶	飯	廳
直	挵	抄	敕	飭	播	亭	杖	長	迢	重	眺	酊	鳥	塚	塚	禎	腸	暢	禎	肇	輒	澄	蝶	飯	廳
四九	四二	四二	四二	一六八	四二	三	五六	一四四	一七二	八四	六五	一六九	一二二	二二	二二	八二	五〇	八一	八二	三五	一七	二六	二一	一六六	一七〇

		つ							ツ	ツイ	9	12	13	14	15	16	17	18	ついず	ついで	
珍	塡	塡	椹	戡	鎮	鎮	樋	津	迚	椎	搥	槌	對	槌	腿	碯	縋	鎚	霤	紋	紋
珍	塡	塡	椹	戡	鎮	鎮	樋	津	迚	椎	搥	槌	對	槌	腿	碯	縋	鎚	霤	紋	紋
三七	三二	三二	五四	五四	一四二	一四二	五九	六三	一七〇	五七	二九	五八	五〇	二九	八一	九〇	一四二	一四二	五五	四七	四七

12	ついに	13	20	つえ	7	12	17	つか 9	12	13	つかえる 5	10	つかさ 8	つかさどる 5	8	10	つかねる 8	10	15	つかむ 11
尋	尋	継	繼	卒	遂	杖	策	橇	柄	柄	塚	塚	事	司	宰	師	司	典	宰	韋	掴
尋	継	繼	卒	遂	杖	策	橇	柄	柄	塚	塚	事	司	宰	師	司	典	宰	韋	掴
六六	六六	七七	七九	三二	三二	六六	九一	六一	五五	五五	二二	二二	三	五	三六	五	三六	八八	六六	一五三	四二

音訓索引（た〜て）

［band 1：つくえ〜つかれる（右→左）］

よみ	画	漢字	頁
つかれる	14	摑	四五
つかわす	10	倦	五
	11	倦	五
	15	弊	三六
つき	4	月	五九
	16	選	二九
つきあたる	15	槻	六〇
つきそう	13	遷	二五
つきる	16	隨	六二
つく	21	殲	九四
	16	築	二九
つぐ	21	屬	二
	16	承	二九
	6	丞	一〇二
	9	胤	七一
	13	嗣	九七
づく	13	継	九七
	20	繼	一〇
	25	纘	三六
つくえ	12	尋	三六

［band 2：つづく〜つくす（右→左）］

よみ	画	漢字	頁
つくす	8	卓	三二
つくる	8	侭	七
	11	遑	六三
	16	盡	九四
	21	殲	三三
つける	7	作	三三
	10	造	三九
	11	造	三六
つじ	21	屬	三九
つたう	5	辻	二六
	6	辻	三三
つたえる	13	傳	七
つたわる	13	傳	七
つち	3	土	三九
	12	椎	七三
	13	槌	五九
	14	槌	五九
つちのと	20	壞	三二
つづく	3	己	三三

［band 3：つとまる〜つつしむ（右→左）］

よみ	画	漢字	頁
つつしむ	23	邁	四一
	10	祗	八四
	9	虔	五五
	11	斎	一五
	12	敬	四七
	13	慎	四一
	14	慎	四一
	15	肅	一〇二
	16	飭	六六
	17	禋	八七
	18	邀	三八
		穆	九二
		齋	三五
		謹	三
つつみ	12	堤	二
つづみ		鼓	七五
つづむ	5	包	三
つづら		葛	六八
		葛	六八
		葛	六八
って	13	傳	七
つとまる	11	務	二
	12	勤	二

［band 4：つねに〜つとめる（右→左）］

よみ	画	漢字	頁
つとめる	13	勤	三
	7	努	一
	9	勉	四七
	10	勉	一二
		孜	一二
	11	勸	四七
		敏	一二
	12	務	三七
	13	強	二一
		敏	四七
つな	14	綱	七一
	16	繋	八〇
	17	戀	九二
	18	邁	三九
	19	繋	三九
つなぐ		鎖	四九
つね		繋	九二
	9	恒	三九
	11	恆	三二
	13	常	六六
つねに		経	六六
	9	經	三九
	13	恒	三九

［band 5：つむ〜つの（右→左）］

よみ	画	漢字	頁
つの	7	角	四
		恆	三九
つばくろ	16	燕	七一
つばめ	16	燕	七一
つばさに	8	具	八
		翼	二九
つぶら	13	圓	一九
つぼ	11	壺	三二
つぼみ		蕾	七五
	6	筈	四四
つま		妃	四
		妃	四
つまずく	6	曳	五
つまびらか	9	逵	三〇
	8	逵	三〇
つまむ	13	詳	二九
	18	摘	四六
つむ	13	詰	一九
	16	積	九一

［band 6：つら〜つめたい（右→左）］

よみ	画	漢字	頁
つめたい	7	冷	九
つめる	13	詰	一九
つもる	16	積	九一
つや		澤	六七
	19	艶	一五
つよい	8	侃	四
	10	偲	四
	11	剛	二
	12	悍	四〇
	13	強	三七
つよまる	14	逎	三〇
	15	豪	六三
	16	毅	三七
		彊	三七
つよし		豪	六三
つよまる	11	強	三七
	12	強	三七
つよめる	11	強	三七
	12	強	三七
つら	9	面	五五

［band 7：つらなる〜て（テ／デ）（右→左）］

よみ	画	漢字	頁
つらなる	14	綿	九一
	15	連	三六
つらねる	17	聯	三九
	23	邁	四一
つらら	15	珵	三九
	16	遭	三七
	21	遷	三五
つる	13	肆	四二
	15	鋪	五九
	16	餔	九五
	17	聯	一〇二
	21	屬	三九
	21	鶴	七七
	27	鶴	七七
	29	靎	七七
つるぎ	10	剣	〇〇〇
	15	劍	四
	16	劒	四
れあい	6	述	三二
		妃	四
	11	妃	四
テ	9	殳	八三
デ	14	燧	七二

【て】

［band 8：であう〜テイ（右→左）］

よみ	画	漢字	頁
であう	19	瀆	七
テイ	7	迚	三五
		近	三二
	9	遉	三五
		遘	二三
	10	逞	一三
		悌	四一
	11	逝	四〇
		貞	一三
	12	亭	八九
		呈	八七
	13	呈	八七
		鼎	七五
	14	禎	八六
		程	八九
		釘	三二
	15	逞	一五
		禔	八二
	17	稘	六〇
		禵	四一
		遘	四二
		遽	三六
		褅	三七
		遞	三八
		鄭	四二
		鄭	四二
		餤	六〇

239

18 鵜 一七一
23 體 一六八
25 廳 三六

デイ
9 祢 八三
泥 一三〇
10 祢 八三
14 寧 二七
19 禰 八三
22 禰 八九

テキ
4 弔 三六
8 迪 一六八
9 迪 一六八
10 荻 一〇七
11 荻 一〇七
逖 一三三
12 逷 一三四
17 擢 四六
擢 四六
篴 九四
霤 一五二
18 擿 四六
𨗨 一四〇
19 樀 六二
璫 七六
藡 一二五

デキ
13 溺 六八
溺 六八

てすり
13 楯 五八

テツ
10 哲 一六
11 晰 五一
13 鉄 一四五
14 銕 一四五
飻 一五七
15 徹 三九
17 餟 一六〇
21 鐵 一四五

てら
6 寺 二七

てらす
13 照 七三

てる
13 照 七三
15 輝 一二五
20 耀 一〇二

でる
5 出 九

てれる
13 照 七三

テン
5 田 七七
6 辿 一二七
7 辿 一二七
8 典 八
9 祆 八三
10 展 二九
11 添 六六
13 傳 七
塡 三
塡 三
14 槙 五九
槇 五九
飻 一五七
15 廛 三六
餂 一五七
16 錠 一五三
17 邅 一四〇
18 黏 一五三
19 鏈 一四七
顚 一五五
顛 一五五
騨 一六八
21 纏 一〇〇
22 驒 一六八

デン
5 田 七七
13 傳 七
16 錠 一五三
鮎 一六九
21 纏 一〇〇

【と】

ト
3 土 一九
7 辻 一二七
11 兜 八
12 堵 三
屠 二九
堵 二
屠 二九
渡 六七
13 登 七六
塗 三
楮 五八
14 圖 一九
15 賭 一二四
16 賭 一二四

と
10 砥 八一

ド
3 土 一九
7 努 二
12 渡 六七

トウ
8 宕 三六
9 逃 一三〇
10 唐 六
唐 六
島 三〇
桃 五七
涛 七〇
透 一三一
迵 一三一
逗 一三三
11 兜 八
梼 六二
梼 八五
透 一三一
逗 一三三
陶 一四九
剅 一五五
12 塔 三
湯 六七
登 七六
答 九三
董 一一〇
道 一三四
13 當 七六
禂 八七
董 一一〇
農 一三六
道 一三四
通 一三六
湯 一三六
逾 一三七
14 嶋 一三〇
嶌 一三〇
島 一三〇
樋 六〇
稲 九〇
遝 一三八
遢 一三八
15 樋 六〇
熥 七三
16 餖 一五九
17 嘍 一八
濤 七〇
邆 一四〇
18 樮 六一
檮 六一
藁 九一
藤 一一四
錫 一六二
19 禱 八五
艠 一〇五
藤 一一四
餹 一六三
餡 一六三
20 饄 一六四
21 謎 一三二
24 鬭 一六八

ドウ
12 道 一三四
13 道 一三四
通 一三六
14 遖 一三八
17 導 二九
邆 一四〇
18 樮 六一
藁 九一
藤 一一四
19 艠 一〇五
藤 一一四

とうげ
9 峠 一三〇
垰 一三〇

とうとい
12 尊 六八
尊 六八
貴 一三三

とうとぶ
5 右 一四
12 尊 六八
尊 六八
貴 一三三

とおい
9 迥 一二九
11 悠 四一
逖 一三三
12 遻 一三四
逴 一三四
逿 一三四
13 遠 一三五
遐 一三五
逾 一三七
14 遠 一三五
遙 一三八
17 闊 一四九
18 邃 一四〇
邈 一四〇
19 曠 五二

とおざかる
33 麤 一七二

とおざける
11 逖 一三三
12 逿 一三四
13 遐 一三五

とおす
10 透 一三一
11 透 一三一

とおる
6 亘 三
7 亨 三
兌 八
达 一二七
10 透 一三一
迥 一三一
11 透 一三一
逞 一三三
12 達 一三四
13 達 一三四
15 徹 三九
16 融 一六

とかす
13 解 一一九
18 鎔 一四七

とがめる
21 譴 一三

とき
9 秋 八九
11 斎 一七五
16 閧 一六八

トク
8 竺 九二
9 笁 九二
11 得 二八

音訓索引 （て〜な）

［と（続き）］

- とく 13 督 八〇
- とく 14 徳 三九
- とく 15 徳 三九
- とく 17 霆 五二
- とく 13 解 二九
- とぐ 9 研 八一
- とぐ 10 砥 八一
- とぐ 11 研 八一
- ドク 9 徳 三九
- ドク 10 徳 三九
- とげ 8 刺 一〇
- とける 13 解 二九
- とける 16 融 二六
- とける 18 鎔 三四
- とげる 13 遂 三二
- とこ 13 常 六三
- とこしえ 5 永 六三
- とこしえに 11 常 三一
- とこしえ 5 永 六三
- とこ 11 常 三一
- ところ 5 処 九

- とし 8 所 四一
- とし 11 所 四四
- とし 18 處 九
- とざす 鎖 四六
- とし 6 年 一〇
- とし 7 利 三二
- とし 8 寿 二八
- とし 祀 五八
- とし 俊 四八
- とし 敏 四七
- とし 敏 四七
- とし 蔵 六二
- とし 蔵 六二
- とし 稔 九〇
- とし 壽 三九
- とじる 14 関 四八
- とじる 鎖 四六
- とち 14 栃 五五
- とち 18 栃 五五
- とつぐ 9 帰 三二
- とつぐ 7 帰 三二
- とても 迚 三九

- とどく 8 迚 三九
- とどく 12 達 一二
- とどく 13 達 一二
- ととのう 8 斉 六三
- ととのう 14 齊 六三
- ととのう 16 整 四八
- ととのえる 13 斉 六三
- ととのえる 14 飭 六三
- ととのえる 齊 六三
- ととのえる 16 整 四八
- とどまる 8 坐 二〇
- とどまる 坐 二〇
- とどまる 亭 三一
- とどまる 留 六七
- とどまる 逗 三七
- とどまる 逗 三七
- とどめる 11 留 六七
- とどめる 12 雷 六七
- とどめる 14 遛 六七
- とどめる 16 邁 四〇
- とどろく 13 過 四〇
- とどろく 21 轟 六二
- となえる 唱 二六

- とばす 14 颺 九五
- とびちる 9 飛 九五
- とぶ 12 溌 八七
- とぶ 15 潑 八七
- とぶ 9 飛 九五
- とま 17 篷 五五
- とまる 10 留 六七
- とまる 12 雷 六七
- とみ 11 富 三七
- とみ 12 冨 三七
- とむ 11 富 三七
- とむ 12 冨 三七
- とむらう 4 弔 三六
- とめる 11 留 六七
- とめる 12 雷 六七
- とめる 4 過 四〇
- とも 13 友 一四
- とも 7 那 四二
- とも 8 朋 五五

- とも 9 侶 五
- とも 12 智 五二
- とも 14 鞆 五二
- ともがら 16 儕 五
- ともがら 19 儔 七
- ともしび 11 釭 一四
- ともに 8 倶 五五
- ともに 10 倶 五五
- とよ 14 與 一〇四
- とよ 13 豊 三三
- とよ 18 豊 三三
- とら 虎 一五
- とり 7 西 一〇
- とり 11 鳥 五〇
- とりで 柵 二四
- とる 8 取 二九
- とる 15 征 二九
- とる 16 餂 四四
- とる 17 操 四八
- とる 瀞 七
- とる 19 瀞 七

［な］

- とん 21 攝 四六
- とん 褪 四一
- とん 惇 四二
- とん 8 敦 四二
- とん 遁 三六
- ドン 12 遁 三六
- ドン 13 鈍 三六
- ドン 15 褪 三九
- ドン 遯 三九
- とんぼ 14 蜻 二五
- 【な】
- ナ 7 那 四一
- な 8 那 四一
- な 9 奈 四二
- な 11 南 一二三
- ナイ 10 菜 二〇
- ない 11 酒 三

- なえ 12 無 七二
- なお 8 苗 一〇六
- なお 12 猶 七三
- なおい 8 順 五五
- なおす 8 直 七九
- なおす 治 七五
- なおる 8 直 七九
- なおる 治 七五
- なか 5 央 一二〇
- ながい 5 永 六三
- ながい 8 長 一二五
- ながい 11 脩 一〇〇
- ながい 13 肆 一〇二
- なかば 5 央 一二四
- ながめる 11 眺 八〇
- なかれ 12 無 七二
- ながれる 13 溜 六八

なせる
11 済 六五
17 濟 六五
なぞ
16 謎 一二一
17 謎 一二一
なぞらえる
13 準 六八
なだ
21 灘 七二
22 灘 七二
なだめる
9 宥 二六
なつ
10 夏 三
なつめ
12 棗 五七
ななめ
9 迤 一二九
なべ
17 鍋 一四六
なまず
16 鮎 一六九
なみ
8 波 六四
10 涛 七〇
11 常 三三
17 濤 七〇
なみする
12 無 七二
なめらか
16 澾 七〇
19 灑 七二
なやむ
11 悴 四一
17 遴 一四〇
18 難 一五一
なら
13 楢 五八
楢 五八
ならう
12 閑 一四八
ならす
14 鳴 一七〇
ならび
4 比 六三
ならぶ
4 比 六三
8 幷 三四
19 麗 一七二
ならべる
4 比 六三
なり
6 成 四三
7 成 四三
9 為 七二
12 爲 七二
なる
6 成 四三
7 成 四三
9 為 七二
12 爲 七二
13 遂 一三六
14 鳴 一七〇
なわ
8 苗 一〇六
22 纏 一〇〇
ナン
7 男 七七
9 南 一三
18 難 一五一
餪 一六二
19 難 一五一
なんじ
5 尔 七四
介 七四
8 若 一〇六
10 迺 一三一
14 爾 七四
なんぞ
10 烏 七二
11 曽 五三
12 曾 五三
13 遐 一三五
14 寧 二七

【に】

ニ
5 弍 三六
尔 七四
介 七四
6 弐 三六
7 児 八
8 兒 八
迩 一四〇
12 貳 三六
14 爾 七四
18 邇 一四〇
にい
13 新 四八
にえ
18 贄 一二四
にがす
9 逃 一三〇
ニク
7 宍 二五
にげる
5 北 二二
9 逃 一三〇
11 逋 一三三
12 逭 一三四
迸 一三五
13 遅 一三七
15 遯 一三九
22 邏 一四一
にし
6 西 一一九
にじゅう
4 廿 三
にせる
14 像 七
になう
14 擔 四五
ニャク
8 若 一〇六
ニュ
13 餌 一五六
ニュウ
4 廿 三
ニョウ
7 佞 四
衵 八二
13 溺 六八
溺 六八
14 寧 二七
21 饒 一六五
にら
12 韮 一五四
にる
13 飪 一五六
14 像 七
15 餁 一五七
21 饑 一六五
饎 一六五
にわか
8 卒 三
17 遽 一四〇
にわかに
8 卒 三
9 迮 一二九
14 遳 一三七
にわとり
18 雞 一五一
にわび
16 燎 七二
ニン
2 人 三
3 刃 一〇
5 仞 三
7 忍 三九
忍 三九
13 飪 一五六
15 餁 一五七
17 餘 一六〇

【ぬ】

ぬいとり
17 繍 一〇〇
19 繡 一〇〇
ぬう
14 摓 四五
16 縫 九九
縫 一一八
17 縫 九九
ぬかす
7 抜 四三
8 拔 四四
ぬかる
7 抜 四三
8 拔 四四
ぬきんでる
17 擢 四六
擢 四六
ぬく
7 抜 四三
8 拔 四四
ぬぐ
15 褪 一一八
ぬける
7 抜 四三
8 拔 四四
ぬさ
15 幣 三三
幣 三三
ぬま
8 沼 六四
ぬる
13 塗 三

【ね】

ネ
9 祢 八三
10 袮 八三
19 禰 八三
ネイ
7 佞 四
14 寧 二七
ねがう
8 幸 三四
ねかす
14 寝 二七
ねぎらう
19 鎬 一六二
20 饗 一六六
22 饗 一六六
ねずみ
13 鼠 一七四
ネツ
15 熱 七二
ねる
12 煉 七二
13 煉 七二
14 寝 二七
ネン
6 年 三四
8 念 三九
13 稔 九〇
16 鮎 一六九
ねんごろ
15 諄 一二〇

【の】

の
4 之 二
11 野 一四四
12 埜 一四四
ノウ
10 能 一〇三
13 農 一三六
18 嚢 一九

音訓索引 （な〜は）

のがす／のがれる／のす／のせる／のぞきさる／のぞむ／のたまう／のち／のっとる

読み	画	漢字	頁
のがす	22	囊	一八
のがれる	9	逃	一三〇
のす	12	逋	一三一
のす	11	逭	一三一
	13	遁	一三二
	15	遁	一三三
	22	邂	一三六
	7	伸	一二
のせる	9	乘	一二
のせる	10	乘	一四
のぞきさる	9	祛	八四
のぞむ	10	望	五三
のぞむ	11	望	五三
	9	眺	八五
のたまう	9	宣	二六
のち	9	後	三六
のっとる	7	儀	七
	15	憲	四二
	16	憲	四二

のばす／のびる／のぶ／のべる／のぼせる

読み	画	漢字	頁
のばす	7	伸	三六
のびる	8	延	三六
のびる	9	延	三六
	7	信	五〇
	8	延	三六
	9	展	三九
	10	暢	五五
	14	蒜	一二〇
のぶ	14	暢	五五
のべる	8	述	三六
	9	宣	二六
	13	紋	四七
	14	肆	五七
	15	暢	五五
	11	播	四二
	13	敷	四五
	15	敷	四五
	16	逼	一三九
のぼせる	4	升	三
のぼせる	8	昇	五三

のぼり／のぼる／のむ／のり／のりと／のる／のろし

読み	画	漢字	頁
のぼり	11	昇	五三
のぼり	12	登	七六
	15	幟	一三一
のぼる	4	升	三
	8	昇	五三
	9	乘	一二
	10	乘	一四
	11	陞	四九
	12	昇	五三
	16	登	七六
	17	遷	一三八
のむ	13	襄	一一六
のり		鈴	四〇
	8	典	六
	9	律	四八
	10	紀	四八
	11	矩	四八
	12	規	四九
	14	程	四二
	16	德	三九
のり	15	儀	七
	14	德	三九
	12	範	五九
	16	憲	四二
のりと	16	憲	四二

は（ハ）／ば（バ）

読み	画	漢字	頁
【は】	8	波	六六
	9	派	六六
	15	派	六六
ハ	3	刃	四二
	12	葉	五九
	14	端	九二
は	10	馬	六三
	15	禑	八六
ば	25	儡	六六
	28	韉	六七
のろし	11	祝	全
	9	乘	一二
のる	10	祝	全
	15	宣	二六
	17	乘	一二
【は】	13	燧	一二
	14	爛	一二
	15	燵	一一二
	17	燹	一一二

ハイ（バイ）／はう／はえ／はえる

読み	画	漢字	頁
ハイ	5	北	一三
	6	妃	六三
	8	杯	六五
	9	盃	六五
	10	悖	五四
バイ	13	稗	九〇
	10	祓	八五
	11	梅	六七
	14	禑	八六
	16	邁	一三九
	23	邁	一三九
	24	邂	一三九
はう	10	這	一三三
はう	11	這	一三三
はえ	4	栄	五五
	9	榮	五五
	14	蠅	一一七
	19	蠅	一一六
はえる	9	映	五一
	14	栄	五五
はえる	14	榮	五五

はがす／はがる／はかどる／はがね／はかま／はかり／はかりごと／はかる

読み	画	漢字	頁
はがす	10	剝	二一
はがる	10	剝	二一
はかどる	11	剝	二一
	14	捗	四一
はかどる	10	捗	四一
	14	圖	一一九
はがね	16	鋼	四二
はかま	11	袴	二七
はかり	12	稱	九〇
	14	權	六〇
はかり	15	權	六〇
	21	策	九二
はかりごと	12	獻	七三
	13	獻	七三
はかる	3	土	二九
	5	切	二三
	12	程	四二
	13	量	五九
	5	獻	七三
	12	詢	三七
	13	圖	一一九
	14	稱	九〇
	15	權	六〇

はぐ（バク）／ハク／はがれる／はぐ

読み	画	漢字	頁
はぐ	15	諏	三〇
はぐ	18	謨	三三
はがれる	21	權	六〇
ハク	8	迫	一三九
ハク	9	柏	六五
	10	廹	一三九
	10	剝	二一
	11	剝	二一
	12	博	三二
	13	博	三二
はぐ	10	剝	二一
はぐ	10	剝	二一
	14	鞄	五五
	13	鞄	五五
	16	薄	一二三
	19	薄	一二三
	10	餺	一〇二
バク	7	麦	一七
バク	12	博	三二
	13	幕	三二

はこ／はこぶ／はさむ／はし／はぐくむ／ばけもの／はげ（はげしい・はげむ・はげる）／はぐくむ

読み	画	漢字	頁
はぐくむ	18	邂	一四
はぐくむ	20	邂	一四
飢	11	飢	一五五
はげしい	10	悍	五四
はげむ	10	勉	二二
はげむ	10	勉	二二
ばけもの	9	袱	八五
はげる	10	剝	二一
はげる	18	剝	二一
はこ	10	筐	九三
はこ	10	篋	九二
	11	櫃	六二
	14	箱	九四
はこぶ	13	般	五〇
はし	5	箱	九四
	11	梁	六五
	14	端	九二
	15	橋	六二
	16	箸	九四
はし	14	箸	九四
	16	橋	六二

243

【は（続き）】

読み	画	漢字	頁
はじ		恥	四
はじばみ	13	榛	五
はじめ	7	初	七一
		甫	四二
		長	八二
	8	祖	八二
	9	祖	一八
	10	壹	二三
	12	端	九
	14	肇	一二
はじめて	7	初	二〇
	10	酒	二
はじめる	8	枡	四
	14	肇	四
はじらう	10	恥	四
はじる	11	逞	三二
	12	逬	三五
	13	遜	三五
		迯	三七
	10	逸	三三
	13	逸	三三

読み	画	漢字	頁
はす		芙	一五
	13	蓮	一〇
	21	蓮	二五
はずかしめる	10	恥	四
はずかしい		恥	四
はすのね	10	菫	一一
はすのは	17	菫	一〇
はぜ		薁	一三
はた	8	枦	六二
	20	櫨	六二
		秦	九七
		畑	二九
		將	四六
	9	旗	二一
	10	幟	三二
	11	幡	三二
	14	籏	四九
	15	簇	四九
	18	籤	四九
	19	疇	六八
	20	簇	四九
はたけ		畑	二九?

読み	画	漢字	頁
はた	9	畑	一七
はたはた	21	鯱	一七
はたらき		能	一〇二
はち		迪	三五
ハチ	7	拔	四一
	8	迪	四二
		蜂	一六二
	23	蠡	一七二
はつ		初	一〇
	12	洗	五七
	15	潑	七一
	16	醢	四四
	19	醯	四四
バツ		初	二九
	7	拔	四一
	8	筏	五二
	12	筏	五二
	14	餼	七三
はつかねずみ	21	鼩	一六二
はと	13	鳩	一七

読み	画	漢字	頁
はな	7	花	二五
	8	英	九九
	10	華	九九
	12	菁	一〇〇
	14	鼻	一六二
		鼻	一六二
はなぢ	9	岻	二一
はなはだ		甚	九七
	10	泰	六二
はなはだしい		甚	九七
	13	甚	九六
はなぶさ	8	英	九八
	17	萼	九六
はなむけ		餞	七三
はなれる	33	蠡	一七二
はなわ	13	塙	一三
はに	11	埴	一三
はびこる	5	蔓	六二
はぶく	9	氾	九二
はま		省	七九

読み	画	漢字	頁
はやい	17	濱	七一
		濱	七一
	10	健	二六
	11	捷	四三
	13	适	三四
	15	逞	二五
	17	肆	一〇二
はやし	12	遄	三五
	10	邀	六〇
はやる	20	駿	四一
	10	駿	一五
はら	11	逸	三二
	12	逸	三三
はらい	18	原	八〇
	10	邊	四一
はらいきよめる		繪	八四
はらう	10	祓	八三
		祓	八五
		禊	八五
	10	禊	八三
	14	禳	八三
	17	裸	二八

読み	画	漢字	頁
はらす	22	禳	八六
	19	禳	八六
はる	12	晴	五五
	14	晴	五五
	11	腸	一〇二
		梁	五七
		榛	五七
はるか	22	彎	三七
	9	迢	三二
	11	悠	四一
	12	逖	三二
	13	渴	三二?
	14	逞	三五
	15	遙	三六
	18	遭	三五
	20	邇	四〇
はれる	12	晴	五五
		晴	五五
ハン	3	凡	九
	4	片	一二

読み	画	漢字	頁
バン	5	氾	九二
	6	帆	三二
	7	汎	九二
		坂	一六
	8	返	三四
	9	返	三四
		叛	三二
	10	叛	三二
		胖	一〇〇
	12	般	四二
		斑	五五
	14	飯	七三
	15	鉡	一四
	16	幡	三二
	17	播	四二
	18	磐	八九
		範	九五
	21	繁	四九
		繁	四九
		簿	六五
	3	万	二
	7	坂	二
	10	般	二五
	12	萬	二二
	15	磐	八九
	18	簿	四九
	20	饅	七六

【ひ】

読み	画	漢字	頁
はんのき	14	榛	五七
ヒ	4	比	六二
	6	妃	一四
		妃	一四
	7	祀	八二
		肥	一〇〇
	9	祀	八四
		飛	五九
		斐	五五
	12	稗	五一
	14	榧	五四
	15	鄙	三六
	22	彎	三六
ひ		陽	三五
	12	樋	六〇
	14	樋	六〇
	15	樋	六〇
ビ	7	尾	二九
	8	味	二七
		弥	三二
	9	祇	八二
	10	美	八〇
	11	祿	八五
		梶	五七
	14	鼻	一六二

音訓索引 （は〜ふ）

ひ〜

【ひ】 鼻15（吾）・魅17（六）・彌（毛）・醍（四）・餡（六）
ひいずる 稔18（九）
ひいでる 秀7（八）・英8（八）・雄12（五）・椎13（七）
ひうち 燧17（九）
ひえ 稗13（九）
ひえる 冷7（五）
ひかげ 景12（六）
ひかた 潟15（五）
ひかり 暉13（五）
ひかる 冏7（九）・晄10（五）・熙14（七）
ひきいる 卒8（三）

ひく 将11・督13・逵15
ひくい 曳6・延7・延8・選16・纏21・彎22
ひげ 髯・須
ひこ 彦12・彦14
ひさ 龜9
ひさぎ 榎18
ひさご 瓢14
ひさしい 久・寿
ひざまづく 曠19・壽14・寿7・久3

ひし 菱11・菱12
ひしお 醤17・醬18
ひじり 聖13・聖
ひそか 密11・陰12
ひそかに 間・間・陰・潜15
ひそむ 潜15
ひそめる 潜15
ひだり 左5
ヒツ 逼12・逼13・餤14

ひつ 櫃18・釋20
ビツ 密11・蜜14
ひで 秀7
ひと 人2
ひとしい 均7・斉8・俱・俱・備・齊
ひとたび 壹13・齊14
ひとつ 壹12
ひとみ 眸11・睛12
ひな 鄙16
ひのき 桧10・檜17
ひま 晴

ひめ 妃12・妃13
ひめはぎ 蔕6
ひも 紘10
ひや 冷
ひやす 冷
ひややか 瀕18
ヒュウ 彪5
ビュウ 謬18・謬
ヒョウ 平・平・抃5・柄・柄
ひょう 彪11・迸12・瓢17

ビョウ 餅17
ひょうたん 瓢7・瓢8
ヒョク 逼・逼17
ひら 片4・平5
ひらきちらす 祛
ひらく 啓11・啓12・開・摘18・開
ひらける 開12
ひる 干3・昼9・蒜14
ひるがえる 幡15

ひろ 弘5・切10・浩・浩・尋・尋・熙
ひろい 闊14
ひろがる 氾5・廣12・寛・寛・博・博・浩・浩・宕・宏・汎・弘
ひろげる 廣15
ひろし 弘5

ひるめし 餤20・餡21
ひろまる 宏5・紘7・弘・博・博・廣
ひろめる 博5・博12
ひろやか 坦
ヒン 品9・彬11・棠13・濱17・濱・瀬19・瀬20
ビン 敏10・敏11・瓶
フ 夫4・甫7・芙・屓

【ふ】

8 斧 四八
9 負 一三三
風 一五五
10 俯 六
祔 八五
釜 一四五
11 冨 二七
符 九三
麸 一七三
12 富 二七
14 輔 一二五
15 敷 四八
敷 四八
鋒 一四五
麩 一七三
餔 一五九
16 鮒 一六九

ふ
11 麸 一七三
15 麩 一七三

ブ
4 夫 二三
8 武 六三
10 祔 八五
11 務 一一
符 九三
部 一四三
12 無 七三
13 蒲 一一〇
豊 一三三
14 蒲 一一〇
輔 一二五
15 舞 一〇五
16 鮒 一六九
18 豐 一三三

フウ
4 夫 二三
7 凬 一五五
9 風 一五五
11 冨 二七
12 富 二七
復 三九
13 福 八七
14 搼 四五
福 八七

ふえ
14 管 九三
17 篴 九四
19 籚 九五

ふえる
14 増 二三
15 增 二三

ふかい
10 窈 九一
11 渕 六六
12 淵 六六
18 邃 一四〇

フク
6 伏 四
8 服 五三
12 復 三九
13 福 八七
14 福 八七
18 覆 一一九
覆 一一九
馥 一〇七

ブク
6 伏 四

ふくべ
17 瓢 七三

ふくろ
18 嚢 一一九
22 囊 一一八

ふさ
14 総 九八
17 總 九八

ふさぐ
9 柴 五三
11 堵 三三
逢 一三三
12 堵 二一
13 壅 一五一

ふし
13 節 九三
15 節 九三
節 九三

ふじ
18 藤 一一四
19 藤 一一四

ふしいと
17 縰 九九

ふす
6 伏 四
10 俯 六

ふすま
11 麸 一七三
15 麩 一七三
17 襖 一二八
18 襖 一二八

ふせぐ
12 御 三八

ふせる
6 伏 四

ふだ
12 策 九三

ふたたび
5 弌 三六
6 弍 三六
12 貳 三六

ふたつ
5 弌 三六
6 弍 三六
12 貳 三六

ふち
11 渕 六六
12 淵 六六
禄 八六
13 祿 八六
15 縁 九八
緣 九八

ぶち
12 斑 四八

フツ
10 祓 八五
祓 八五

ふで
16 翰 一〇一
翰 一〇一

ふな
10 舩 一〇五
11 船 一〇五
船 一〇五
16 鮒 一六九

ふね
10 舩 一〇五
11 船 一〇五
船 一〇五

ふみ
4 文 四八
5 史 一四
8 典 八
9 郁 一四三
11 章 九三
16 翰 一〇一
翰 一〇一

ふやす
14 増 二三
15 增 二三

ふらす
8 雨 一五一

ふる
8 雨 一五一
10 降 一四九

ふるい
17 舊 一〇四

ふるえる
16 戰 四三

ふるさと
11 郷 一四三
13 鄕 一四三

ふれる
20 觸 一一九

フン
18 餴 一六二
20 饙 一六四
21 饋 一六五

ブン
4 文 四八

【へ】

ベ
11 部 一四三
17 邉 一四一
19 邊 一四一

ヘイ
5 平 三四
平 三四
8 并 三四
9 柄 五六
柄 五六
11 瓶 七七
14 餅 一六八
15 幣 三三
幣 三三
弊 三六
蔽 一二二
蔽 一二二
餠 一六八
17 餅 一六八

ベイ
16 謎 二二
17 謎 二二

ヘキ
16 壁 二三

へだたる
13 隔 一五〇

へだてる
12 間 一四八
間 一四八
13 隔 一五〇

ヘツ
14 飶 一五七
17 瞥 八〇
瞥 八〇

ベツ
14 飶 一五七
17 瞥 八〇
瞥 八〇

へっつい
17 竈 九二
21 竈 九二

へつらう
7 佞 四
8 阿 一四九

へらす
12 減 六六

へり
15 縁 九八
緣 九八

へりくだる
13 遜 一二七
14 遜 一二七
17 謙 一二二
謙 一二二
20 譲 一二二
24 讓 一二二

へる
11 経 九六
12 減 六六
13 經 九六

ヘン
4 片 七四
7 返 一二八
8 返 一二八
17 邉 一四一
19 邊 一四一
邊 一四一
25 籩 九五

ベン

音訓索引（ふ〜ま）

ホ・ボ・ほ

No.	14	18	17	16	15	6	16	15	14	13	12	11	10	7	ホ	14	10	9
読	ボ				ほ													
字	逢	慕	稳	蓬	穂	穎	穂	帆	舗	鋪	輔	蒲	蒲	補	部	逋	挾	浦	畝	挾	甫	【ほ】	綿	勉	面	勉
頁	六八	四三	九一	三二	九九	九九	九三	五六	四三	三〇	二一	二七	四三	三二	四七	六六	四七	七					九一	二	一五	二

ホウ

No.		14		13		12		11		10	9		8		7	5	ホウ	18
字	鳳	鞄	鞄	蓬	澄	撻	遅	豊	蓬	迸	棚	部	逢	逢	萠	萌	弸	逢	峯	峰	祊	朋	庖	庖	邦	邦	芳	包	謨
頁	七	五三	五三	二	六六	四二	七	三	二	三五	七七	四	三二	三二	八〇	八〇	八七	三二	二〇	二〇	八四	五五	三五	三五	四二	四二	八〇	三	三

ボウ

No.		11	10	9	8	6	5	ボウ	23	20		19		18		17		16	15
字	萠	萌	眸	望	望	勗	綱	冒	茂	牟	卯	蠶	寶	鏠	寶	餱	餒	豐	餔	蠭	縫	篷	濱	餺	檴	縫	鋒	熢	燹
頁	八〇	八〇	八三	五三	五三	二八	九六	七九	六六	七四	三	二二	七七	罒七	七七	六六	六三	三六	六六	八九	九二	七五	二九	罒	罒三	七三	七三

ホク・ホコ・ほお・ほこ ほか

No.	14	11	9	ほこ	19	ホコ	16	13	9	8	ボク	ホク	ほおひげ	16	ほお	13	ぼうず	12	ぼうし	17		14		13	12
字	鉾	夏	殳		鏠		穆	睦	冒	牧		北		髯		頰	頰	僧		帽	懋	鉾	蓬	網	蓬	夢	帽	逸
頁	四三	四二	八三		一罒二		九二	八三	七九	七三		三		六六		五五	五五	七		三二		四二	四二	二九	二九	三二	三二	三二

ほ〜ほとり

読	ほとり	13	12		ほどこす	9	ほどばしる		ほどこす	ほど	ホッ	16	ほそる	11	ほそい	11	ほす	3	ほじし	ほしいまま	13	18	17	ほしいい	16	15	ほさき	10	ほこら	15	ほこさき
字		遅	迸		施			程		餺		細		細		干		脩		肆		餒	餔		穎	鋒		祠		鋒	
頁		三七	三五		四八			五〇		五五		六七		六七		三二		一〇二		一〇二		六三	六六		九一	四二		八四		四二	

ほ〜ほん

読	9	5	ホン	21	ほろぼす		11	ほる	11	ほり	8	ほらあな	21	14	9	ほめる	21	ほまれ	12	ほふる	12	11	ほのお	12	ほとんど	20	19	17
字	叛	本		殲		掘	堀		堀		宕		譽	稱	美		譽		屠		屠		焙	焰		幾		瀬	邊	瀬	邉
頁	一四	五		八三		四二	二三		二三		三六		三二	九〇	八〇		三二		七九		七九		七二	七二		三二		七二	四七	七二	四七

ま〜まがき

読	まがき	9	まえ	まう	15	まい	15	マイ	23	16		12	ま	10	マ	28	25		3	ボン	15	12
字		前	前	舞	舞	蕗	邁		閒	間	馬	眞	真		饞	饟	摩	摩	【ま】	凡	幡	遙	品	叛
頁		一〇	一〇		一三五		一三五		罒二	三九		罒八	罒八	六七		八七		六六	六六	六六	六六		九		三二	三二	三六	一四

ま〜まける

読	9	まける	14	まぐさ	15	13	12	11	9	8	まく	18	13	マク	14	9		まき	22	まがる	9	まかせる	9	まかす	まがごと	9	まがき	9
字	負		秣		播	幕	捲	捲	巻	卷		邀	幕		槇	槙	巻		牧	卷		彎		信		負	祇		柵	柴
頁	一三		九六		罒二	三二	四二	四二	三二	三二		一	四二		五五	五五	三二		七三	三二		七二		五		一三	八三		五五	五五

まごころ
忠 三九

まこと
允⁴ 三九　実⁸ 五六　信⁹ 五二　恂⁴ 四七　真¹⁰ 二七　眞 八六　淳¹¹ 二六　愼 八四　慎¹³ 四一　睦¹³ 二九　詢 三二　誠¹³ 三二　誠 三二　諄 三〇

まことに
実⁸ 二〇　允⁴ 二〇

まこも
菰¹³ 三九

まさ
正⁵ 五二　雅¹³ 六一

まさかり
斧⁸ 四八　鉞¹³ 四五

まさに
且⁵ 三一

まさに（続）
祇⁸ 六四　将¹⁰ 六七　當¹¹ 七六　鼎¹³ 一七

まさる
長⁸ 三四　勝¹² 三三　勝 三三　愈 四四　愈 四四　賢¹⁶ 二三　優¹⁷ 七二　優¹⁸ 七二

まじえる
雑¹⁴ 五一

まじる
逑⁸ 五一　遭¹⁴ 五一　雑¹⁸ 五一

まじわる
雑¹⁴ 五一

ます
升⁴ 六三　枡⁸ 六三　桝 六三　益⁹ 六七　益 六七　栝¹¹ 六五　滋¹² 六六

ます（続）
滋¹³ 六六　滋¹⁴ 六六　益⁹ 六七　益¹⁰ 六七　泝 六〇　滋¹² 六六　滋¹³ 六六　滋¹⁵ 六六　逾¹⁴ 六七

ますがた（枡形）
枡 六三　櫨²⁰ 六〇

ますます
益 六七　益 六七

まぜめし
餌 三三　飣 三三

まぜる
撹 六八　攪 六八

また
有⁶ 一五五　股⁸ 五一〇　俣⁹ 五一　奎¹⁵ 一五四　俣¹⁰ 五一

また（続）
復¹² 三九　奎¹⁷ またがる

まだら
斑¹² 二四

まちうける
邀¹⁷ 四二

マツ（末）
眛¹⁴ 五三

まつ
松⁸ 五五　枌⁹ 五五　須¹² 五五

まつり
祀⁸ 五二　祠⁹ 五三　祭¹¹ 五五　褔¹³ 六八　餽¹⁹ 三三

まつりごと（政）
政⁹ 四二

まつる
祀⁸ 五二　祠¹⁰ 五三　祭¹¹ 五五　祷¹⁴ 五八　禰¹⁷ 五七　襹¹⁸ 五八　饌¹⁹ 三三　禱¹⁹ 六五

まつわる
餽¹² 一六三　纏²¹ 一〇八

まで
迄⁶ 一〇八　迄⁷ 一〇八　迚⁹ 一〇九

まとい
圄²¹ 九〇

まとう
綩¹⁸ 一〇八　纏²¹ 一〇八

まどか
圓¹³ 一九

まな
愛¹³ 四一　嬰²⁵ 一五三

まなびや
黌¹⁶ 一三一

まなぶ（学）
學¹⁶ 一三五

まねく
邀¹⁷ 四二

まま
佞⁸ 七七　儘¹⁶ 七七

まみえる
遷¹³ 一二五　遷¹⁴ 一二七

まみれる
遶¹⁶ 一二七　塗¹³ 一二一

まもり
衛¹⁶ 一二七　衞 一二七　護²⁰ 一三二

まもる
葵¹² 七九　衛¹⁶ 一二七　衞 一二七　護²⁰ 一三二

まゆ
繭¹⁸ 一四九

まゆみ
檀¹⁷ 六一

まり
毬¹¹ 六三　鞠¹⁷ 一五二

まる
丸³ 二一　圓¹³ 一九

まるい
丸³ 二一　圓¹³ 一九

まるめる
丸³ 二一　圓¹³ 一九

まろ
麿¹⁸ 一三一

【み】

まろ（続）
麿 一三一

まろぶ
迸⁸ 一三六

まわり
周⁸ 一五五

まわりどおい
迂⁶ 一五五　迂⁷ 一五五

まわる
廻⁹ 一二三　廻¹⁰ 一二三　迂 一五五　迂 一五五

マン（万）
万³ 二二　萬¹² 二二　満¹⁴ 六七　満 六七　隘 六四　饅²⁰ 三三

み
味⁸ 五五　弥⁹ 六七　美⁹ 八〇　祢¹⁰ 六五　梶¹¹ 六五　魅¹⁵ 一六九　彌¹⁷ 六七

み（続）
実⁸ 五六　美⁹ 八〇　躬¹⁰ 一三二　御¹² 一二八

みいる
魅¹⁵ 一六九

みうち
戚¹¹ 四一

みおくる
餞¹⁵ 三二

みか
甕¹⁷ 一六〇

みがく
研⁹ 八一　琢¹¹ 七六　研 八一　琢¹² 七六　磋¹⁵ 八二

みき
幹¹³ 三二

みぎ
右⁵ 四一

みぎり
砥⁹ 八二

みぎわ
環¹⁷ 七七　環 七七

みこと
命⁸ 五一　尊¹² 六一

音訓索引 （ま〜む）

読み	漢字（番号）	頁
みことのり	尊	二六
	敕	四一
みさお	操 11	四三
	節 13	四三
	節 15	四三
	節 16	七七
みずたまり	潴 18	七七
	潴 19	六二
みずもり	準 15	三六
みせ	廛 16	六二
みぞ	塵	五一
	溝	五二
みぞか	晦 10	八七
	晦 11	八二
みそぎ	禊 14	八七
みたす	充 6	八
	実 6	七六
	盈 9	七七
	弸 11	六二
	満 12	六七
	満 14	六六

読み	漢字（番号）	頁
みだれる	悖 10	四一
	撹 15	四八
	撹 23	四八
みたまや	桃 11	八五
みち（ミチ）	逍 12	三三
	蜜 23	二六
	庚 8	三二
	径 8	三五
	迪 9	三五
	迪 10	三五
	倫 9	三六
	道 13	三五
	塗 13	三三
	路 14	三五
	道 16	三三
みちのり	程 12	九一
みちびく	道 14	三三
	逹 15	三三
	導 17	三九

読み	漢字（番号）	頁
みつ	充 6	八
	実 6	七六
	盈 9	七七
	弸 11	六二
	満 12	六七
	満 14	六六
	密 11	二七
	蜜 22	二六
みつぐ	貢 10	二七
みつろう	蛸 14	二七
	蠟 21	二七
みどり	緑 14	九一
	緑	〇〇
	翠 14	〇二
	翠	〇一
みな	凡 3	六九
	侭 8	七一
	皆 9	七一
	倶 10	五七
	倶 16	五五
	儘	七〇

読み	漢字（番号）	頁
みなと	港 12	〇〇
	港	〇〇
	湊 13	〇三
みなみ	南 9	〇〇
みなもと	源 13	六〇
みね	峰 10	〇〇
	峯	〇〇
みの	蓑 13	三〇
	簑 16	三〇
みのり	年 6	二三
	実 8	三六
みのる	実 6	三六
	年 7	二三
	稔 13	九一
	穰 22	九〇
みはり	哨 10	六〇
みまわる	邇 23	四二
みや	宮 10	二六

読み	漢字（番号）	頁
みやこ	京 8	三
みやつこ	造 10	三
	造 11	三三
みやびやか	雅 13	三二
みゆき	幸 8	五一
みょう	妙 7	二四
ミョウ	命 8	五二
	鳴 14	二〇
	苗 8	一〇八
みる	省 9	七七
	督 13	八七
	監 15	七六
	瞥 17	八五
ミン	民 5	六二
【む】		
ム	牟 6	七六
	務 8	二
	眸 11	八〇

読み	漢字（番号）	頁
む	無 12	一七
	夢 13	二二
	鉾 14	四三
	舞 15	一〇五
むかう	向 6	五一
	郷 11	四二
	郷 13	四二
	對 14	三六
むかえる	迎 7	三七
	迎 8	三七
	迃 17	三二
	邀	四〇
むぎ	麦	六五
むく	向 6	五一
むくいる	椋 12	二三
	酬 13	四二
むくう	酬 13	四二
むける	向 6	五一
むこう	向 6	五一
むさぼる	餐 14	五〇
	遘 17	四一

読み	漢字（番号）	頁
むし	虫 6	二三
	饉 26	六六
	饅 23	六六
	餡 19	六二
むしばむ	蝕 14	二五
むしめし	蝕 15	二六
むしもち	饋 21	六四
	餻 20	六三
	饅 19	六二
	鮨 18	六二
むしろ	饐 23	一〇二
	鮨 19	六四
むす	寧	七二
むずかしい	饐 21	六二
	饐 20	六二
	饐 19	六二
	饐 18	六二
むずかしい	難 18	五一
	難 19	五一
むすぶ	結 12	六六

読み	漢字（番号）	頁
むせぶ	飢 10	五五
	餡 17	五五
むち	杖 7	六五
	策 12	九一
	樹 16	二五
むちうつ	撻 17	六一
	鞭 22	九五
	鞭 22	九五
むっ	睦 13	一三
むつ	睦 13	二五
むつぶ	睦 16	四四
むつまじい	睦 13	八〇
むつむ	睦 13	八〇
むな	胸 10	八〇
むなしい	空 8	一〇二
	寥 14	七二
	曠 19	五一
むなしくする		

め

むね 神(9)〔83〕／旨〔49〕／指〔49〕／胸(10)〔101〕
むべ 宜〔26〕
むら 邸(9)〔141〕／邑(6)〔141〕／聚〔91〕
むらさき 紫(12)〔164〕
饂(19)〔162〕
むれる 籠(21)〔165〕

【め】
メ 梅(10)〔57〕／馬(11)〔67〕／梅(14)〔57〕
襟(15)〔88〕／襦〔88〕
命(8)〔5〕
盟(13)〔79〕
鳴(14)〔70〕
メイ 謎(16)〔33〕／謎(17)〔33〕

醚〔14〕
めぐむ 恩(8)〔42〕／恵(9)〔42〕／恵(10)〔42〕／恵(11)〔49〕
めぐらす 旋〔42〕
めぐりあう 遭(17)〔55〕／避(17)〔55〕
めぐる 周(8)／周(9)／廻(10)／般(11)／廻(12)／旋(16)／道(17)／遥(18)／隧(18)／環／環／遵／線／邏
めし 飯(16)〔55〕
めす 餓〔56〕

も

靚〔152〕
めずらしい 奇(8)〔15〕／珍(9)〔15〕／褘(15)〔88〕／禧(17)〔88〕
めでたい 愛〔14〕
めでる 面(13)〔95〕
メン 綿(14)〔69〕

【も】
モ 茂(8)〔30〕／謨(18)〔16〕／蓑(22)〔166〕
モウ 冒〔97〕／綱(9)〔52〕／望(10)〔53〕／望(11)〔27〕／猛(12)〔32〕／帽(14)〔69〕／網(22)〔166〕／簑
もうかる 儲(17)〔78〕／儲(18)〔78〕

もうけ 儲(17)〔78〕／儲(18)〔78〕
もうける 鋪(15)〔42〕／觚(16)〔55〕／儲(17)／儲(18)
もうす 啓(11)〔77〕／啓〔77〕
もえ 萌(11)〔88〕／萠〔88〕
もえる 萌(11)〔88〕／萠〔88〕
モク 牧(13)〔75〕／睦(16)〔88〕／穆〔91〕／杢〔55〕
もぐる 潜(15)〔69〕
もじ 若〔106〕
もし 文(4)〔48〕
もしくは ……〔48〕

も（続）

もたい 若(8)〔106〕／甕〔166〕
もち 望(18)〔52〕／望〔53〕／餅(11)〔55〕／餅(14)〔55〕／餜(15)〔55〕／餛(17)／餉(28)／餤(25)／餡／饘／饢
もちいる 傭(13)〔7〕
もっぱら 將(11)〔26〕
もって 醇(14)〔35〕／輛〔26〕
もつれる 纏(17)〔9〕
もてあそぶ 甂(15)〔100〕／甂〔100〕
もてなす 饗(20)〔166〕

もと 本(22)〔55〕／因(6)〔19〕／原(7)〔34〕／幹(10)〔22〕／源(13)〔66〕／舊(17)〔106〕
もとめる 干(3)〔13〕／求(7)〔46〕
もとる 悖(11)〔94〕／綟(18)〔104〕
ものいみ 斎(9)〔75〕／齋(10)〔75〕
もみ 籾(11)〔152〕
もみ 股(13)〔75〕／桃(14)〔102〕
もり 腿(8)〔102〕／腿(10)〔102〕／森(12)〔75〕
もる 盛(11)〔79〕／湶(12)〔77〕

や

もろい 盛(15)〔79〕／醱(15)〔77〕
もろもろ 蓮〔32〕／蓮〔32〕／庶(12)〔73〕／衆(15)〔97〕／諸(16)〔73〕／諸〔73〕
モン 文(4)〔48〕
もん 門(8)〔48〕／闇(21)〔49〕

【や】
ヤ 野(11)〔54〕／竪(12)〔54〕
や 弥(8)〔24〕／哉(9)〔56〕／箭(15)〔73〕／彌(17)〔24〕
やいば 刀(3)〔10〕
やかた 館(16)〔58〕／舘〔58〕

やから 館(17)〔58〕／族(21)〔49〕／屬(22)〔49〕
ヤク 約(8)〔42〕／益(10)〔13〕／益(12)〔13〕／的(18)〔75〕／藥(22)〔152〕／襠
やく 燒(16)〔81〕
やける 燒(17)〔81〕
やさしい 易(8)〔13〕
やしき 優(17)〔7〕／優(18)〔7〕
やしなう 塵(15)〔5〕
やじり 牧(8)〔75〕／飢(11)〔55〕／養(15)〔58〕／舗(16)〔58〕
やす 釭(11)〔152〕／安(6)〔5〕

250

音訓索引（む〜よ）

よみ	漢字	頁
やすい	安	五三
	易	五五
	泰	六三
	康	三五
	綏	九七
	寧	三七
やすむ	息	二〇
	憩	六六
やすらか	坦	三五
	泰	六三
	禔	八六
	禪	八七
	康	三五
やすんじる	康	三五
やつれる	悴	四一
やとう	備	七
やな	梁	七五
	簗	六四
やなぎ	柳	六六
	柳	六六
やぶ	柳	六六
	柳	六六
やぶ	薮	一二四
	薮	一二四
やぶれる	摺	四二
	摺	四二
やぶる	弊	一四
やまごぼう	蓬	一三
やまと	倭	一五
やまなし	橦	六
やむ	息	二〇
やめる	辞	四二
	遏	一三
やらい	柵	五五
やり	鑓	四八
	鑓	四八
やりぐ	柵	五五
やわらぐ	和	六
	雍	七二
	熙	九六
	穆	一六
やわらげる	和	六

【ゆ】

よみ	漢字	頁
ゆ（ユ）	逞	三
	悠	四三
	逈	四
	愉	二八
	裕	一四
	遊	四二
	備	七
	愈	四一
	愈	四一
	遊	四二
	逾	三七
	迪	三七
	論	三二
	諭	三二
	邋	三二
ユウ	湯	六二
ユイ	禵	八六
	讃	二八
ユウ	友	一四
	右	一四
	幼	二三
	有	五三
	邑	四二
	酉	四二

よみ	漢字	頁
ゆき	舗	二六
	宥	八四
	祐	八四
	祐	一〇二
	逞	三
	悠	四三
	脩	二六
	迪	三七
	猶	三七
	猶	三七
	裕	一四
	遊	四二
	雄	六五
	楢	六九
	楢	七二
	猷	七二
	猷	六五
	逖	三七
	雄	六五
	熊	二六
	融	二六
ゆう	優	一四
	優	一四
ゆうめし	邋	六六
ゆき	結	四一

よみ	漢字	頁
ゆき	雪	五一
ゆきなやむ	雪	五一
ゆく	迤	三六
	遭	四四
	遵	四二
ゆずる	之	二
	往	二八
	征	二六
	徂	二六
	迂	三六
	迂	三六
	逝	三六
	迅	三三
	酒	三二
	逌	三七
	逐	三七
	遨	三九
	澧	四六
	邁	四二
	邁	四二
	邋	四二
	禅	八一
	遜	三七
	遜	三七
	禪	八七
	讓	三二
	讓	三二

よみ	漢字	頁
ゆたか	胖	八〇
	裕	一四
	寛	三七
	豊	七三
	寛	三七
	優	一四
	優	一四
	饒	六三
	穣	九一
ゆび	指	四
ゆめ	努	二一
	夢	九二
ゆらぐ	氾	六四
ゆるす	允	八
	宥	八四
	容	二六
ゆるむ	肆	二六
ゆるやか	迪	三七
	寛	三七
ゆるやか	寛	三七
	迪	三七
ゆわえる	寛	三七

【よ】

よみ	漢字	頁
ヨ（よ）	於	四九
	飫	六二
	與	五九
	餘	五四
	興	五五
	餤	六三
	鰔	六一
	甌	六一
	譽	三二
よ	世	二
	四	九
よい	吉	五
	良	五
	佳	二四
	宜	三五
	宵	三六
	宵	三六
	淑	三七
	善	一〇
	義	七二
	嘉	四七
	慶	四八
	禕	八〇
	誼	三〇
ヨ	結	六九

【ヨウ】

よみ	漢字	頁
ヨウ	懿	四一
	幼	二三
	祆	八〇
	容	二六
	桜	八九
	窈	八五
	瑛	七九
	葉	八六
	陽	五〇
	備	七
	祿	八一
	雍	七二
	禍	八五
	遙	四二
	蠅	六一
	遒	三九
	養	六三
	曄	五七
	燁	五二
	謠	三一
	邀	四二
	饒	六三
	甕	六一
	鎔	四七
	蠅	六一
	懿	四一
	籥	六〇
	耀	六〇
	餘	五四

よ

読み	漢字（ページ）
よう	櫻 195、櫞 86、鷹 17
ようやく	幾 33
よく	克 8、能 102
よくする	克 8、能 102
よこ	横 59、横 59
よこしま	佞 4、違 35、違 35
よし	吉 4、芦 105、佳 104、欣 60、禄 66、禄 66、禎 87、義 102、葦 199、葦 199、葭 199
より	蓬 22、蓬 22
よもぎ	嘉 17
よみする	蘇 24、蘵 24、蘇 24
よみがえる	靚 52、喚 17
よぶ	靚 19
よっつ	四 9
よつ	四 9
よそおう	靚 16
よせる	寄 100
よせあつめる	纘 30
よしみ	誼 17、嘉 100、蘆 65、艶 20、誼 52、禎 87
よわい	年 23
よろず	萬 22、万 22
よろしい	宜 36、利 10
よろこぶ	穆 99、慶 42、賀 32、愉 42、喜 17、悦 42、悦 42、欣 62、兌 8
よろこび	禧 88、褆 87、祺 66
よる	遵 39、頼 124、縁 99、縁 99、寄 26、因 19、因 19

ら・ラ

読み	漢字（ページ）
よん	四、歳 303、歳 303
ら	（見出し）
ラ	良 19
ライ	邏 25、儺 42、礼 67、礼 67、来 82、來 82、莱 55、萊 8、頼 29、禮 82、瀬 77、瀬 77
ラク	落 109、樂 66
ラチ	埒 20
らち	埒 20
ラッ	壜 13

り・リ

読み	漢字（ページ）
り	（見出し）
リ	利 110、裏 67、璃 76、鯉 64、邁 142
リチ	律 35
リツ	律 35
リュウ	迷 120、柳 65、柳 65、留 65、栁 75、隆 75、畾 66、隆 86、溜 93、溜 93、遷 142
ラン	埒 100、埒 100、嵐 23、藍 124

リョ・リョウ

読み	漢字（ページ）
リョ	龍 127、餾 102、鸖 102、呂 50、芦 105、侶 50、旅 49、旅 49、祢 86、蘆 65、鷁 172
リョウ	冷 9、良 129、亮 9、凌 60、凉 67、梁 95、涼 85、椋 60、菱 89、稜 42、鈴 92、寮 57、漁 69、綾 69、飴 57

る・れ・リン・リョク

読み	漢字（ページ）
る	（見出し）
ルイ	類 55、類 55
ル	留 76、畾 76、溜 67、邁 142
リン	倫 9、畾 95、鈴 125、輪 45、遯 42
リョク	綠 93、緑 93、逯 6
れ	（見出し）
リョク	籠 125、邁 142、繚 91、龍 127、篭 125、燎 72、暸 75、寮 57

レ

読み	漢字（ページ）
レイ	礼 3、礼 3、冷 9、泄 23、砺 43、迯 78、蛎 72、鈴 92、飴 57、黎 54、禮 82、礪 44、邌 101、麗 78、蠣 72
レツ	迯 30、埒 33
レン	煉 72、廉 33、廉 33、煉 72、連 59、蓮 71、嚏 43、捷 69、連 60、樋 66

音訓索引（よ〜わ）

ロウ　琅(9)　榔(11)　稜(13)　摺(14)　郎

【ロ】　呂(7)　芦(8)　枦(9)　侶(11)　祣(13)　路(20)　櫨　蘆　鷺　鱸(24)　鸕(27)

【ろ】　璉(16)　褳(17)　縺(18)　聯(19)　鎌　鎌　簾　鏈　鏈(22)　鎌

ワ　和　倭(8)　窪(10)　堝(14)　過(16)

【わ】

ク／ロク　勒(11)　鹿　禄(12)　逯　禄　緑(13)　綠(14)　褥(18)　簏(19)　麤(24)

（ロウ他）　摺　榔(15)　蝋(16)　樓(19)　篭　瀧　羮　邏(21)　蠟(22)　籠

ワイ　輪(15)　環(17)　環　隈(12)　餓(22)　我(7)

わかい　若(8)

わかれる　岐　派(7)　派(9)

わき　脇(10)

わける　部(11)

わざ　藝(18)

わざおぎ　優(17)　優(18)

わざわい　祆(9)　袚(13)

わし　鷲(23)

わずか　僅(12)　僅(13)

わに　濟(17)　彌(12)　渡(11)　渉(10)　済(8)　航(6)　弥　亙(12)

わたる　海(9)

わだち　軌(9)

わたつみ　辺　迂(6)

わたす　渡(12)

わたし　津(9)

わだかまる　磐(15)

わたいれ　襖(18)　襖(17)

わた　綿(14)

わすれぐさ　萱(13)　萱(12)

わめく　鰐(20)

わらう　喚(12)　藁(17)　藁(18)

わら　咲(9)　唖(10)

わらび　笑(15)　笑(16)　唖(11)

わりふ　蕨(15)　蕨(16)

われ　符(11)　我(7)

ワン　餘(16)　彎(22)

〔全訂２版〕
わかりやすい一表式 誤字俗字・正字一覧

1998年10月15日　初　版　発　行
2004年11月30日　新　版　発　行
2010年12月20日　全 訂 版 発 行
2025年２月19日　全訂２版発行

編　　者　戸籍実務研究会
発 行 者　和　田　　裕

発行所　日本加除出版株式会社
本　　社　〒171－8516
東京都豊島区南長崎３丁目16番６号

組版・印刷・製本　㈱アイワード

定価はカバー等に表示してあります。
落丁本・乱丁本は当社にてお取替えいたします。
お問合せの他、ご意見・感想等がございましたら、下記までお知らせください。

〒171-8516
東京都豊島区南長崎３丁目16番６号
日本加除出版株式会社　営業企画課
電話　03-3953-5642
FAX　03-3953-2061
e-mail　toiawase@kajo.co.jp
URL　www.kajo.co.jp

ISBN978-4-8178-4991-5

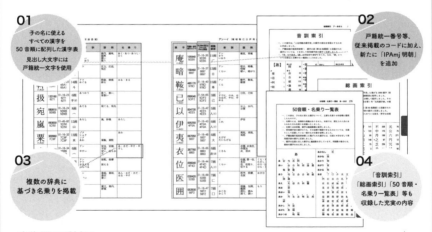

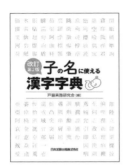

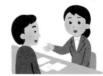